唐人時代

师永涛 ◎ 著

一部
富有烟火气息的
唐代生活史

Everyday Life
in The Tang Dynasty

中央编译出版社
Central Compilation & Translation Press

图书在版编目(CIP)数据

唐人时代:一部富有烟火气息的唐代生活史/师永涛著.--北京:中央编译出版社,2019.12(2022.8重印)
ISBN 978-7-5117-3765-6

Ⅰ.①唐…
Ⅱ.①师…
Ⅲ.社会生活-历史-中国-唐代
Ⅳ.① D691.9

中国版本图书馆CIP数据核字(2019)第261803号

唐人时代:一部富有烟火气息的唐代生活史

责任编辑:	李媛媛
责任印制:	刘 慧
出版发行:	中央编译出版社
地 址:	北京市海淀区北四环西路69号(100080)
电 话:	(010)55627391(总编室) (010)55627310(编辑室) (010)55627320(发行部) (010)55627377(新技术部)
经 销:	全国新华书店
印 刷:	北京文昌阁彩色印刷有限责任公司
开 本:	880毫米×1230毫米 1/32
字 数:	160千字
印 张:	9.5
版 次:	2019年12月第1版
印 次:	2022年8月第4次印刷
定 价:	58.00元

新浪微博:@中央编译出版社　　微　信:中央编译出版社(ID:cctphome)
淘宝店铺:中央编译出版社直销店(http://shop108367160.taobao.com) (010)55627331

本社常年法律顾问:北京市吴栾赵阎律师事务所律师　闫军　梁勤
凡有印装质量问题,本社负责调换,电话:(010)55626985

目录

前言　每个人心中都有一个唐朝　◎一

第一章　火珠与紫米　◎一

第二章　大唐衣冠　◎二七

第三章　极乐之宴　◎五三

第四章　田居　◎七七

第五章　粟与稻　⊙一〇一

第六章　南方的气味和感觉　⊙一二一

第七章　骑鹤下扬州　⊙一四一

第八章　伏愿娘子千秋万岁　⊙一六三

第九章　神童　⊙一八五

第十章　金器、银器与巨像时代　⊙二〇七

第十一章　最后的士族　⊙二三一

第十二章　长安城的生与死　⊙二四九

附录　公元7—9世纪的唐代和世界　⊙二七三

后记　一种生活史写作的尝试　⊙二八一

前言

每个人心中都有一个唐朝

今天，几乎每个人都可以谈一谈唐代的历史或人物，作为中国历史上和汉王朝并称的朝代，我们似乎对唐代知之甚多：雄才大略的君主、封侯拜相的名臣、春风拂槛的美人以及讳莫如深的宫闱秘闻。

然而，当我们把视线深入到政治和名人之后，会发现我们熟悉的唐代其实是一个面目模糊的朝代：我们会背数首唐诗，却不了解唐代的人是如何生活的；我们口口声声说"长安是一座伟大的城市"，却不知道它是如何存在，如何运转，又如何消失的；我们沉迷于唐代的外来文明，却不知道它是如何从遥远的国度来到中国的；我们赞叹于唐代的武力强盛，却对平民百姓的衣食住行知之甚少。

唐代是一个被"标签化"的朝代。身处媒体化时代的我们习惯于将我们认为的事物定型化，从而归入某一类集体感受中，而不是将其视为一个独特的个体。再加上影视剧的推波助澜，唐朝最终成了一个飘浮在半空中的"乌托邦"。

一

1400年前的公元618年6月18日（唐高祖武德元年五月二十日），出身北周贵族的唐王李渊逼隋炀帝的孙子隋恭帝杨侑禅位，取代隋朝，建国号为唐，尊称大唐。

这个初生的国家刚建立的时候风雨飘摇。隋文帝留下的丰厚财富，被隋炀帝迁都洛阳、开凿运河和三征高句丽消耗殆尽，战乱则将人口从890余万户骤降到200余万户，几乎5个人中只有1个能够在隋末的战乱中活下来。

北部的游牧民族东突厥空前强大，是当时草原的霸主：东自契丹、室韦，西尽吐谷浑、高昌诸国，皆臣属于突厥；尚未被唐帝国征服的窦建德、薛举、刘武周、梁师都、李轨、王世充等割据势力也都臣服于突厥。彼时，突厥人想效仿北魏道武帝拓跋珪入主中原。

直到十年后的唐太宗贞观二年四月二十六日（公元628年6月3日），朔方人梁洛仁杀夏州割据势力首领梁师都，归降唐朝，唐朝才统一全国。两年后，公元630年，我们熟悉的唐初大将：李靖、徐世勣、尉迟敬德、秦叔宝、程知节（程咬金）等人率领唐军主力倾巢而出，东突厥灭亡。

自此开始，从公元7世纪到9世纪，一个庞大的帝国开始出现在东亚大陆，这个中国历史上重要的朝代，因为国君姓李，故又称李唐。

古往今来，无数的人都对这个叫"唐"的王朝倾心不已。它的繁华如锦，它的菊花宝剑和酒，它的《长恨歌》，它的《霓裳羽衣

---

❶ 《隋书·卷二十九·志二十四·地理》记载，隋文帝开皇五年：大凡郡一百九十，县一千二百五十五，户八百九十万七千五百四十六，口四千六百一万九千九百五十六。杜佑的《通典》记载：国家贞观中有户三百万，至天宝末百三十馀年，才如隋氏之数。

三

前言

曲》……唐朝以宏伟壮丽的都城长安、满壁风动的敦煌飞天、脍炙人口的唐诗乐章、绚丽多姿的三彩陶俑和神秘瑰丽的外来文明流传千古。

英国学者韦尔斯（Herbert George Wells）在《世界史纲》(The Outline of History) 中比较欧洲中世纪与初唐、盛唐的差异时说："中国国家之隆盛，都市之文雅，文化之蒸腾，威力之远被，与西方之腐败、混乱、分裂相较，判然不同。"❷

梦回唐朝，似乎并非一个梦那么简单，某种程度上，它代表了一种理想。

可惜的是，这种对唐朝的观感更多和帝王将相有关，大量面目模糊的唐代人生活的细节无从考证、查找，比如朱温如何拆毁长安，使得这座伟大城市消失的过程，《旧唐书》及《资治通鉴》仅有寥寥数语，《新唐书》则完全不记载。

历来国人修史，重史记而轻细节，重人而轻物，重考据而轻整合，这也使得唐代的生活史散落于史书的各个角落，没有完整的呈现，这是一种深深的遗憾。

二

唐太宗李世民的"贞观之治"稳定了唐帝国的国祚，成为中国最出色的贤明君主之一。高宗李治和则天女皇"二圣"继承了唐太

---

❷ 参见 [英]H.G. 韦尔斯：《世界史纲》(上)，梁思成译，上海：上海人民出版社 2006 年版，第三十七章"亚洲七百年史"第八节"中国智慧之束缚"。

宗的政治遗产，励精图治半个世纪之后，先天元年（公元712年），唐代最传奇的皇帝李隆基接受父亲李旦的禅位，于长安太极宫登基称帝，大唐帝国迎来了"开天盛世"。

开天盛世，是指以"开元之治"为基础，以玄宗的开元、天宝两个年号时期为时空范围的大盛世，其包括了整个唐玄宗时代。这是大唐帝国的最高峰，到处洋溢着一种蓬勃的少年气息。

在极具文艺气质的唐玄宗的推动下，中国文化迎来自春秋战国百家争鸣以来的第二次"文艺复兴"。诗人李白、杜甫、王维、孟浩然、岑参漫游于帝国的吴越和塞北，写下了永垂不朽的诗篇；大量的士子绝域从军，前往遥远的西域博取功名；佛教在玄奘、义净在内的求法僧人东归后，迎来了历史上最辉煌的时刻；书法家张旭、颜真卿、怀素，画家吴道子，雕塑家杨惠之，舞蹈家公孙大娘，音乐家李龟年纷纷登上历史舞台，尽情展示他们各自的才华与个性，共同演绎青春勃发、气势磅礴的"盛唐气象"。

这是一个崇文尚礼的时代。唐玄宗组织鸿儒硕学，在集贤院校雠（chóu）经、史、子、集四部图书，开元二十年编订的《大唐开元礼》，成为历史上最完备的礼制建设；《唐六典》是中国古代历史上最完备的行政法典。据统计，仅开元年间官方整理的藏书，就达到89000卷。❸

唐太宗贞观元年（公元627年），唐帝国将国子学改称国子监，使

---

❸ 所谓校雠，是指对典籍版本互对，比勘文字、以校正讹误。《唐会要·卷三十五·经籍》记载："（开元）十九年冬，车驾发京师，集贤院四库书总八万九千卷。经库一万三千七百五十二卷，史库二万六千八百二十卷，子库二万一千五百四十八卷，集库一万七千九百六十卷。"

之成为独立的大唐帝国最高等的教育机构。到了开元初,唐玄宗特许百姓可以根据需求开设私立学校。《旧唐书》载:"高丽及百济、新罗、高昌、吐蕃等诸国酋长,亦遣子弟请入于国学之内。鼓箧(qiè)而升讲筵者,八千余人,济济洋洋焉,儒学之盛,古昔未之有也。"

历史学者葛承雍先生曾经总结出唐朝世界性的十个标志:允许外国人入境居住;允许外族参政做官;重用蕃将统军;外国人和汉人法律地位平等;保护通商贸易;允许异族或异国居民通婚;文化开放、互融;衣食住行混杂;允许外国僧侣传教;留学人员云集。❹

大唐盛时疆域东至安东,西达中亚咸海的安西。唐朝周围的异族很多,为了有效管理突厥、回纥❺、靺鞨、铁勒、室韦、契丹等,分别设立了安西、安北、安东、安南、单于、北庭六大都护府。

就当时的世界范围来看,唐帝国也是最重要、最强盛的国家之一。欧洲的封建强国主要有法兰克王国和拜占庭帝国。东方重要的国家有印度和日本,印度戒日王重新统一北印度后刚刚确立了封建制,日本的"大化改新"正在尽量模仿唐朝的制度。

美国博物学家薛爱华(Edward Hetzel Schafer)在其名著《撒马尔罕的金桃》中说,在唐朝统治的万花筒般的三个世纪中,几乎亚洲的每个国家都有人曾经进入过唐帝国这片神奇的土地。

三

开元十三年十一月(公元 725 年),唐玄宗东临泰山为唐帝国祈

---

❹ 2007 年 11 月 25 日,葛承雍"唐朝的世界性与外来文明"演讲。

❺ 在公元 8 世纪时改称回鹘。

福,他向昊天上帝祷告,然后将玉帛、供奉物品置于积柴上点燃,"群臣称万岁,传呼自山顶至岳下,震动山谷"。唐玄宗成为秦皇、汉武、汉光武、唐高宗之后第五位登封泰山的帝王。

泰山封禅在唐人看来是一件神圣的事情,预示着国家即将进入一个茂盛发展的时期,士读于庐,农耕于野,工居于肆,商贩于市,各安生业,共乐承平。《旧唐书》记载了封禅之后唐人的生活:"时累岁丰稔,东都米斗十钱,青、齐米斗五钱。"即便东都洛阳的米比其他地方的米贵,也仅仅只要10文钱。要知道,唐太宗贞观初年,关中大旱的时候,一斗米要卖到1000文以上。

唐帝国于此进入到一个四时有序、万物轮回的秩序中。

冬至,又名"一阳生",是中国农历中一个重要的节气。在唐代,冬季还是一个颇为凶险的岁时。从古代农事信仰来看,冬至时分,阴阳交割,农事终结,万物亡寂,大自然的一切都处于由死转生的微妙节点之上,人类应小心谨慎地度过。每年的冬至,大唐的皇帝都会由帝国的正宫太极宫出发,到城南的圆丘进行国家的祭天仪式——冬至祀,祈求上天佑护明年风调雨顺,这个祭坛就在今天陕西师范大学雁塔校区的校园内。

立春,皇帝在城东郊祭祀春之神及百花之神青帝。到了三月三的"上巳节",皇帝还会在长安城南的曲江池泛舟踏春。贵族仕女们穿着用金银线镶绣图案的绣罗衣服,戴着翠羽簪,仪态万千。对于宫女们来说,三月三是一年中最祈盼的日子,五代南唐的史官尉迟偓在记载唐代旧事的《中朝故事》里讲了这么一件事:每年的三月三上巳节,皇帝都会允许宫女在兴庆宫内的大同殿前与自己的父母亲人相见。这一日之内,有数万人熙熙攘攘,运气好的人初到便能找到亲戚家人,有的人到日暮了还在苦苦喊着家人姓名,但是家

前言

人因为各种原因没有来,哭着离去的人比比皆是,岁岁如此。❻

夏至,南方的唐人有吃粽子和烤鹅的习俗,北方的唐人则吃"槐叶冷淘"。唐制规定,夏日朝会燕飨,皇家御厨大官所供应给官员的食物中,就有这种凉面。其制法大致为:采青槐嫩叶捣汁和入面粉,做成细面条,煮熟后放入冰水中浸漂,其色鲜碧,然后捞起,以熟油浇拌,放入井中或冰窖中冷藏。食用时再加佐料调味,成为令人爽心适口的消暑佳食。今天西安有一种面馆常年供应的"菠菜面",和槐叶冷淘做法几乎一模一样,只是不是冷面而已。

秋天,帝国南北山上郁郁葱葱的森林开始变深,贵族们便会飞骑相驰前去郊野狩猎,有钱的贵族带的狩猎侍从往往是胡人,因为他们非常善于架鹰携鹞,载猎豹。狩猎是唐帝国的传统,也是选拔勇武者的竞技场。《旧唐书·王毛仲传》就记载,唐太宗贞观时期,太宗选拔了一批少年骁勇的胡人少年,著虎纹衣,跨豹纹鞯,每次游猎都会让他们持弓矢在御马前射猎禽兽,号称"百骑""千骑",后来成为羽林禁军的一部分。

对于普通的唐人来说,秋天则是个思念的季节。农历九月初九重阳节在唐代是比中秋节还要重要的节日,唐朝人把农历二月一日的"中和节"、三月三日的"上巳节"、九月九日的"重阳节",合称"三令节",是唐朝最重要的节日。这一天从皇帝到百姓,人们佩茱萸、食蓬饵、饮菊花酒,登高望远,希望自己健康长寿。到了今天,重阳节成了我们的老年节。

---

❻ 《中朝故事》卷上,原文:"每岁上巳日,许宫女于兴庆宫内大同殿前与骨肉相见,纵其问讯,家眷更相赠遗。一日之内,人有千万,有初到亲戚便相见者,有及暮而呼唤姓第不至者,涕泣而去。岁岁如此。"

开元六年（公元 718 年）重阳节，一位十七岁的少年郎远离家乡在长安游学，他在这天登上了长安城乐游原或是曲江之北的青龙岗，写下了流传千古的思念亲人的诗句："独在异乡为异客，每逢佳节倍思亲。遥知兄弟登高处，遍插茱萸少一人。"这位少年，就是王维。

四

如此这般的四季交替变换，花开花落年复一年的安详生活场景，构成了中国历史上最动人的关于唐朝的追忆，时间似乎凝固在了这个时代。然而，大盛则伴随着大衰亡。这样的盛世只维持了 40 年左右。

公元 755 年，安史之乱爆发，久居长安数代之久的皇帝李隆基第一次因为战争抛弃了伟大的都城长安，这似乎成了一个不祥的预兆。至此以后直至唐亡，有四位皇帝九次抛弃都城逃亡，大唐帝国开始分崩离析，开始惶惶度日，开始满目疮痍，直至化为尘埃落地。

在唐代诗人白居易的《长恨歌》里，唐朝的夜有着不可分担的寂寞。兴庆宫和太极宫甘露殿，处处萧条，秋草丛生。宫内落叶满台阶，长久不见有人扫。夜半无人私语时，秋雨滴落在梧桐叶上，声声作响。

公元 755 年安史之乱到公元 907 年唐帝国灭亡，唐朝在安史后还有 150 年国祚。但很多人把安史之乱作为唐代一个非常大的转折点，甚至认为其超过了黄巢之乱对于帝国的影响。安史之乱根本上属于雇佣军作乱，对于帝国根基伤害有限。但是，安史之乱发生在唐朝全盛之时，加上此前怛罗斯对大食及南征南诏的失利，对于唐人的精神和文化自信带来了巨大打击，从此以后，唐人开始怀疑异族。再加上吐蕃的崛起，大气包容的唐人开始走向人人自危的自保。

前言

公元763年，安史之乱结束。在此前的一年玄宗、肃宗先后去世，继位的唐代宗无力消灭安史之乱的全部军事力量，只能对安史降将采取妥协政策，至此"藩镇割据"成了中晚唐几代皇帝寝食难安的难题。代宗之后，唐德宗李适（kuò）力图平藩，但是引起数个节度藩镇的叛乱，德宗被迫逃离长安，发生了持续5年的奉天之难战争。经历数次的变乱之后，唐德宗开始委任宦官为禁军统帅，宦官掌握军权，这是中国历史上绝无仅有的现象。

德宗之后，经过了唐顺宗的过渡阶段，受宦官支持的唐宪宗登基，经过15年的削藩战争，他战胜了所有藩镇，重新把唐帝国纳入到统一帝国的轨道中，成就了唐朝的中兴气象，被史书称为"元和中兴"。

就在所有人都认为唐帝国要迎来第二个"开元天宝盛世"的时候，唐宪宗末年，以牛僧孺和李德裕为首的大臣之间的朋党之争却越演越烈，牛、李两党轮番执政，史称"牛李党争"，党争从唐宪宗时期开始，历经宪宗、穆宗、敬宗、文宗、武宗，到唐宣宗时期才结束，持续时间将近40年，历经6位皇帝，最终以牛党获胜结束。这使得皇帝只能又依托宦官的禁军来维持自己的安全感，太和九年（公元835年），宪宗的继承者唐文宗与李训、郑注等大臣发动甘露之变，试图集体诛杀宦官，但却因为执行密谋的左金吾卫大将军韩约心理素质不过关而使得计谋失败。事变后受株连被宦官集团杀死的大臣及家人多达一千多人，宦官自此左右了唐帝国剩余的国运。

唐文宗死后，他的同父异母弟弟唐武宗李炎在宦官仇士良的拥立下登基，武宗于会昌五年（公元845年）下令全国清算佛教——当时僧侣的数量几乎占到了全国的1/16，大量的青壮年已经不事生产，国家上下弥漫着强烈的宗教氛围。武宗下令拆掉全国4600余所大型寺庙，拆掉招堤、兰若这样的佛教场所 4 万余所，还俗僧尼 26 万人，把依附于佛教的 15 万奴婢释放成为纳税的两税户，还把佛教掌控的数千万顷田地收归国有，同时驱逐了超过 10 万的游惰不业之徒。❼ 武宗还在西域击败了回鹘，唐朝一度出现中兴局面，史称"会昌中兴"，但对于佛教徒来说，会昌中兴则是个灾难，因此他们也把这个时期称为"会昌法难"。

武宗之后，宦官们拥立了唐宪宗的儿子李忱，被后人称为唐宣宗。我们注意到宣宗虽然是宪宗的儿子，但他父亲死后，唐帝国已经换了 4 位皇帝，平均在位时间不到 8 年，中晚唐政治格局之混乱，可见一斑。而且唐后期几乎所有皇帝的废立生杀全部被宦官掌握，宪宗本人死于宦官之手，敬宗同样死于宦官，除敬宗外其他 8 位皇帝都是由宦官拥立的。

宣宗是晚唐最值得称道的皇帝，后人称他为"小太宗"，认为他和他的祖先唐太宗李世民非常相像，他在位的 13 年里，重新征服了西域，使唐朝在他父亲宪宗后再次起死回生。欧阳修在《新唐书》中称赞他："（宣宗）精于听断，而以察为明，无复仁恩之意。呜呼，自是而后，唐衰矣！"

由于宣宗在位时之年号为大中，故后世的历史学家以"大中之治"称之，并且将大中之治比作汉朝的文景之治，我个人倒是觉得唐宣宗和西汉的汉宣帝十分相似：在汉武帝之后，经汉宣帝治理，

---

❼ 《旧唐书·卷十八上·本纪第十八上》引武宗李炎制诰："其天下所拆寺四千六百余所，还俗僧尼二十六万五百人，收充两税户，拆招堤、兰若四万余所，收膏腴上田数千万顷，收奴婢为两税户十五万人。隶僧尼属主客，显明外国之教。勒大秦穆护、袄三千余人还俗，不杂中华之风。……驱游惰不业之徒，已逾十万。"

前言

国势达到西汉极盛,四夷宾服、万邦来朝,使汉朝再度迎来了盛世。

只不过汉宣帝成功让西汉帝国登顶,而对于唐宣宗来说,一切只是幻觉。

五

宣宗之后,唐懿宗成为唐朝最后一个在长安平安度过帝王生涯的皇帝。继位的唐僖宗是著名的逃跑皇帝,他在位15年里,3次逃离长安。

在唐僖宗的时代,发生了"王仙芝、黄巢之乱"。《资治通鉴》记载了僖宗在黄巢死后的献俘仪式。中和四年秋七月,僖宗在成都大玄楼举行献俘仪式。大玄楼,是成都罗城正南门楼。武宁节度使时溥献上黄巢首级,另有黄巢姬妾二三十人。僖宗问这些女子:"你们都是勋贵的女儿,世受国恩,为什么从了黄巢这个叛贼呢?"排在最前面的一个女子说:"国家凭借百万军队却失守社稷和国都,现在陛下责怪一个女子不能抵抗贼军,那些公卿将帅又该置于何地呢?"僖宗难堪至极,不再发问,命令将她们斩首。临刑前,执法人员可怜这些女子,让她们喝醉后再执刑,女孩们边哭边喝,不久在醉卧中受死。只有质问唐僖宗的女子不哭亦不醉,从容就死。❽

---

❽《资治通鉴·卷二百五十六·唐纪七十二》记载:"秋,七月,壬午,时溥遣使献黄巢及家人首并姬妾,上御大玄楼受之。宣问姬妾:'汝曹皆勋贵子女,世受国恩,何为从贼?'其居首者对曰:'狂贼凶逆,国家以百万之众,失守宗祧,播迁巴、蜀;今陛下以不能拒贼责一女子,置公卿将帅于何地乎!'上不复问,皆戮之于市。人争与之酒,其馀皆悲怖昏醉,居首者独不饮不泣,至于就刑,神色肃然。"

帝国的冬天降临了，大唐盛世和长安城也走到了最后的尽头，长安城中仅余的人，已经不流行胡旋舞而是流行唱挽歌。据唐代笔记小说集《北里志》记载，德宗时期长安平康里歌妓颜令宾卒后，坊中乐工刘驼驼从众多士人挽词中选择数篇，制为曲子词，教挽枢前同唱之，声甚悲怆。后来，有四首挽歌流传下来，其中一首写道："昨日寻仙子，辆车忽到门。人生须到此，天道竟难论。客至皆连袂，谁来为鼓盆？不堪襟袖上，犹印旧眉痕。"

这些挽歌"自是盛传于长安，挽者多唱之"。学者王晓鹃女士在其《唐末长安民俗生活论》中哀婉地写道："歌妓颜令宾的挽歌，逐渐演变为长安城的哀伤，美人凋零与士子心绪在此契合，末世情怀与时代哀音合二为一。"

公元904年的正月，"月色灯光满帝都，香车宝辇隘通衢"的长安遍地是瓦砾、灰烬，仅剩的残垣断壁和民居中，一灯如豆。宗室及长安士民们，扶老携幼迁往开封，渭河里漂浮着长安的躯壳，在汴梁，朱温要建造属于自己的宫室。

天祐元年（公元904年）八月十一日，朱温弑杀了唐朝第十九位皇帝唐昭宗。天祐二年（公元905年），朱温的谋士、祖籍撒马尔罕安国的李振，同时也是一位连续不第的士子，对朱温说："（贵族门阀）此辈自谓清流，宜投于黄河，永为浊流。"朱温笑而从之，于滑州白马驿（今河南滑县境），一夕尽杀左仆射裴枢、右仆射裴贽（zhì）、右仆射崔远、静海军节度使独孤损、吏部尚书陆扆（yǐ）、工部尚书王溥等6位宰辅及衣冠清流30余人，投尸于黄河，史称"白马之祸"，士族门阀的辉煌时代也随着大唐王朝的消亡逐渐式微。

日本历史学家内藤湖南在《唐宋时代的概观》中说"唐代是中国中世纪的结束"，他和他的继承者们对中国历史的时代划分是：上古

前言

（开天辟地至东汉），中世（中古，从三国至唐末五代），近世（前期：宋元；后期：明清）。日本东洋史学大家（日本学界把中国史称为东洋史）宫崎市定则在内藤的基础上把中国史纳入到世界史的范畴中，他说："追踪唐王朝的起源，可发现他来自异族王朝北魏设置在边境上的边防军，即所谓的武川镇军阀。如果要在西洋史中寻找类似的例子，那便是出身自日耳曼民族的法兰克国王查理大帝。" ❾

内藤湖南和宫崎市定认为，以唐朝为代表的中国中世纪最大的特点在于贵族门阀制度，而唐朝的灭亡也是从汉代延续到唐末近千年的贵族门阀制度的消亡。

天祐四年（公元907年），枭雄朱温在汴梁逼末代皇帝唐哀帝李柷（zhù）禅位，次年哀帝被鸩杀。连杀两位皇帝的朱温建国号为梁，唐朝灭亡，享国290年。大唐帝国，最终汇成一滴苍凉的眼泪，悬挂在历史的眼睑下。

今天，当我们回望唐朝的时候，会愕然发现，这个曾经辉煌一时的帝国，留余世上的实物，除了帝陵和博物馆的文物，仅有几处寺庙、佛窟、摩崖、经幢和郁郁葱葱的千年古树而已。

好在，我们这个民族有着悠久的用文字记录历史的习惯，让我们能够在官修历史、唐诗典章、唐人笔记、唐传奇、敦煌遗书和文物中，打捞起散落在浩瀚历史中的唐人日常生活的碎片。在这个中国人最愿意穿越的朝代里，唐代闪烁着精细的光芒，有一种烟霞瑰丽之气。而我们的视界则或许可以延伸得更远，这不是历史的可能性，而是历史的想象力。

---

❾ ［日］宫崎市定：《宫崎市定中国史》，焦堃、瞿柘如译，杭州：浙江人民出版社2015年版，第38页。

第一章 火珠与紫米

亚洲各地的财富、珍禽异兽、珠宝和奴隶被源源不断地运送到了大唐的土地上

清晨的纽约街头,奥黛丽·赫本边吃着早餐,边以艳羡的目光,看着橱窗后精致的蒂凡尼珠宝……这正是著名电影《蒂凡尼的早餐》的开场。作为20世纪最知名的城市,纽约有摩天大楼和无数座世界级的博物馆;有令人迷失方向的时代广场;第五大道的网红餐厅总是吸引各国的食客自拍;众多的名流出入各种名利场,百老汇的霓虹灯让这座城市艺术气息无穷。

1931年5月詹姆斯·亚当斯完成《美国史诗》(*The Epic of America*)一书。亚当斯在里面提出了非常著名的"美国梦":不论家世和背景,每个人依靠自身的能力和成就,都能有机会获得更好、更富裕和充实的生活。

如果时空轮转,公元7—9世纪的唐代,一点也不比20世纪的美国差,当时无数的商人、僧侣、留学生和移民不远万里来到堪比纽约的长安,追逐自己的"唐朝梦"。其中堪称"胡商逆袭"的是一个来自撒马尔罕康国的商人康谦。《旧唐书》记载,作为胡商的康谦非常善于经营,到了天宝年间,他的资产以亿万计,成了长安有名的顶级富豪。曾经担任过度支员外郎、非常善于理财的杨国忠担任宰相的时候,授予康谦安南都护的职位。安南都护府是唐朝的六个都护府之一,管辖交州地区,安南都护是封疆大吏。日本的遣唐使晁衡(阿倍仲麻吕)就做过安南都护。唐肃宗李亨至德初年,康谦成为了

第一章 火珠与紫米

唐代外交部的部长——鸿胪寺主官鸿胪卿,站在了人生巅峰。

康谦只是唐代追逐"唐朝梦"的移民的一个缩影。有唐一代,大量的胡人、新罗和日本留学生在唐帝国担任官职,比如上文提到的日本的阿倍仲麻吕,他作为"宾贡进士",也就是外藩举子入唐求学并应试登第,最后成为唐朝的高级官员,著名的供职唐廷的外籍官员还有波斯的阿罗憾、新罗的崔致远、大食的李彦具等人。著名报人、武侠小说家金庸(查良镛)1994年在北京大学授予他名誉教授的仪式上有一个演讲,其中讲到,据他的考证,唐史中记载的唐朝宰相至少有23人是胡人。

与此同时,亚洲各地的财富、珍禽异兽、珠宝和奴隶也经由陆路和海路被源源不断地运送到了大唐的土地上。唐代的大文豪韩愈在《送郑尚书序》中就曾经描述过唐代的外来贸易之昌盛:"外国之货日至,珠、香、象、犀、玳瑁、奇物,溢于中国,不可胜数。"在长安的坊市上,或许也会有农家少女如电影里的赫本一样,流连忘返于异域来的珠宝坊,渴望过上流社会的生活。

唐太宗贞观初年,林邑国(今越南中部)国王范头黎遣使节为李世民献上了一颗火珠。这颗火珠大如鸡蛋,圆白皎洁,能够光照数尺,形状和水晶一样,如果正午的时候对着太阳,折射的光线能够点燃艾香。据说此珠是林邑人从罗刹国(今锡兰岛)弄来的。罗刹国的人,红头发、黑皮肤,齿如兽牙,手似鹰爪。❶

---

❶ 《旧唐书·南蛮西南蛮传·林邑》记载:"(贞观)四年,其王范头黎遣使献火珠,大如鸡卵,圆白皎洁,光照数尺,状如水精,正午向日,以艾承之,即火燃。"《太平广记》引《国史异纂》对此做了补充:"贞观初,林邑献火珠。状如水精。云:于罗刹国得。其人朱发黑身,兽牙鹰爪。"

唐·三彩胡人立俑

馆藏：美国大都会艺术博物馆
（Metropolitan Museum of Art）

尺寸： 61 厘米

这是一尊典型的唐代胡人俑，尖鼻深目，双睛圆睁，身穿当时在唐代流行的翻领右衽胡服。唐代陶俑中有着数量众多的胡人形象，可见唐人对胡人了解很深刻，使得艺术家们能够塑造出各具情态的胡人形象。

第一章 火珠与紫米

这种火珠也叫"火齐珠",在汉代火齐珠则被称为"玫瑰"。韩非子《外储说左上》有一个我们耳熟能详的"买椟还珠"的故事,其中原文对那个非常漂亮的匣子的描写是:"为木兰之柜,熏桂椒之椟,缀以珠玉,饰以玫瑰,辑以羽翠。"玫瑰,是一种装饰的宝石。沈括《梦溪笔谈》记载他在湖北得了块玉璇,酣酣如醉肌,据说就是玫瑰。但是在唐代,"玫瑰"一词已经指代作为花卉的玫瑰,成了花卉名称中少见的没有草木部首,而是以玉为部首的命名。

火珠只是唐代外来物品中的一种,有一种叫"瑟瑟"的珠宝,在唐代极其珍贵。《新唐书》"吐蕃列传"曾经说,吐蕃人胳膊上带着精美的臂环以辨贵贱,"最上瑟瑟,金次之,金涂银又次之,银次之,最下至铜止。"唐玄宗天宝九载(公元750年),四镇节度使高仙芝率军讨伐石国,攻破其国之后,战利品里就有大块瑟瑟十余石。唐代诗人白居易就曾经见过瑟瑟,他的名句"半江瑟瑟半江红"、"枫叶荻花秋瑟瑟"其实并不是讲萧瑟,而是讲江水的碧绿,明代杨慎在《升庵诗话》中就说过:"瑟瑟,珍宝名,其色碧,故以瑟影指'碧'字。"瑟瑟因为颜色碧青,在唐代一度成为了青山倒映下江水的代名词。

今天很多人认为瑟瑟是天青石,其实不对,天青石是一种结晶,主要用于制造碳酸锶,今天江苏溧水的天青石矿床就是亚洲最大的锶矿产地,而瑟瑟作为一种外来的珠宝,在中国是没有的。瑟瑟是珠宝中的青金石(Lapis-Lazuli),出产在阿富汗和巴基斯坦一代,青金石的颜色与天空颜色相近,细看如同星辉在夜空中散落,我国近代著名的地质学家章鸿钊在《石雅》一书中写道:"青金石色相如天,或复金屑散乱,光辉灿灿,若众星之丽于天也。"或许是因为这个缘故,有人认为佛家七宝之一的吠琉璃就是青金石。

在唐代,被称为"金刚石"的钻石也来到了中国。贞观年间,

六

敦煌石窟第 285 窟以及青金石
（Lapis-Lazuli）

敦煌石窟第 285 窟《五百强盗成佛图》的山石和屋宇，以及覆斗形窟顶的飞天、朱雀、飞廉、雷神所敷的蓝色都来自青金石所制成的颜料。

第一章 火珠与紫米

从印度来了个婆罗门僧人，说自己有一颗佛齿，至坚至硬，所击之处，无物可挡。于是很多人赶来看热闹。当时，唐初著名的反佛斗士傅奕正卧病在床，就叫自己的儿子来说："这个东西叫金刚石，坚硬无比，外物是不能损伤的。但羚羊角能破金刚石，你去试试。"他儿子就拿着一个羚羊角击打佛齿，结果佛齿"应手而碎"，看热闹的人也就一哄而散。❷ 钻石在天然矿物中是人类已知的最坚硬的物质，中国人经常说的"金刚钻"，就是钻石做的钻头。今天我们仍然用它做精密硬质切割工具的钻头，但这取的是钻石的硬度。反过来，钻石脆性也相当高，用力碰撞就会碎裂。

唐文宗元和八年（公元813年），据说在海东南三万里的大轸国向唐帝国进贡了重明枕、神锦衾、碧麦、紫米。❸ 当时皇帝觉得奇怪，第二天就拿出来给术士白元佐和李元戩看。其中的紫米有些像胡麻，一升米可以做出十升饭，食用之后可以令人须发又密又黑，青春长驻，颜色不老。

这些唐人夸大的事物在今天看起来会觉得非常可笑，但对于唐代的人来说，新奇的外来物品引发了他们无穷的幻想，让他们对世界充满了想象力，就如同法国文豪普鲁斯特在其名著《追忆似水年华》第

---

❷ 唐代史学家刘知几的儿子刘𫗧（sù）所撰《隋唐嘉话》记载："贞观中有婆罗僧，言得佛齿，所击前无坚物。于是士马奔凑其处如市。时傅奕方卧病，闻之，谓其子曰：'是非佛齿。吾闻金刚石至坚，物不能敌，惟羚羊角破之。汝可往试之焉。'胡僧缄縢甚严，固求良久，乃得见。出角叩之，应手而碎，观者乃止。今理珠玉者皆用之。"
❸ 唐人苏鹗《杜阳杂编·卷中》记载："（元和）八年，大轸国贡重明枕、神锦衾、碧麦、紫米。云其国在海东南三万里，当轸宿之位，故曰大轸国，经合丘禺槀之山。"

一部第一卷《贡布雷》中所说:"它(往事)藏在脑海之外,非智力所能及;它隐蔽在某件我们意想不到的物体之中。而那件东西我们在死亡之前能否遇到,则全凭偶然,说不定我们到死都碰不到。"❹

和我们今天热衷于澳洲龙虾、智利车厘子、挪威三文鱼一样,一些外来的物品改变了唐代人的生活方式,《旧唐书》就说过,在唐代,贵族以吃外来的食品为时髦:"贵人御馔,尽供胡食。"唐代的胡食品种很多,据唐代疏勒国僧侣慧琳《一切经音义》❺中说:"胡食者,即饆饠(bì luó)、烧饼、胡饼、搭纳等。"

饆饠,也被称为"毕罗",是一种用面包裹馅的饼,需要用油炸。一般的馅是用羊肉,但吃货们总是会创新,唐人刘恂《岭表录异》卷下记载了一种拿蟹肉和蟹黄做的毕罗,美味异常:"赤母蟹,壳内黄赤膏如鸡鸭子共同,肉白如豕膏,实其壳中。淋以五味,蒙以细面,为蟹黄饆饠,珍美可尚。"本书前言提到的参与唐文宗年间"甘露之变"的大将韩约就是一个资深吃货,他能做一种樱桃毕罗,煎熟之后,可以保持樱桃颜色不变。

唐末的书画家、官员刘崇龟喜欢自我标榜清俭,同僚经常暗地里议论他。他有一次招待同僚吃苦荬毕罗。苦荬就是今天我们乡间仍然吃的野菜苦荬菜,长的像小野菊,味道清苦。同僚本来就知道刘崇龟矫情,于是悄悄问他的小厮说:"刘仆射早餐吃的是啥?"小

---

❹ [法]马塞尔·普鲁斯特:《追忆似水年华》(第一册·在斯万那边),李恒基、徐继曾译,南京:译林出版社1989年版,第46页。

❺ 慧琳所撰的《一切经音义》是一部文字音义注释的训诂学音义类专书。慧琳将佛典中读者与解义较难的字一一录出,详加音训,并对新旧译的名词逐一考正梵音,全书共有一百卷。这本书一度亡轶,晚清学者黎庶昌和杨守敬在日本访求到此书,才得以在光绪年间传回中国,复显于世。

厮说："吃的泼生。"泼生就是泼生面，类似于今天陕西的油泼面。嗯，你自己吃油泼面，请我们吃苦菜饼，你真行，于是朝中很多大臣听到这个笑话都在偷着笑。❻

我们今天经常说的"喽啰"一词，就和毕罗有关系。天宝年间，由于当时进京参加科举考试的落魄举子经常在酒楼吃毕罗，被人称为"楼罗"，这词后来演变为"喽啰"，变成了专指小跟班的贬义词，谁能想到这词竟源自一种唐代胡食。❼

毕罗这种食物，一直到了清代仍然有。清人佚名氏《名人轶事》中的《李恭勤公逸事》就记载乾隆朝一代名臣李世杰在元日（春节）那一天，吩咐厨房准备了十数斛的"馎饦"招待属下。

唐代的烧饼就是我们今天的白面馅饼，发面之后经烘烤而成。北魏贾思勰的《齐民要术》卷九《饼法》记载了一种加馅儿烧饼的做法："作烧饼法：面一斗，羊肉二斤，葱白一合，豉汁及盐，熬令熟。炙之，面当令起。"

烧饼，是唐代很普遍的一种胡食。唐人薛渔思的传奇《板桥三娘子》讲过一个卖烧饼的女商人的奇幻故事。说是唐宪宗元和年间，汴州（开封）板桥有一个名叫三娘子的女商人，是个三十来岁的寡妇，她有数家店铺，而且为人善良，对于无钱乘车的人免费或低价提供住宿，因此很多行人都来这里住宿。许州人赵季和去东都洛阳路过板

---

❻ 宋人孙光宪的笔记《北梦琐言》载：刘崇龟以清俭自居，甚招物论。尝召同列餐荚苦馎饦。朝士有知其矫，乃潜问小苍头曰："仆射晨餐何物？"苍头实对："食泼生。"朝中闻而哂之。

❼ 唐人段成式的笔记小说集《酉阳杂俎·续集四》载："予……尝见同官说俗语楼罗，因天宝中进士有东西棚，各有声势，稍伧者多会于酒楼食毕罗，故有此语。"

桥,于是借宿一晚。因为饮酒赵季和半夜睡不着,结果听见隔壁三娘子的房间动静很大,于是起身偷窥,结果发现三娘子从箱子中取出一套袖珍版耒耜和木牛,还有一个木偶人。木偶人赶着牛在床前耕了一小块地,种下的麦子"须臾生花发麦熟",三娘子拿小木偶人种的麦子磨成面"取面作烧饼数枚"。天亮后,三娘子把这些烧饼给将要出发的客人吃,客人须臾间皆变成了驴。赵季和惊恐异常,第二天就连忙奔东都去了,月余,赵季和返回时偷梁换柱,让板桥三娘子吃了自己做的烧饼,"即立变为驴,甚壮健。"结果成了赵季和的坐骑。四年后,赵季和骑着三娘子变的驴入潼关,在华山关东五六里路旁,一个老人对赵季和说:"她虽有过错,但是也遭够了罪。"老人从驴口鼻边,以两手擘开,三娘子自皮中跳出,恢复了人身,向老人拜别离去。

胡食中最有名的就是胡饼,"胡饼"一般没有馅儿,以面粉为原料,制作时适当加一些油,并在上面撒有芝麻,经在炉内烘烤而成,和我们今天的芝麻烧饼以及馕都有些像。胡饼并不是唐代才有的,而是自汉代开始就已经流行了。《续汉书》就曾经说:"(东汉)灵帝好胡饼,京师皆食胡饼。"

著名的东晋书法家王羲之则因为吃胡饼找到了老婆。《晋史》记载,东晋重臣郗鉴听说王氏诸子皆俊,于是便让人去王家选女婿。王家诸子皆正装待客,独独王羲之敞着衣服躺在东边床上,"啮胡饼,神色自若"。使者回来后告诉了郗鉴王家诸子的表现,郗鉴说:"就这个吃胡饼的,就是我女婿了。"❽这就是著名的"东床快婿"的典故。

---

❽ 王隐《晋书·卷七·王羲之》记载:王羲之幼有风操。郗虞卿闻王氏诸子皆俊,令使选婿。诸子皆饰容以待客,羲之独坦腹东床,啮胡饼,神色自若。使具以告,虞卿曰:"此真吾子婿也。"问谁,果是逸少,乃妻之。

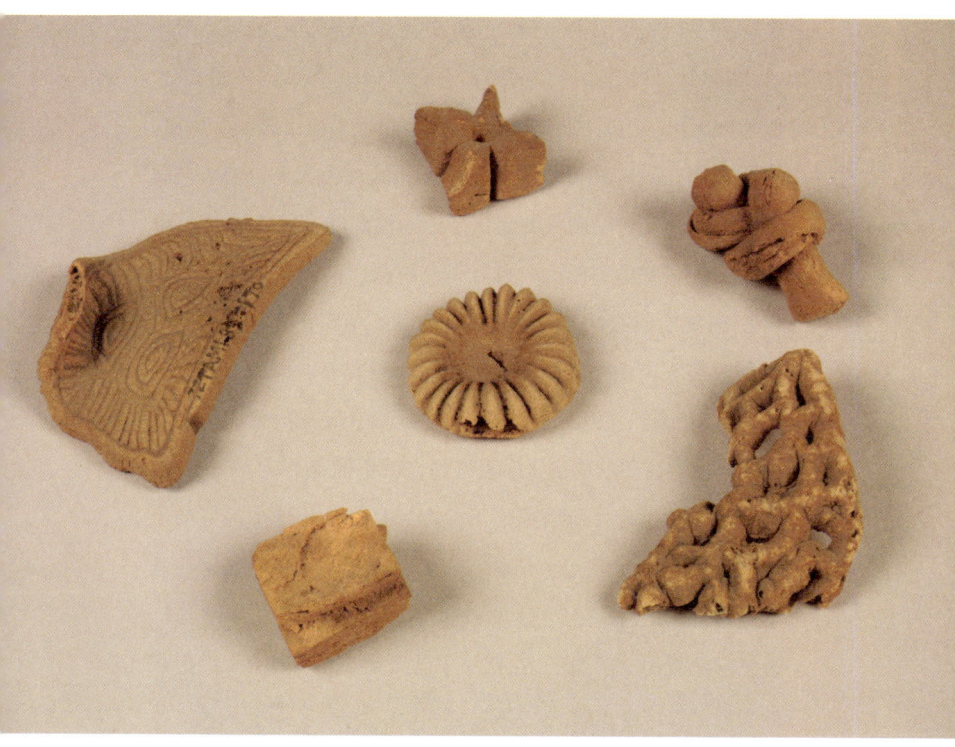

唐代面食点心

馆藏：新疆博物馆

这组唐代的面食点心，出土于新疆吐鲁番市阿斯塔那墓地331号墓，以小麦粉为原料，做工极为精美，无论是捏制，还是模压，都非常精美。阿斯塔那古墓群位于吐鲁番市高昌古城，是西晋至唐代高昌城居民的公共墓地，也是世界著名古墓地之一。从1959年起，考古工作者对阿斯塔那古墓群进行了十多次发掘，出土了数万件文物，其中纸质文书就有近万片，被称为"吐鲁番文书"。

白居易有一首《寄胡饼与杨万州》的诗，从中我们可以一窥唐代的胡饼："胡麻饼样学京师，面脆油香新出炉。寄予饥馋杨大使，尝看得似辅兴无？"当时白居易正在担任忠州（重庆市忠县）刺史，他的好友扬归厚在隔壁的万州（重庆市万州区）当刺史，白居易就给他寄了他模仿长安饼店制作的胡饼来慰藉彼此的乡愁。从中可以看出，唐代的胡饼是撒"胡麻"也就是芝麻的，而且要放油在炉子中烤熟。白居易模仿的是长安的最有名的辅兴胡饼，辅兴坊是长安朱雀门街西第三街由北向南的第二坊，离长安郭城西城墙最北的一座城门开远门很近，很多胡商自西而来或出长安的时候，都会在这里路过或集聚，这里的胡饼正宗且好吃，就不稀奇了。

因为胡饼加油烘烤，所以很耐于保存，是一种旅途中极好的干粮。据《资治通鉴·玄宗纪》记载，安史之乱的时候，唐玄宗西逃至咸阳集贤宫时，正值中午，"上犹未食，杨国忠自市胡饼以献"。

至于慧琳记载的"搭纳"，在典籍中已经找不到和其有关的记载了，这种胡食仅仅留下了名字。

在胡食流行的同时，外来调味品在唐朝也很时兴，其中最有名的是胡椒。唐代著名志怪小说家段成式称胡椒生于摩揭陀国（古代中印度），当地人呼为昧履支（merica），并说唐人"作胡盘肉食皆用之"。作为一种唐人喜爱但是外来的调料，胡椒十分的值钱。《新唐书》列传第七十记载，唐代的宰相、诗人元载被治罪抄家时，从家中被抄出八百石胡椒："籍其家，钟乳五百两，诏分赐中书、门下台省官，胡椒至八百石，它物称是。"八百石相当于现在64吨，需要用现在的集装箱半挂车才能装得下，如果史书没有记错数字的话，这真是令人咋舌。

今天的人可能对元载囤积胡椒感到又可笑又不理解。然而，在古代的世界，胡椒作为一种神奇的物质，改变了世界的格局。

公元 5 世纪哥特人灭西罗马帝国，起初就是向罗马索要黄金和胡椒不成而攻占了罗马城，此后不久西罗马帝国灭亡，欧洲便有了现在的雏形。在大航海早期，葡萄牙、西班牙为了争夺前往印度贩卖胡椒的航线，进行了激烈的战争，最终成就了西班牙无敌舰队的名号。到了 16 世纪中期，英国人击败了西班牙船队，又主宰了胡椒的命运。后来，有"海上马车夫"之称的荷兰凭借实力又把英国从胡椒市场排挤出去成为航海时代的新霸主。在中世纪欧洲，胡椒被称为"黑色黄金"，一度作为货币使用。

"海洋小说大师"约瑟夫·康拉德（Joseph Conrad）在《詹姆斯王》里写道："荷兰和英国冒险者对胡椒的特殊兴趣，就像爱情的烈火一样在胸中燃烧。为了把胡椒弄到手，他们还有什么地方不愿去呢！他们会为了一袋胡椒互相残杀，甚至不惜抛弃自己一向珍爱的灵魂。这种强烈的占有欲使他们甘愿赴汤蹈火，将种种生命危险置之度外——陌生的海洋，种种怪疾，伤痛，监禁，饥饿，瘟疫以及绝望……"

从这个角度看，元载囤积的胡椒，该是多么价值连城的战略物资啊。

我们今天常吃的蔬菜很多都是来自西域，而且唐代人也已经开始食用。因为阿拉伯帝国入侵，避难于唐帝国的波斯人带来了"波斯草"，也叫波棱，今天我们称之为菠菜。胡人带来的蔬菜还有胡芹，也就是芹菜，魏征就特别喜欢吃醋腌芹菜。而大蒜被唐人称之为"葫"，唐代道世编写的《法苑珠林》中认为大蒜"臭秽不净，能障圣道"。因此，唐代的和尚是不吃大蒜的。香菜，唐人称为"胡荽"，现在很多地方的方言还把香菜叫芫荽或盐荽。胡瓜到了唐代开始被称为黄瓜,而且已经成了一种家常菜,《全唐诗》卷五一一张祜《读曲歌五首》就写道:"郎去摘黄瓜,郎来收赤枣。"茄子又名昆仑瓜或"伽子",原产印度,孟诜《食疗本草》称其为落苏,唐朝时也已成为唐人的日常蔬菜,《酉阳杂俎》卷一九说:"茄子熟者,食之厚肠胃……僧人多炙之,甚美。"唐代寺院拿茄子做斋食,可能是因为这种蔬菜是由印度东传来的原因。

胡人还带来了一些中国没有的动物。2018年2月,考古人员对唐代宗李豫元陵的神道石刻及下宫遗址进行了考古发掘和清理,新出土了石刻27件,其中有一件鸵鸟石刻。

据《旧唐书》记载,永徽元年"吐火罗人遣使献大鸟如驼,食铜铁,上遣献于昭陵"。《新唐书》记载了鸵鸟的样子:"高七尺,色黑,足类橐驼(骆驼),翅而行,日三百里,能噉铁,俗称驼鸟"。鸵鸟可以奔跑载人载物,据说它的鸟粪还是药物,对于误吞金属类可具溶化之效,《本草纲目》在"鸵鸟屎"一条下就说:"误吞铜钱、砂石入腹,水化服之,即消。"唐人把鸵鸟视为很神奇的动物。唐代的皇帝陵墓,目前所知的包括唐太宗、高宗、代宗与睿宗的墓前至今还站立着鸵鸟的石雕。

进贡鸵鸟的吐火罗国,是一个后世看来异常神秘的中亚王国,在今天的阿富汗北部。1890年一位英国军官鲍威尔(Bower)在新疆库车发现了吐火罗文的桦树皮文本,此后20年间,普鲁士、法兰西、俄罗斯等国的探险队在库车与吐鲁番附近不断发现写有吐火罗文的残卷与木简,使得柏林与巴黎成为世界上藏有吐火罗文文本最丰富的城市。唐肃宗乾元初年(公元758—760年),吐火罗人曾发兵与西域八国组成援兵东进中原,帮助唐军打击粟特人的安史乱军,吐火罗军当时被编在朔方军之下。13世纪后,吐火罗消失在了历史

第一章

的长河中。

唐人把骆驼叫橐（tuó）驼，汉代的时候骆驼便为中国人所熟悉了，西晋张华编撰的《博物志》就对骆驼的习性有过细致准确的描述："敦煌西渡流沙，千馀里中无水，时时伏流虒，人不能知，皆乘骆驼，驼知水脉，遇其处，辄停不肯行，以足蹋地。人于蹋处掘之，辄得水。"随着丝绸之路的繁荣，骆驼也成为唐代中原地区常见的动物，柳宗元有一篇《种树郭橐驼传》说一个姓郭的人因为驼背被乡人称为郭骆驼，渐渐地就没人知道他的本名了，可见骆驼已经是唐人非常熟悉的动物了。今天我们在唐三彩中可以见到大量的或站或卧的骆驼，手牵骆驼的胡人造型也成了我们对于唐代胡人最直观的感受。而骆驼作为重要的沙漠交通工具，我们国家至今还在使用，内蒙古阿拉善武警边防支队就是我国仅有的一支"骆驼兵"。

在唐代还有一种外来的宠物狗叫"猧（wō）子"，唐人段成式的《酉阳杂俎·忠志》记载了这么一件事：唐玄宗有一次同一位亲王下棋，数子将输的时候，立在旁边的杨贵妃就把随身带的康国进献的猧子放开，猧子跳到棋盘上，搅乱了棋子，唐玄宗非常高兴。这个典故被后人称为"康猧乱局"，意思是取悦于君王。学界目前大多认为"猧子"就是"拂林犬"——马耳他犬。《旧唐书》记载，唐高祖武德七年高昌国王麹文泰："又献狗，雄雌各一，高六寸，长尺余，性甚慧，能曳马衔烛，云本出拂林国。中国有拂林狗，自此始也。"拂林是唐人对东罗马帝国的称呼，马耳他犬是欧洲最古老的犬种，长长的白毛雍容华贵，对儿童非常友善，是公认的小朋友的最佳玩伴。1972年，新疆阿斯塔那出土的绢画《双童图》中，左侧童子就抱着毛色黑白相间小狗一只。唐代贞元年间的进士王涯描写过宫廷里的"猧儿"："白雪猧儿拂地行，惯眠红毯不曾惊。深宫更有何人到，只晓金阶吠晚萤。"这种毛色雪白的小狗和马耳他犬的样子非常契合，有着白雪一般的皮毛，而且是趴在地上摇摇摆摆地行走，晚上的时候还会在宫殿的台阶前追着萤火虫叫，憨态可掬。可见，我们对于"汪星人"的热爱是有着深厚传统的。

唐代外来物品中，最名贵的属于香料。由于佛教的东传，香料在唐代世俗生活和宗教活动中的应用之广，是前代无法匹敌的。流风所及，在唐朝社会中无论男女，都讲求名香薰衣，香汤沐浴，《旧唐书》上说曾任太平节度使的柳仲郢"以礼法自矜，厩无名马，衣不熏香"。柳仲郢不熏香衣都被赞美是有节操，遵守礼法，可见当时熏香的风气已经是一件阻止不了的事情了。后世则把香道列入了君子三雅道之首，和茶道、花道，被中国历代文人称为"雅事中的雅事"。

在唐史及传奇中记载的香料名目繁多，有沉香、紫藤香、榄香、樟脑、苏合香、安息香、爪哇香、乳香、没药、丁香、青木香、广藿香、茉莉油、玫瑰香水、郁金香、阿末香、降真香等品种。就唐代主要香料或香材品种言，沉香出天竺诸国；丁香生东海及昆仑国；紫檀出昆仑盘盘国；降真香生南海山中及大秦国；安息香生南海波斯国；苏合香来自西域及昆仑；龙脑香出婆律国。

唐人把香料视为精神的慰藉和财富的象征，在诗人的笔下，香料的香气还带着一种久远的思念和愁绪。武则天时代的诗人沈佺期有一首写少妇的《古意·卢家少妇》："卢家少妇郁金堂，海燕双栖玳瑁梁。九月寒砧催木叶，十年征戍忆辽阳。白狼河北音书断，丹凤城南秋夜长。谁谓含愁独不见，更教明月照流黄。"这首诗是讲一位长安贵族少妇，"思而不得见"自己征戍辽阳十年不归的丈夫。开头两句以重彩浓笔夸张地描绘女主人公闺房之美：四壁以郁

唐·黑釉拂菻狗

馆藏： 美国大都会艺术博物馆
（Metropolitan Museum of Art）
尺寸： 高 3.8 厘米

唐朝时，外来的动物中对唐人影响较大的是"拂菻狗"。武德七年（公元624年），高昌进献了两只来自拂菻国的小狗，"性甚慧，能曳马衔烛"。拂菻狗传入唐朝后，又被称为"猧子"，作为供妇女儿童赏玩的宠物狗，深受唐人喜爱。1972年出土于新疆吐鲁番阿斯塔那第187号唐墓的《双童图》中，就出现了拂菻狗的形象，其他唐墓壁画如《元师奖墓童子戏拂菻狗图》、《元师奖墓拂菻狗扑童子图》中的拂菻狗形象塑造如出一辙：黑色的背毛，腹部及四肢为白色。

金和泥涂饰，顶梁也用玳瑁壳装点起来，芬芳华丽，连海燕也飞到梁上来安栖了。郁金并不是我们今天的郁金香花，郁金（Curcuma aromatica）是姜科姜黄属植物，是一味著名的中药和香料，用来泡酒不仅可以使酒带上浓郁的香气，还可以把酒染成黄色，和泥涂壁能使室内芳香。

郁金这种香还被唐代的宫廷用作皇帝性生活时的助兴，唐代宫中每有皇帝行幸嫔妃，宦官们就拿龙脑和郁金布在地上。到了唐宣宗时，他性尚俭素，才取消了这个制度。宋人庞元英在《文昌杂录》中记述这件事时，表示了复杂的羡慕嫉妒恨："方唐盛时，其侈丽如此。"龙脑并不是龙的脑子，而是取自龙脑香（樟科植物）的脂，状如云母，莹如冰霜。

外来香料的盛行，还催生了海盗。唐代日本学者淡海三船的《唐大和上东征传》就记载了海南岛万安州大首领冯若芳："每年常劫取波斯舶二三艘，取物为己货，掠人为奴隶……若芳会客，常用乳头香为灯烛，一烧一百余斤。"乳头香就是乳香，产自非洲索马里和埃塞俄比亚，是一种橄榄科植物的树脂，加热后有特异的香气。冯若芳一次烧灯烛就要烧一百余斤，简直是暴殄天物。天宝七载（公元748年）冬十一月，高僧鉴真应日僧之邀，偕日僧荣睿、普照等东渡日本，于海中遇大风，漂流至海南岛，冯若芳还请鉴真住在他家，三日供养一次。

唐代还有一种特殊的外来"物品"，那就是"贡人"。我在这里把贡人称为物品，并非是用词错误，而是在唐朝所在的那个时代，

---

❾ 《杜阳杂编》载："先是，宫中每欲行幸，即先以龙脑、郁金藉其地。自上（宣宗皇帝）垂拱，并不许焉。"

第一章

唐朝周边的国家就是把人作为"方物",也就是地方土特产献给朝廷,供皇室或贵族官僚玩赏。

唐文宗宝历二年(公元826年),新罗给朝廷进贡了两名舞女,一个叫飞鸾,一个叫轻凤,据说她们以荔枝、榧实(香榧)、金屑(桂花)和龙脑香为食,"兰气融冶,冬不纩衣,夏不汗体"。歌声一发,如鸾凤之音,百鸟翔集;舞态艳逸,非人间所有。

贡人里最多的是宫廷舞者"胡旋女子",她们擅长跳胡旋舞,元稹在《胡旋女》一诗中说到她们跳舞的时候:"潜鲸暗翕笡波海,回风乱舞当空霰。万过其谁辨终始,四座安能分背面。"胡旋女在音乐中急速起舞,如同鲸鱼游过大海,如同雪花在空中飘洒,她们柔软的腰肢迎风飞扬,观众几乎不能看出她们的脸和背。在《册府元龟》记载的贡人中,就有四批胡旋女子和鹦鹉、玳瑁、生犀及名马一起被送到大唐的宫廷。她们中有一个名叫"曹野那姬"的曹国女子,曾经成为皇帝一度迷恋的姬妾,也是唐史记载中仅有的一位胡人嫔妃。

《新唐书》记载:唐玄宗的女儿寿安公主是由"曹野那姬"生育的,曹野那姬的出身来历没有介绍,甚至连"美人"、"才人"等低级封号都没有。唐代著名的传奇《酉阳杂俎》一书记载,曹野那姬怀孕九个月就生下女儿,按古人说法不足十月,因而唐玄宗不喜欢,"恶之",起小名为"虫娘",他让虫娘穿着道教的羽衣在宫内道家坛观消灾趋吉。虫娘活过了安史之乱,在玄宗退位成为太上皇时,玄宗钟爱的孙子唐代宗李豫还是广平王,有一次李豫拜见玄宗时,玄宗跟李豫说:"你以后要给虫娘一个名号。"虫娘在唐代宗李豫登基后被封为寿安公主,最后以皇家公主身份出嫁。

这些神奇的舶来品背后,是唐帝国依托陆地和海洋贸易串联起亚洲各国的繁荣时代——大量的西域胡人沿着陆海丝绸之路来到中国。

在西域，贞观年间，康国大首领康艳典率众东来大唐，居鄯善城，因成聚落，并修筑新城、蒲桃城、萨毗城等，并且还建了祆舍（祆教，即摩尼教的寺庙）；石国石万年为城主的粟特人则居住在伊州地区（今哈密）的七个城市中；何国的城主何伏帝延则带领何国的粟特人住在播仙镇（今新疆且末）。这些粟特人的城邦根据唐朝政府"胡、汉有别，各依其俗"的政策，接受大唐帝国的管理和任命，为帝国拱卫边疆并开展贸易。

在东部，公元8至9世纪，在唐的沿海地区形成了以新罗商人为主的新罗侨民聚居区——新罗坊。公元9世纪上半叶来华的日本僧人圆仁所撰《入唐求法巡礼行记》中保留了大量关于新罗坊的资料。据他记述，扬州、楚州、密州、海州、泗州、登州以及青州等地，都有新罗人居住。他们居住的街巷叫新罗坊，安置他们的旅店叫新罗馆或新罗院，各地并设有管理新罗坊的勾当新罗所，其职员、译员均由新罗人充任，大约类似于今日美国之移民管理局。据圆仁的记述，遍布在大唐的新罗人务农者有之，煮盐者有之，经营私驿者有之，担任水手、导航者有之，造船者亦有之，他们大多长期居住，甚至终老在大唐。

到了唐德宗贞元三年（公元787年），吐蕃占据河陇，西域道路阻绝，安西、北庭前来朝廷奏事的官员以及西域朝贡使节滞留长安，日用所需供给浩繁，使朝廷不堪重负。因为按照唐律，蕃国使入朝，其粮料各分等第给：南天竺、北天竺、波斯、大食等国使，给六个月粮；尸利佛誓、真腊、诃陵等国使，给五个月粮；林邑国使，给三个月粮。结果朝廷检括的结果令唐人大吃一惊：除了新来朝贡的使臣，检查人员发现常年滞留长安的使臣多达四千人。朝廷准备停止供给，但遭到西域国使臣的强烈反对。

当时在位的大唐宰相李泌献策，建议由唐朝组织使臣，或假道回纥，或经由海道遣返本国；有不愿归者，应向鸿胪寺提出申请，"授以职位，给俸禄为唐臣"。这时诸国客使在唐朝境内基本已滞留了30余年，最多者达40余年，结果没有人愿意返回本国，于是朝廷将诸国使臣分隶左右神策军，"王子、使者为散兵马使或押牙，余皆为卒"。

就这一项，每年可以为唐帝国节省经费达五十万缗。在唐代，一千个铜钱为一缗（即一贯），视购买力的不同，约等于一两银子。贞元三年（公元787年），是当时五年来的第一个丰年，一斗米一百五十文钱⑩，一缗钱可以买七斗米。唐代的一斗约等于今天的十二斤，也就是一缗钱可买八十四斤大米，五十万缗钱可以买四千两百万斤大米，相当于二万一千吨。

如此之多的胡人和外来物品自西而来到中国，让大唐散发出一种迷人的"异域风情"，因此被很多学者称为具有"国际性"。

对于此种状况，后代多有人说是因为唐代皇帝是胡人。李氏家族父系到底是不是汉人迄无定论，但是母系是胡人血统则毫无疑问。历史学家陈寅恪说："若以女系母统言之，唐代创业及初期君主，如高祖之母为独孤氏，太宗之母为窦氏，即纥豆陵氏，高宗之母为长孙氏，皆是胡种，而非汉族。故李唐皇室之女系母统杂有胡族血胤，世所共知。"

---

⑩《资治通鉴·卷二三三》"贞元三年十二月"条说：自兴元以来，至是岁最为丰稔，米斗直钱百五十，粟八十。

唐代皇室至少拥有二分之一胡人的血统，这在当时是很普遍的状况。在唐代立国之前，从公元316年西晋灭亡算起，中国历史上进行了历时270多年的南北朝与"南北战争"。在南北朝两百多年的动乱后，隋朝短暂地统一了南北，在隋朝38年的国祚中，又有一半时间是在征伐和内乱。因此，到了唐代，正是中国的北方胡人与南方汉人互相融合的时期，这种融合包含着和解、欣赏和互相学习。

　　从史籍记载来看，唐代皇室至少在中前期都处于胡汉融合的阶段。《资治通鉴》上曾记载了一件事，武德九年六月玄武门之变后，"世民跪而吮上乳，号恸久之。"亲吻父亲的乳头这一怪异现象，有专家认为就是胡俗。而唐太宗在玄武门之变后纳李元吉的王妃杨氏，杨氏还为李世民生了曹王李明。李世民的昭容讳尼子最初嫁与王世充长子王玄应为皇太子妃，李世民破东都后也把她收入内宫。❶而李世民的儿子李治则纳了父亲的嫔妃武则天，纳敌人的妻妾，继承父亲的女人，这都是胡俗。

　　至于唐玄宗公然娶儿媳杨玉环为妃，则更是千古未有的婚姻现象了。但当时的唐人似乎也没有什么特别的反应，玄宗去世四十多年后，唐宪宗朝的盩厔（今西安市周至县）县尉白居易作了《长恨歌》，开头就说："汉皇重色思倾国，御宇多年求不得。"唐人经常以"汉"来称呼自己的国家，汉皇就是唐玄宗。白居易也仅仅是说玄宗好色而已，并没有道德伦理批判。陈鹏先生在《中国婚姻史稿》

---

❶ 参见周绍良：《唐代墓志汇编》，上海：上海古籍出版社1992年版。《郑故大将军舒懿公（韦匡伯）之墓志铭》记载：自皇郑膺箓，历选德门，作配储后（王玄应），聘公长女（韦尼子）为太子妃。《大唐故文帝昭容一品韦氏墓志之铭》记载："大唐故文帝昭容韦氏墓志铭并序昭容讳尼子，京兆杜陵人也。……父匡伯。昭容武德四年以良家受选。"

就说:"隋唐两代起自关陇,当时汉胡婚媾频繁,寝淫胡化,故烝报之事,不以为讳。……凡此诸事,皆胡俗也。"

到了唐代中后期,南北朝遗留的胡汉融合问题逐渐完成,皇室就再也没有这样的在我们今天看来很离奇的事情发生了。

至于今天我们议论唐代皇帝到底是胡人还是汉人其实大可不必,吕思勉先生在其著作《中国通史》里面的一段话足以回答这个问题:"唐朝自称为西凉李暠之后,近人亦有疑其为胡族的,信否可不必论,民族的特征,乃文化而非血统。"

职贡图

画家：唐·阎立本（约公元 601 年—673 年）
馆藏：台北故宫博物院
材质：绢本
尺寸：61.5 厘米 × 191.5 厘米

职贡,就是朝贡。据美术史学家李霖灿先生研究,画中所绘是唐太宗贞观五年(公元631年)时,婆利国、罗利国、林邑国结队前来长安朝贡的景象。

全幅共二十七人,画中人马各自成组,由右往左前行。一脸虬须骑白马,后有仆人持伞盖掌羽扇随从,后随抬一笼鹦鹉,这可能是林邑国使者。画左端也有伞盖随侍者,手捧怪石,旁有黑肤卷发昆仑奴,可能是婆利国使者。画中的人物穿耳附璫、著古贝布,而所见的朝贡物品有象牙、耶叶、琉璃器、奇石、珊瑚、花斑羊等。

北宋时期,苏轼就见过这幅图,并题诗《阎立本职贡图》来讲他的感受:"贞观之德来万邦,浩如沧海吞河江。音容伦狞服奇鹰,横绝岭海逾涛泷。珍禽瑰产争牵扛,名王解辫却盖幢。"

第二章 大唐衣冠

相对于男性服装充满的仪式感和阶层感，唐代的女装则更具开放意识，绚丽多彩的唐代女子服装在中国古代史上独一无二。

今天每当我们提及"民生"改善"衣食住行"必会成为改善民生的首要任务。可能很少有人思考，为什么"衣"会成为中国人基本生活需求的首位？中国人看重衣服的程度，在世界上也是罕见的。这其中有一个非常深厚的文化传承：衣服对于中国古人而言不仅仅是避寒取暖的物品，还是中华文化的外在表征。

中国传统的成语里，有着大量的以"衣冠"为主题的词。《诗经·蜉蝣》说："蜉蝣之羽，衣裳楚楚。"我们后世就用"衣冠楚楚"来形容绅士；西晋末，晋元帝渡江，中原士族相随南逃，被称为"衣冠南渡"；《周书·薛善传》说："与兄忝是衣冠绪余，荷国荣宠。"我们就把名门之后称为"衣冠绪余"；唐代诗人杨炯《司兵参军陇西李宏赞》有："李宏门胄，衣冠赫奕。气蕴风霜，心如铁石。"我们就用"衣冠赫奕"来称呼达官贵人。

今天我们仍然使用的一些词就来自于古人的衣冠形制。比如，"领袖"就是指衣服上的领口和袖口，因为经常磨损，所以需要单独用料并且镶边，后来就成了领导者的代名词。

服装发展到今天，已经和古代有了翻天覆地的变化，因此，为了更好地理解唐代的服饰，我们需要对古代服装做一个简单的知识普及。

古人无论男女穿衣都讲究"上衣下裳"，上面是衣，下面是裙,裙叫做"裳(cháng)",我们今天用的"常"字其实本字就是"裳",中国最早的字典、汉代的《说文解字》解释:"常,下帬(qún)也。裳,常或从'衣'。"

"上衣下裳"这样的形制从周一直延续到明代。衣裳之间有腰带束缚,称做"鞶(pán)带",一般男鞶革,女鞶丝。长不过膝的短衣叫做"襦",男子穿的上下连属式的服饰统称为"深衣",长衣有夹层的叫做"袍",单层的叫做"衫"。

古人的裤子有两种,一种叫"裈(huī)",简体字是"裤",指有裆的长裤子,东汉刘熙撰的词书《释名·释衣服》就说:"裈,贯也。贯两脚,上系要(腰)中也。"另外有一种"犊鼻裈",相当于今天的短裤。

另一种裤子叫"袴(kù)",和我们今天"裤"的读音一样,不过这是一种只有两只裤腿的开裆裤,穿时在胫上(小腿),古人又称之为"胫衣"。因其只有两只裤管,所以,裤的计数与鞋袜相同,都以"双"字来计。这种裤子,其目的是为了保暖,如果外面不用其他服饰加以遮掩的话,就有点太不像话了。所以,我们看古画上,古代男子在袴的外面,往往着有一条裙裤一样的服饰,这就是我们提到的裳。西汉大将韩信在微末之时,曾经遭遇过"胯下之辱",为什么这是一种屈辱?或许不简单是从人胯下爬过,很可能,那个侮辱韩信的人就穿着开裆的"袴"。

具体到唐代人来说,衣冠有着非常强烈的隐喻性,代表着唐人对礼法和秩序的理解。

唐人的官方服饰完全承继了隋人的服饰。隋文帝继承了北周服饰,并没有进行大的改动。到开皇九年(公元589年)平陈后,隋朝部分采用南朝梁、陈服饰,因此隋唐时期的服饰其实是一种融合南北朝服饰文化的产物。隋炀帝继位后，在中国历史上第一次对服饰的等级做出了规定，他于大业元年（公元605年）下诏："宪章古制，创造衣冠，自天子逮于胥皂，服章皆有等差。"隋朝灭亡后，唐高祖李渊于武德四年（公元621年）下诏："始著车舆、衣服之令，上得兼下，下不得拟上。"从此正式确立了百官朝服及公服制度，这一制度影响了此后千年间中国服装中最有特点的"官服"，并且和科举、文官制度一起影响了东亚及南亚的国家。

《旧唐书·舆服志》记载，皇帝的正式服装有十二种："唐制，天子衣服，有大裘之冕、衮冕、鷩冕、毳冕、绣冕、玄冕、通天冠、武弁、黑介帻、白纱帽、平巾帻、白帢，凡十二等。"

大裘冕是天子祀天时所着之礼服，周代时便有了，大裘冕中戴的"冕"是无旒的，也就是没有我们熟悉的前后两排玉珠串。皇帝还要在外面穿一件为黑色羊皮制成的裘皮大衣，上面没有纹饰，用来表示帝王的质朴。虽然大裘冕源自周礼，尊贵无比，然而黑羊皮大衣太土了，况且如果是夏天祭天，穿皮袄有点二愣子。于是高宗显庆年间就这个事情有了讨论："皇帝若遵古制，则应用大裘，若便于时，则衮冕为美。"高宗觉得大裘冕朴略，冕又无旒，而且还不能通用于寒暑，于是废之不用。《旧唐书》记载了长孙无忌等人的奏章："季夏迎气，龙见而雩，炎炽方隆，如何可服？"意思是，夏天皇帝求雨，龙看见云气才行雨，这玩意这么捂，早把龙吓跑了。

衮冕于是成为唐代皇帝使用最广泛的礼服，这也一直传承到明代。历代皇帝的衮冕全部都是"玄衣纁（xūn）裳"，也就是上黑下红，其形制始终如一。这是各种日常祭祀和宫廷重大的仪式中皇帝的标准着装，我们今天看到的帝王画像中最常见的就是这种衮冕服造型。

第二章 大唐衣冠

皇帝衮冕的帽子叫冕冠，前后各垂下 12 条由白珠串成的旒，冕的左右两侧悬挂着玉制的充耳，用意是提醒皇帝不轻信谗言。冕中插有玉簪，与发髻固定在一起。上衣宽身大袖，底子是黑色的，上面绣了八种花纹，它们是："日、月、星、龙、山、华虫（锦鸡）❶、火、宗彝（酒器）❷。"下裳是红色的多褶大裙，上面绣四种花纹："藻（水草）、粉米（大米）、黼（fǔ，黑身白刃的斧子）、黻（fú，黑青相间的'亚'形）。"这十二种花纹标志着皇帝独一无二的威严，被称为十二章纹。清代皇帝不戴冠冕，但是朝服的纹样除了龙纹，还保有十二章纹。而日本自平安时代开始，"衮冕十二章纹"就作为日本天皇的礼服之一，一直持续到江户时代。

《周礼·春官·司服》对十二种章纹的含义做了解释：日月星辰，"取其明也"；山，"取其人所仰"；龙，"取其能变化"；华虫，"取其文理"（五彩的外貌）；宗彝，"取其忠孝"；藻，"取其洁净"；火，"取其光明"；粉米，"取其养人"；黼，取其"割断"（做事果断之意）；黻，"取其背恶向善"。

至于鷩（bì）冕、毳（cuì）冕、绣冕、玄冕，皇帝基本没穿过，因为这几种和衮冕比较起来，只是章纹的数量逐级减少，帽子

---

❶ "华虫"是什么动物，其实有争议。因为最早记录冕服十二章的古书都只记载了名字，东汉经学大师郑玄注为五色之虫，唐朝经学家孔颖达则注为雉，就是红腹锦鸡。后世都是沿用孔颖达的说法。1912 年鲁迅、钱稻孙、许寿裳合作设计的当时中华民国国徽，其中与龙相对的便是华虫（锦鸡）。

❷ "宗彝"是两只祭祀用的酒杯图案，上面常以虎、蜼为图饰。蜼，一种长尾猿猴，古人传说其性孝。《旧唐书·文苑传上·杨炯》载："宗彝者，武蜼也，以刚猛制物，象圣王神武定乱。"

历代帝王图卷（局部）

画家：传为唐阎立本原作，现存为宋杨褒临摹
馆藏：波士顿艺术博物馆
　　　（Boston Museum of Fine Art）
材质：绢本
尺寸：51厘米 × 531厘米

此图绘制的十三位帝王，其中七位穿着的是遵循《周礼》记载的衮冕服。《旧唐书·舆服志》记载："衮冕，金饰，垂白珠十二旒，以组为缨，色如其绶，黈纩充耳，玉簪导。玄衣，纁[xūn]裳，十二章……白纱中单，黼领，青褾、襈、裾，黻。绣龙、山、火三章，余同上。革带、大带、剑、佩、绶与上同。舄加金饰。"

第二章

有所不同，比如鷩冕，就是在冕上插上锦鸡的尾巴，既繁琐又没必要，于是唐代皇帝直接就不用了。

通天冠是级位仅仅次于冕冠的冠帽，其形如山，正面直竖，以铁为冠梁，黑色的缨，翠绿色的绥，配以用于装饰的犀牛角簪子，是只能皇帝戴的一种帽子，我们经常会在演义小说中看到天子戴通天冠的描述。武弁是一种武官戴的帽子，漆纱材质，像一个圆柱体灯笼，皇帝其实戴的次数也不多。唐代的宰相也戴这种帽子。唐制中规定，若是侍中（门下省长官，宰相）、中书令（中书省长官，宰相），则在武弁上加"貂蝉"，就是以黄金制作成蝉形的金珰附于冠额正中，寓意清高、超拔之意，并且在冠上插貂尾，侍左者插左边，侍右者插右边。《凌烟阁功臣图》中唐初四大名相之一王珪戴的就是这个帽子。

因此，虽然规定了皇帝的十二种服装，但唐代皇帝正式穿着中最常见的还是衮冕和通天冠，其余基本被废除了。

唐人之所以重视皇帝的礼服，是因为祭祀在唐人的生活中有着非常重要的地位。作为一个农耕大国，唐帝国以传统的"二十四节气"为基准祭祀时间，大的节气会举行由皇帝主祭的国家祭祀大典：冬至，到城南的圆丘进行国家的祭天仪式——冬至祀，祭祀昊天上帝；立春，在城东郊祭祀春之神及百花之神青帝；立夏，在南郊祭祀太阳神炎帝；立秋，在西郊祭祀司秋之神白帝；立冬，在北郊祭祀掌管冬天的冬神黑帝颛顼。

在所有的祭祀中，祭奠祖先的仪式最为唐人所看重，因为唐人相信宗庙是祖先亡灵的寄居之所，而祖先崇拜是中国人最基本的信仰，今天中国人除了孝道之外，仍然相信祭祀祖先可以获得祖先的庇佑。对于皇室而言，祭祀祖先的太庙则是历代皇帝、皇后的灵魂居住的场所,是帝国的国运所在。

武则天传位中宗李显的原因之一便是为了死后能够进入唐帝国的太庙,受后世子孙的香火供奉。《资治通鉴·唐纪》把这事说得很详细,武承嗣、武三思谋求当太子,多次指使人劝武则天说:"自古以来的天子没有以外姓人为继承人的。"然而武则天其实是犹豫的。于是狄仁杰对她说:"太宗文皇帝不避风雨,亲自冒着刀枪箭镞,平定天下,传给子孙。高宗将两个儿子托付陛下。陛下现在却想将国家移交给外姓,这不是不符合上天的意思吗?而且姑侄与母子相比谁更亲?陛下立儿子为太子,则千秋万岁之后,配祭太庙,代代相承,没有穷尽;立侄儿为太子,则未听说过侄儿当了天子而合祭姑姑于太庙的。"武则天说:"这是朕家里的事,你不要参与。"狄仁杰说:"君王以四海为家,四海之内,谁不是臣子,什么事不是陛下家里的事!君主是元首,臣下为四肢,都是一体。何况我任宰相,哪能不参与呢!"他劝武则天召回庐陵王李显。

狄仁杰的话显然深深刺激了武则天。有一天,武则天对狄仁杰说:"我梦见大鹦鹉两翼都折断,这是什么意思?"狄仁杰回答说:"武是陛下的姓,两翼是两个儿子。陛下起用两个儿子,则两翼便振作起来了。"武则天因此便打消了立武承嗣、武三思为太子的心思,召回儿子李显立为太子。因为这个原因,武则天得以在死后以皇后身份入葬乾陵,供奉太庙,后世唐帝国的皇帝也屡次为她加谥。

和今天我们的正装、休闲装两种区别不同,唐代的穿着根据场合之分复杂得多,尤其是"公务员",唐代官员的衣服分为祭服、朝服、公服、常服几种。而且每一种服饰,都并非只有一件衣服而已,至少包括首服、身服、足服、佩饰四大部分,单单其中的身服,依据不同情况又可能包括穿在外的衣裙,穿在内的中衣、内衣等层次，总数不少，都有其固定规范的全套层次。《明皇杂录》记载，唐代官员早朝："五鼓初起，列火满门，将欲趋朝，轩盖如市。"五鼓就是五更，大概是凌晨四点半的时候，官员们起这么早，估计一半时间都在穿戴繁复的朝服。

为了巩固文官体系，唐朝为官员设置了严格的官服来体现这套系统的威严：三品以上紫袍，佩金鱼袋；四品、五品可以穿绯袍，佩银鱼袋；六品、七品穿绿袍，无鱼袋；八品、九品穿青袍。

品级和官职很多时候是不一样的，官吏有职务高而品级低的，仍按照原品级的服色穿官服，而不看官职。白居易《琵琶行》中曾经说："座中泣下谁最多，江州司马青衫湿。"白居易当时的官职江州司马按品级换算是五品，可以穿绯袍，但白居易真实的品级只是将仕郎，在唐朝为最低级的从九品下的文散官，因此他只能穿青袍，这就是典型的职务高而品级低的例子。这种服色制度，一直延续到明代。只不过明代开始除了有服色，还在官员胸口用动物纹饰的"补子"来代表品级，人们便用"衣冠禽兽"来表示官员阶层，但随着明代晚期官员日益腐败，"衣冠禽兽"便成了贬义词。清代继承了明代的补子，但放弃了服色，通过顶子以及补服来区分品级。

至于平民衣服唐人用白色，而屠夫、工匠与商人只许用黑色，士兵在唐代穿黄色衣袍。有人可能会问，为什么士兵可以穿黄色衣服，黄色难道不是皇帝才能穿的么？唐高宗李治总章元年（公元668年），洛阳尉柳延穿黄衣夜行，被正在巡夜的下属围殴，原因史书没有记载，令人充满遐想。然而，此事却作为了一个导火索"始一切不许着黄"，这个"黄"有人说是官民一律禁止穿黄，其实是强调皇帝专用的颜色"赤黄"，从此赤黄色就成为了皇帝的象征。其他的

土黄色、浅黄色等仍然是庶民的常用服色，并没有禁止。❸ 新疆吐鲁番阿斯塔那 29 号墓就曾出土了一件《唐咸亨三年（公元 672 年）新妇为阿公录在生功德疏》的文本，里面登记了一位儿媳妇为公公修功德所布施的物品，其中男装有："黄绸绵袍一领、黄布衫一领。"按照中国传统的五行学说，唐朝属于土德，黄色是帝国的图腾颜色，不可能禁止全民使用，否则国家的象征就失去了颜色。《旧唐书·舆服志》就记载了唐人在颜色上遵从五行的例子："天宝十载五月，改诸卫旗幡队仗，先用绯色，并用赤黄色，以符土德。"

至于"赤黄"是什么颜色，李时珍的《本草纲目·木三·柘》说："其木染黄赤色，谓之柘黄，天子所服。"赤黄是柘树染色出来的颜色。柘树长得像桑树，它的枝干是做弓的好材料。

唐代男子日常的服装以襕衫为主，皇帝的日常服也是这种服装。襕衫源自于北周期，是在胡人服装上改良而成的一种圆领、窄袖、衣摆左右开衩的长袍，不论官员或是平民都可以穿。刘禹锡的《为京兆韦尹降诞日进衣状》写得更清楚一些："衣一副四事：黄折造衫一领，白吴绫汗衫一领，白花罗半臂一领，白花罗袴一腰。"降诞日实际上就是皇帝生日，刘禹锡这篇文章是代韦姓京兆尹在皇帝寿辰上礼时写的清单贺词，一套衣服共四件，分别是衫、汗衫、半臂及袴。

没有进官的士子大多头戴幞（fú）头或席帽，身着白色圆领襕衫，有时外加半臂，系腰带，脚上穿着履。这些登科未授官的士子

---

❸《旧唐书·舆服志》记载了黄色在唐代的演变过程："武德初，因隋旧制，天子宴服，亦名常服，唯以黄袍及衫，后渐用赤黄，遂禁士庶不得以赤黄为衣服杂饰。""虽有令，仍许通著黄。"

虽然仍是一袭白衫，但是不久飞黄腾达的可能性很大，因此进士及第的士人，被尊称为"白衣公卿"或"一品白衫"。❹而一般官吏平时或宴客时，也穿白色圆领襕衫。就男子而言，唐代是一个白衣飘飘的年代，这种感觉就像今天大学生毕业的时候穿着白衬衣一样，有一种青春、阳光的味道弥漫其间。

唐代武官除了作战时穿盔甲外，日常的常服也和文官很相似。章怀太子墓中的壁画中，有大量侍卫军官都穿着圆领窄袖襕衫，而且戴着红色或白色的抹额。抹额是一块短巾，从前额向后束紧，包住头发，露出发髻，有点像今天NBA（美国职业篮球联赛）球员戴的头箍。《新唐书·娄师德传》中记载，当时招募猛士去征讨吐蕃，武人们都戴着红抹额来应召，看来红抹额是当时武士的习惯装束。

相对于男性服装充满的仪式感和阶层感，唐代的女装则更具开放意识，绚丽多彩的唐代女子服装，在中国古代史上独一无二。《旧唐书》就说，造成唐代女装风格多样化的原因是：唐代风俗奢靡，女子们绮罗锦绣，随时尚和个人爱好来穿衣。这样上自宫掖下至民间，充分发挥时尚的联动效应，贵贱无别，全部都是时尚的追随者。❺

首先是皇后的服饰，唐代的皇后服有袆衣、鞠衣、钿钗礼衣三种。

---

❹ 唐末五代王定保所撰，记录唐代科举制度和掌故的唯一专著《唐摭言》记载："其（考进士）推重谓之'白衣公卿'，又曰'一品白衫'；其艰难谓之'三十老明经，五十少进士'。"

❺ 《旧唐书·舆服志》载："妇人宴服，准令各依夫色，上得兼下，下不得借上。既不在公庭，而风俗奢靡，不依格令，绮罗锦绣，随所好尚。上自宫掖，下至匹庶，递相仿效，贵贱无别。"

章怀太子墓《仪卫图》

唐代武士的幞头,以红色巾帽包裹在额头,称之为抹额或红帕首。《新唐书·娄师德传》记载:"后募猛士讨土蕃,乃自奋,戴红抹额应诏。"

第二章 大唐衣冠

祎衣是皇后形制最高的礼服，也是皇后的嫁衣，《旧唐书·舆服志》记载这种礼服："首饰花十二树，并两博鬓，其衣以深青织成为之，文为翚翟（huī zhái）之形。"皇后的头上是一种名为"花十二树"的首饰，极有可能是周围插满如冠状的金花钗。2001年11月，在西安理工大学新校区建设工程中发现了唐代公主李倕墓，其中就有一件各种构件保存完好的公主头冠；2010年2月，中德两国专家利用出土的佩饰实物修复了公主的头冠，或许我们从中可以感受一下皇后头冠的绚丽：这件唐代公主头冠重量约为800克，高度42厘米。材质有金、银、铜、铁等，宝石类型主要有玛瑙、珍珠、琥珀、绿松石、玻璃、螺钿等。几乎用尽了唐代可能用到的所有装饰材料。冠上许多黄金部位的表面，都镶满了直径1毫米至1.5毫米的金珠，这些金珠要在显微镜下才能完全看清，精美异常。

鞠衣，是黄色罗纱材质，其余与祎衣一样，是皇后主持祭祀蚕神嫘祖穿的礼服，也是皇后的日常服装。自周朝始，在国家祀典中，就已确立了"天子亲耕南郊，皇后亲蚕北郊"的祭祀格局。钿钗礼衣则是皇后宴见宾客的礼服。

皇后的衣服我们可以从另外一件文物感受其美丽。1987年4月3日，法门寺佛塔施工现场，考古人员无意间发现了一块白玉石板。清掉石板上覆盖的浮土，在地下沉睡1113年的唐代皇家寺院法门寺地宫浮现出来。而地宫内的一块《衣物帐》碑，罗列着地宫里2499件珍宝的目录，其中有"武后绣裙一腰"，是迄今为止我们离武则天最近的实物，这件绣裙是武则天尚为高宗皇后时的衣饰，因此被称为武后裙，可惜绣裙经过千年已经碳化。在中德联合建立的陕西省考古所丝绸保护实验室，考古专家试图修复这些皇家服饰。在已经取得的成果里，考古专家发现，唐代皇室服装中采用了大量的缠金线——不是纯金，而是含15%左右的银成分。缠金线就是将银和金混合的金箔，裁成细条后，缠绕在芯线上形成的缝制礼服的金线，它薄到了令人匪夷所思的地步，只有2.4微米至5.8微米。

普通女子的衣服在汉朝以前多为束裹的曲裾深衣，这是一种衣襟交迭于胸前的连体裙装，宽大的袖子，衣长及地，喇叭状的下摆可以让女子行不露足。由于深衣的前襟被接出一段，因而穿时必须将衣据下摆绕至身后，这样就形成了"区裙"，和今天的鱼尾裙极为相似，能够衬托出女性优美的身段。

在今天，国际时尚不断变化，是新潮流持续出现的原因，在唐朝也不例外。受南北、胡汉交融的影响，再加上外来的文明，唐代女装在汉代女装基础上产生了重大变化：胡人的细袖窄裙，成为唐代初年不论贵贱的女装风尚，并从一件式的连体裙变成了裙、衫（襦）、帔的三件式套装，进而从长安开始汇聚成一种流行的风尚，风靡全国。

衫和襦类似于现在春秋时节常见的女式长袖开衫，窄袖、贴身，只是衫的材质较为轻软，襦则是有夹层可以保暖，衫或襦往往敞开，下束于裙内。唐代妇女有时在小衫或襦子之外再加一"半臂"，看似一件短袖的小外套。帔则是恣意披在肩上或挂在臂上的长巾。唐代时候因为织布技术的限制，一条裙子往往由几条布帛缝合，色彩相交的几何条纹高腰裙是最常见的裙子。

最流行的颜色，则是红色。唐代的红裙又有"石榴裙"之称，晋张华《博物志》载"张骞出使西域，得涂林安石国石榴种以归"。于公元前2世纪的西汉由张骞从西域安息国、石国带回中原。引种初期，石榴主要栽于京城长安附近御花园的"上林苑"和骊山的温泉宫（今华清池）内，是供皇子后妃观赏的。时至今日，临潼已经是中国石榴的主要产地,而石榴花则是西安的市花。

石榴裙颜色鲜艳,甚至与石榴花的红色堪有一比,唐诗中有许多记载石榴裙的诗句,比如卢象就有"少妇石榴裙,新妆白玉面"的句子,而唐人万楚在《五日观妓》中更是说:"眉黛夺将萱草色,红裙妒杀石榴花。"

贞观二十三年(公元649年),唐太宗李世民驾崩,他的才人武则天入长安感业寺为尼,在感业寺的青灯古佛下,武则天写了一首《如意娘》的情诗给高宗李治:"看朱成碧思纷纷,憔悴支离为忆君。不信比来长下泪,开箱验取石榴裙。"这首情意绵绵的诗讲的是武则天相思李治,以致魂不守舍,恍惚中竟将红色看成绿色,"如果你不相信我,那就开箱看看我石榴裙上,思念你而流下的那些泪。"可见,武则天也是极喜爱石榴裙的。据说李治因为这首情诗,以太宗忌日为借口去感业寺见武则天,两人执手潸然泪下。❻武则天则自此登上了大唐帝国的舞台。

在中国古代,植物颜色是服饰染色的主要来源,不过染"石榴裙"的主要颜料,并不是从石榴花中提取。古代染红色的染色剂,主要是茜草、红花、苏木等,且需媒染剂助成红色,中国古人常用的媒染剂是天然明矾和草木灰。尽管石榴裙不是石榴花染成,但是如果用石榴皮来染色,可以染成一种"秋香色"。秋香色又称秋香黄,是中国传统色彩之一。

除了服装,胡人的帽子也开始盛行。其中有一种叫羃篱(mì

---

❻ 武则天也是唐代的女诗人,《全唐诗》存诗46首,《全唐诗续补》补诗3首,诗序1首。《如意娘》收入《全唐诗》卷五。《唐会要·卷三》记载:"上因忌日行香,见之。武氏泣,上亦潸然。"

lí)的帽子，本来是胡人女子防风沙的帽子，唐代女子将其作为出行时遮蔽面容，不让路人窥视的帽子。这种帽子用透纱罗全幅缀于帽檐上，并使之下垂障蔽全身，有些类似于斗篷。但这种帽子显然和唐代女性追求美丽的天性背道而驰，于是帷帽开始流行。这是一种高顶宽檐的笠帽，在帽檐一周缀上薄而透的面纱，十分神似20世纪初风靡一时的欧洲女性所戴的网纱礼帽。

到了唐代中期，女着男装盛行一时。据历史学者荣新江先生《女扮男装——唐代前期妇女的性别意识》一文统计，在目前考古发现的唐墓壁画中，有女扮男装出现的形象多达29幅，其中唐睿宗的驸马薛儆墓石椁线刻的19位侍女中，有7位着男装，占1/3强。❼

这些身穿男装的唐代女子甚至一度假扮男子而做官。宋人编撰的《太平广记》记载了这么一件事：

唐僖宗年间，一位叫黄崇嘏（gǔ）的女子，父亲曾在蜀中为官，她温文尔雅，工诗善文。她的父母相继亡故后，黄崇嘏女扮男装，游历川东、川西。有一次，临邛县城发生大火灾，黄崇嘏路过现场，被诬为纵火人，后来担任五代前蜀宰相的周庠（xiáng）彼时正担任邛州（四川邛崃）刺史。黄崇嘏下狱后给周庠献诗一首说："偶离幽隐住临邛，行止坚贞比涧松。何事政清如水镜，绊他野鹤向深笼。"周庠读完诗，就召见了扮做男子的黄崇嘏。见"他"回答问题详细敏捷，周庠认为黄崇嘏不一般，把她召入学院，与各位读书的子侄为伴。黄崇嘏擅长下棋和弹琴，工于书画，后来被周庠推荐代理府司户参军，她的案牍文书漂亮清楚。周庠既器重她的聪

---

❼ 参见荣新江：《隋唐长安：性别、记忆及其他》，上海：复旦大学出版社2010年版。

明，又赞美她的风采，就想要把女儿嫁给她为妻。黄崇嘏献诗一首说："一辞拾翠碧江涯，贫守蓬茅但赋诗。自服蓝衫居扳椽，永抛鸾镜画蛾眉。立身卓尔青松操，挺志铿然白璧姿。幕府若容为坦腹，愿天速变作男儿。"周庠看完诗，惊骇不已，才知道她是女儿身。黄崇嘏就是黄梅戏《女驸马》的原型，而她写的这两首诗也在《全唐诗》中有收录。

唐代女子装束中最引人注目的还是"祖胸装"，这种服装并不是露出乳房，而是将胸部和颈部曲线裸露在外，类似于今天的露肩深V礼服，来凸显女性的"倒三角"之美。在中国两千余年的帝国史中，没有哪个朝代的女性着装能够如此性感。

祖胸装的流行背后，是当时女性以皮肤白皙粉嫩为美的社会审美观。《簪花仕女图》和唐代壁画中的仕女个个体态丰盈，半胸酥白，极具富贵之态。由于壁画多出自唐代皇室和贵族墓葬，有人判断祖胸装主要是流行于宫中的时尚，其实这种风尚风靡大唐，无论贵贱。引领这种潮流的是唐代的歌妓，唐代诗人方干写给歌妓的《赠美人》一诗中就写道："粉胸半掩疑晴雪，醉眼斜回小样刀。"欧阳询《南乡子》诗则写了一位在江边笑倚春风的妓女："二八花钿，胸前如雪脸如花。"

民间也有穿祖胸装的，唐末广西诗人周濆（pēn）《逢邻女》诗云："日高邻女笑相逢，慢束罗裙半露胸。莫向秋池照绿水，参差羞杀白芙蓉。"诗中正是对邻家女子身着祖胸装的描写。学者任半塘历数十年结撰的唐代歌辞总集《敦煌歌辞总编》中有很多唐代的民间歌谣来讲当时的祖胸装的，比如一首叫《凤归云》的歌曲就有这样的唱词："目引横波，素胸未消残雪。"还有一首《柳青娘》的写道："青丝髻绾脸边芳，淡红衫子掩酥胸。"敦煌歌辞大都源自民

段简璧墓壁画中的女着男装形象（左起第三位）

段简璧（公元 617—651 年），字昙娘，母亲是唐高祖李渊的女儿高密大长公主，父亲是驸马都尉段纶。其中左起第三位的男装侍女，头扎幞头、身着长袍、脚穿长靴，完全模仿男性打扮。

四五

间,据此可以看出袒胸装的风靡一时。

今天我们对于唐代女子服装中的袒胸装如此关注,或许不仅仅是诧异于唐代的开放,更在于中国女性的胸部束缚才解放了 90 年。

民国初年,中国社会除了没有皇帝之外,其他一切照旧,风俗习气依然延续着清代的传统与保守。尤其是对于女子,即便是睡觉,她们也要穿着长过膝盖的长背心,减少身体的裸露。1920 年上海政府发布布告禁止"一切所穿衣服或故为短小袒臂露胫,或模仿异式不伦不类"并称其"招摇过市恬不为怪,时髦争夸,成何体统"。

有鉴于此,全国各地爆发了解放妇女胸脯的"天乳运动",到了 1928 年,国民政府发出公函,在全国范围内通令禁止女性束胸:"妇女束胸实属一种恶习,不但有害个人卫生,且与种族优盛有损。"至此,中国的女性才结束了自明清开始的束胸恶习。

袒胸装还引发了现代人对于唐代"以胖为美"的审美讨论,在唐代壁画和类似于《簪花仕女图》的画作中,我们都可以看到肥胖或丰腴的唐代仕女形象,但如果据此来评判唐代全民审美向"胖"未免失之偏颇。可以肯定的是,唐朝人的美女标准中,也是有苗条一项的。《次柳氏旧闻》、《唐语林》等文献记载,肃宗李亨还是太子的时候,被李林甫构陷,处境危险,愁得他须发皆白,远离一切声色娱乐,唐明皇得知后,让高力士派人"选人间女子细长白者五人,将以赐太子"。唐代狎妓第一的诗人白居易,我们从他的审美中亦能看出些许端倪。"樱桃樊素口,杨柳小蛮腰",这是白居易说的,樊素、小蛮,都是白居易最为宠爱的家妓,小蛮的腰围只有一尺六寸半,不盈一握。

唐代的女子不缠脚,不束胸,可以骑马,也可以穿男装,再加上社会富足，唯有丰腴矫健的女子形象，才配得上大唐帝国的风度，或许因为此种原因，才使得唐人对于女性的审美如此丰满。

唐人对于女装所持有的开放态度，另一方面则助长了女性在奢华时代的欲望，唐代女性对于华丽服装的追求和今天的女性对于奢侈品的追逐非常类似，就如同著名心理学家卡尔·荣格所说的："人们无法告诉你为什么他们所想所做，因为他们自己都不清楚。"

唐中宗的女儿安乐公主有条宫廷御制的百鸟裙，采百鸟羽毛织成。此裙的颜色鲜艳无比，令人眼花缭乱，不知其本色，从正面看是一种颜色，从旁看是另一种，在阳光下呈一种颜色，在阴影中又是另一种，裙上闪烁着百鸟图案。后来益州献单丝碧罗笼裙，缕金为花鸟，细如丝发，大如黍米，眼鼻口甲皆备，神奇而不可思议。于是长安的贵族们竞相效仿，"江岭奇禽异兽毛羽，采之殆尽"。这样的奢侈之风延续到了玄宗开元初年，玄宗让人把宫中的这些名贵奢华的服装全部焚烧殆尽，并不许士庶服锦绣珠翠之服。[8]而且玄宗在其统治时期内，密集颁布了《禁奢侈服用敕》、《禁珠玉锦绣敕》、《禁断锦绣珠玉敕》等诏令来限制举国的奢靡成风，可见唐人对于奢侈品的迷恋是如何夸张。

---

[8] 《旧唐书·卷三十七·志第十七·五行》详细记载了此事：中宗女安乐公主，有尚方织成毛裙，合百鸟毛，正看为一色，旁看为一色，日中为一色，影中为一色，百鸟之状，并见裙中。凡造两腰，一献韦氏，计价百万。又令尚方取百兽毛为鞯面，视之各见本兽形。韦后又集鸟毛为鞯面。安乐初出降武延秀，蜀川献单丝碧罗笼裙，缕金为花鸟，细如丝发，鸟子大如黍米，眼鼻嘴甲俱成，明目者方见之。自安乐公主作毛裙，百官之家多效之。江岭奇禽异兽毛羽，采之殆尽。开元初，姚、宋执政，屡以奢靡为谏，玄宗悉命宫中出奇服，焚之于殿廷，不许士庶服锦绣珠翠之服。自是采捕渐息，风教日淳。

簪花仕女图卷

画家：传为唐代周昉，唐代著名画家，字
　　　仲朗、景玄，京兆（今陕西西安）
　　　人，生卒年不详。
馆藏：辽宁省博物馆
材质：绢本
尺寸：46厘米×180厘米

四九

此图是唐代仕女画的代表作,高髻簪花、晕淡眉目、露胸披纱的袒胸装是今人对于唐代女性最经典的印象。

拿百鸟羽毛做裙子或许真的存在。在中国传统金银首饰制作工艺中，就有一种工艺名为"点翠"。这种工艺是中国传统金属工艺和羽毛工艺的结合，先用金、银等金属做成不同图案的底座，再把翠鸟的羽毛仔细地镶嵌在底座上，以制成各种首饰器物。到了明清两代，"点翠"工艺发展到顶峰，其中最精美的莫过于明代皇后所戴的凤冠。

但这种工艺的流行却以牺牲大量翠鸟为代价，制作一支点翠金簪，大约要用数只乃至数十只翠鸟的羽毛，一顶凤冠大约要用数百只翠鸟。由于翠鸟是无法被繁殖、驯化的鸟类，"点翠"所用的翠鸟羽毛在清末几乎在市场上绝迹，至此"点翠"工艺才被烧蓝工艺所取代，退出了历史舞台。

然而，到了中晚唐，唐人的审美却充满了末世的放纵感。宪宗元和四年（公元809年），白居易的《时世妆》描写了一种中唐的著名朋克妆"元和时世妆"："时世妆，时世妆，出自城中传四方。时世流行无远近，腮不施朱面无粉。乌膏注唇唇似泥，双眉画作八字低。妍媸黑白失本态，妆成尽似含悲啼。"以黑灰色为主色调这种妆容不禁让人联想起1994年王菲第一次站在香港红磡体育馆的舞台上的"泪滴妆"，冷艳的妆容，加上几滴光芒闪烁的眼泪，衬托了歌曲中伤感婉约的氛围，成为永恒的经典。

十年后的唐穆宗长庆年间（公元821—824年），女子们的头饰不但愈加浮夸，金碧珠翠，还出现了更加怪异的"血晕妆"：将眉毛剃去，再在眼上下划几道血痕一般的装饰。《唐语林·卷六》就记载："长庆中，京城妇人首饰，有以金碧珠翠；笋柎步摇，无不具美，谓之'百不知'。妇人去眉，以丹紫三四横约于目上下，谓之'血晕妆'。"这种加倍的奢靡，伴随着血色的妆容，散发着颓废和及时行乐的末世心态。

到了唐末，唐人在服饰上已经完全没有了盛唐时的明亮和阳光，唐末的士人在衣色上开始普遍穿着黑色调的服装，有紫绿，有墨紫。黄巢民变兵起，士庶的衣服全都成了皂黑色。女子的妆容也不再浮夸，而是梳一种叫"拔丛"的发髻，这种发型以乱发垂在眼前，大概是为了避兵祸和便于逃难。❾ 唐人在近三百年间衣冠服饰的变幻，几乎就是唐代国运的体现，服饰充满的隐喻意味，我们反观近一百年的中国近现代史，也可以找到参照。唐亡后，到了宋代，宋人秉承"偃武修文"的基本国策，人们的美学观念也相应发生变化，服饰开始崇尚俭朴，中国历史上如唐代这般时尚、华丽、张扬的衣冠时代，一去不复返了。

---

❾ 《唐语林·卷七·补遗（起武宗至昭宗）》载："唐末士人之衣色尚黑，故有紫绿，有墨紫。迨兵起，士庶之衣俱皂，此其谶也。唐末妇人梳髻，谓'拔丛'；以乱发为胎，垂障于目。解者云：'群众之计，目睹其乱发也。'"

第三章

极乐之宴

繁盛热闹的长街,仕女雍容倾城的容颜
华盖遮天的游宴,奢靡荒淫的修仙……
唐代贵族的生活
构成了一幅生动的历史画卷

2017 年底，导演陈凯歌在其以白居易的名诗《长恨歌》为背景的电影《妖猫传》里，塑造了一场名为"极乐之宴"的宫廷宴会，这场宴会几乎就是"安史之乱"前夜的历史浓缩：玄宗所建的皇家宴会场所"花萼相辉之楼"富丽堂皇，如梦如幻；帝国的贵族、女眷和各国使节往来穿梭，觥筹交错；三位主角：一位醉生梦死的皇帝、一位满腹心事的贵妃和一位野心勃勃的会跳胡旋舞的胖子。

电影中的"极乐之宴"的背景来源于一场皇家的宴会，唐人李濬的笔记《松窗杂录》中留有详细的记载：

开元年间，皇宫中把木芍药称之为牡丹，宫中培育了红、紫、浅红、通白各种颜色，玄宗让人把这些牡丹移植于兴庆宫池东的沈香亭（"沈"同"沉"）前。适逢牡丹盛开，繁花似锦，玄宗骑着御马"照夜白"❶，杨贵妃乘着步辇来到沈香亭赏花。玄宗下诏在梨园弟子中选了十六位优秀的艺人来表演，其中领头的是在唐代艺人中身价最高的李龟年。《明皇杂录》曾经说过李龟年的身价："开元中，乐工李龟年善歌，特承顾遇，于东都大起第宅，僭侈之制，逾于公侯。宅在东都通远里，中堂制度甲于天下。"

---

❶ "照夜白"是玄宗御马的名字，因其全身雪白，能够照亮黑夜而得名。唐代画马大师韩干有一幅《照夜白图》，现藏于纽约大都会艺术博物馆。

第三章

李龟年手捧檀板，正要上前歌唱的时候，玄宗摆手说道："今天我们赏名花，要对得起贵妃，怎么能够用旧乐词呢？"于是命李龟年持描绘有金花的宫廷书笺"金花笺"，让翰林学士李白立刻新写《清平乐词》三篇。据说，李白承旨后，才从宿醉中醒来，起床气比较大，于是借着这股气，马上援笔赋之，留下了千古传唱的三首诗，第一首："云想衣裳花想容，春风拂栏露华浓。若非群玉山头见，会向瑶台月下逢。"第二首："一枝红艳露凝香，云雨巫山枉断肠。借问汉宫谁得似？可怜飞燕倚新装。"第三首："名花倾国两相欢，长得君王带笑看。解释春风无限恨，沈香亭北倚栏杆。""云想衣裳花想容"一句更是成为了后世形容女子百样美丽的名句。

李白写完后，李龟年马上把三首诗进献给玄宗。玄宗十分喜欢，于是让梨园弟子大概调试了下丝竹音调，就让李龟年献歌。杨贵妃手持颇梨（玻璃）七宝杯，品着西凉葡萄酒，沉醉其间。而玄宗更是亲自吹玉笛和着曲子，每次曲调要换的时候，都要反复演奏，回味无穷。此后，李龟年跟人聊起此事的时候经常感叹，李白作词、自己演唱、玄宗伴奏的这场音乐会是他一生最难忘的时刻。

对于唐代的贵族来说，"宴饮"是非常重要的生活方式。

宴饮也被称作"燕饮"，顾名思义就是聚会欢饮。古代中国作为一个典型的农业社会，宴饮不仅仅是社交，更是一种权力和礼制的体现，宴饮的规模、座次的排序、具体的菜肴、烹饪的方法、香料的使用和餐桌上的礼仪等，所有这一切都意味深长。它们在以后的几个世纪不断演化，一直流传至今，比如今天的国宴、喜宴、寿宴甚至满月酒宴都是宴饮文化的延续。

大唐到了开元、天宝年间，承平日久，物产达到前所未有的高峰，贵族的生活日渐放纵。《唐会要》就记载："国家自天宝已后，

唐·坐部伎陶俑

馆藏：美国大都会艺术博物馆
（Metropolitan Museum of Art）
时期：7世纪末
尺寸：14.6厘米—15.2厘米

唐代宫廷乐舞分为"坐部伎"和"立部伎"两类，《新唐书》记载了两者的区别："堂下立奏，谓之立部伎；堂上坐奏，谓之坐部伎。"此组"坐部伎"乐俑共为4件，均为女性，所执乐器分别为钹、竖箜篌、(乐器遗失)、琵琶。

第三章 极乐之宴

风俗奢靡,宴处群饮,以喧哗沉湎为乐。"

既然是宴饮,就要饮酒。唐人好酒在历史上是出名的,除了唐诗中大量写饮酒的诗句,唐代的皇室也非常喜欢喝酒,以至于皇帝都会在宫廷酿酒。太宗时,征服高昌后,唐太宗把马乳葡萄的种子种在宫苑中,并引进西域葡萄酒酿造工艺,就曾在宫中酿制葡萄酒:"造酒成绿色,芳香酷烈,味兼醍醐。"太宗把葡萄酒赐给群臣,唐人才开始喝葡萄酒。❷ 然而,葡萄酒在中国历史上昙花一现,新疆尽管出产有优质的葡萄,但直到1976年,吐鲁番鄯善才成立葡萄酒厂,这是新疆第一家葡萄酒企业。唐玄宗时代,他曾于宫中储三辰酒一万车以赐当制学士。宪宗还亲自参与酿造,"采风李花,酿换骨醪",元人宋伯仁《酒小史》曾把唐宪宗李花酒作为唐代名酒列出。

宫廷之外,唐代酒的种类很多,驰名全国的主要有十余种,据《唐国史补》记载:"酒则有郢州之富水,乌程之若下,荥阳之土窟春,富平之石冻春,剑南之烧春,河东之乾和薄萄,岭南之灵溪、博罗,宜城之九酝,浔阳之湓水,京城之西市腔,虾蟆陵郎官清、阿婆清。又有三勒浆类酒,法出波斯。三勒者谓庵摩勒、毗梨勒、诃梨勒。"

其中的"郎官清"和"阿婆清"产自京城长安的"虾蟆陵",位于常乐坊内,唐代诗人白居易故居"东亭"就在此坊内,所以《琵琶行》一诗中,白居易和琵琶女一见如故,就是因为琵琶女"自言

---

❷ 《唐会要卷一百·杂录》载:"葡萄酒,西域有之,前世或有贡献,及破高昌,收马乳葡萄实,于苑中种之,并得其酒法,自损益造酒,酒成,凡有八色,芳香酷烈,味兼醍醐,也颁赐群臣,京中始识其味。"

本是京城女,家在虾蟆陵下住"。兴庆宫勤政务本楼广场也在这里,今天这里是西安交通大学。《唐国史补》称:"旧说,董仲舒墓,门人过皆下马,故谓之下马陵,后语讹为虾蟆陵。"今天的西安,已经把"虾蟆陵"改为下马陵。

"三勒浆"其实是唐代从波斯传入的一种果品酒饮料,本出自印度,由"三果"(庵摩勒、毗梨勒、诃梨勒)配制而成。庵摩勒其实就是现在中药中的"余甘子",也叫油柑,生吃吞汁可治河豚中毒;毗梨勒又叫三果,《本草纲目·果部》记载它树像胡桃,果子形状也像胡桃,番人以此作浆甚热。诃梨勒也就是诃子,《南方草木状·木类》记载:"诃梨勒,树似木梡,花白,子形如橄榄,六路,皮肉相着,可作饮。"这种混杂三种果实的饮料,有着浓郁的异族情调,其独特的口味瞬间征服了唐人,令人痴迷不已。

那么,唐代的酒味道怎么样呢?唐代的酿酒技术与今天我们习惯的蒸馏不同。当时北方地区一般是采用大曲酿造,即以小麦为原料,或用生,或蒸熟,或炒熟,用水溲和、发酵,制成砖形曲饼,晒干酿酒。南方则用小药曲造酒,即以大米为原料,加入胡蔓草等药汁,溲和成鸡蛋大小的粉团,放在蓬蒿中荫蔽,一个月发酵成曲,酿酒时用其溲和糯米,压制出酒。这种工艺下的酒质量不会很好,白居易有一首著名的《问刘十九》:"绿蚁新醅酒,红泥小火炉。晚来天欲雪,能饮一杯无?"有学者说"绿蚁"二字绘酒色摹酒状,酒色流香,令人啧啧称美。其实是新酿酒未滤清时,酒面浮起酒渣,色微绿,细如蚁,称为"绿蚁"。为何要点红泥小火炉呢?为了热酒,加热酒以获得更高的酒质和更好的口感。我们经常听到的"浊酒一杯",所谓浊酒,就是这种工艺下的酒,带着浮渣,浑浊不清亮。今天我们喝的白酒是蒸馏酒,也叫烧酒,其工艺元明之后才成熟，到了清代登顶，今天我们喝的绝大多数名牌蒸馏酒都创始于清朝。

用酒曲加工出来的唐酒做法和我们今天做醪糟的流程极为相似，唐酒的味道应该是酸甜的，而不是我们今天喝的白酒那样香醇。西安今天还有一种当地产的黄桂稠酒，用鄠邑区秦渡镇的糯米加酒曲，然后调入黄桂、白糖发酵。喝前加热，其酒色白如玉，加入桂花酿造成后酒色淡黄，酒精度只有0.5度。西安虽然是中原城市，然而却是有桂花的，今天西安大一点的公园都栽植有桂花，唐代诗人卢照邻的《长安古意》就有"独有南山桂花发，飞来飞去袭人裾"的句子。

关于唐代酒的价格，其实宋代人也很好奇。因为李白有"金樽清酒斗十千"，王维有"新丰美酒斗十千"，白居易有"共把十千酤一斗"的诗句。十千就是一万钱，贵得有点离谱，宋人感到很不可思议。

宋真宗赵恒有一次和群臣宴饮，一时兴起，询问起唐代的酒价。对于群臣而言，若非研读过前朝经济史，这的确是一个知识盲点，于是一时间群臣有点短路。此时，在北宋毁誉参半的才子丁谓回答说，唐代酒价"一升三十文"。真宗问："你如何知道？"丁谓说："臣尝读杜甫诗曰：'蚤来就饮一斗酒，恰有三百青铜钱。'是知一升三十文。"而真宗听了之后，称赞杜诗为"一时之史"。❸

那么丁谓真的是在抖机灵么？据《旧唐书·食货志》记载："建中三年（唐德宗时代）初榷酒，天下悉令官酿，斛收直三千，米虽

---

❸ 此事出自北宋僧人文莹撰写的一部野史笔记《玉壶清话》：上（真宗）遽问近臣曰："唐酒价几何？"无能对者，唯丁晋公奏曰："唐酒每升三十。"上曰："安知？"丁曰："臣尝读杜甫诗曰：'蚤来就饮一斗酒，恰有三百青铜钱。'是知一升三十文。"上大喜曰："甫之诗自可为一时之史。"

贱，不得减二千。"意思是在建中三年（公元782年）的时候唐朝廷才把民间的酿酒权收归国有，但是要求官营的酒价只能在每斛两千到三千之间浮动。唐制一斛为十斗，那么一斗酒的售价就是两百至三百文。一斗为十升，一升酒恰好二三十文。或许丁谓知晓唐代酒价是有原因的，他作为权三司使（宋代财相）主编的《景德会计录》是中国历史上最早的会计著作。

以俗语入诗而著称的一代诗僧王梵志，有四首"尊人"开头的诗歌详细记述了唐代贵族宴饮的礼仪，特别有意思，有些对于今天好酒的人仍然有启发："尊人立莫坐，赐坐莫背人。"是说首座的贵客站立的时候，是不能先坐下的。若是贵客赐座，要面向对方行礼，这是仪态。"尊人对客饮，卓立莫东西。"是说别人和你对饮的时候，要站立起来，不要顾左右而言他，这是礼貌。"尊人与酒吃，即把莫推辞。性少向方便，圆融莫遭知。"别人敬酒，酒巡来时必须饮，但是如果酒量小的可以少饮，不必勉强。莫推辞是讲酒品，圆融则是指不要逞强。最后一首是："尊人同席饮，不问莫多言。纵有文章好，留将余处宣。"很明显，这是在提醒你，酒酣入耳则言多，言多必失。

唐代贵族酒宴上还会行酒令，1982年1月，江苏丹徒丁卯桥唐代银器窖藏出土了50枚"银涂金论语酒令筹"，酒令筹正面刻有酒令文字，上半段选自《论语》语句，下半段为酒令内容，记载了行酒令的6种饮酒方法："自饮"、"伴饮"、"劝饮"、"指定人饮"、"放"、"处"；另外还有6种饮酒数量："五分"（半杯）、"七分"、"十分"、"四十分"（四杯）、"随意饮"、"放"。而且酒令筹中写有觥（gōng）录事、律录事、录事和玉烛录事，这些当为酒宴上的执事人。酒宴席次坐定，众人公推觥录事，由觥录事决定抽筹次序，指定律录事、录事和玉烛录事共同担任酒宴的执事人。觥录事掌管酒令旗和纛（dào），负责决定对违规者的惩戒。我们今天喝酒宴饮，除了一些农村还有划拳、猜码的习俗，大多时候就只剩下吹牛和灌酒了。唐代酒令的文物则有一种今天我们玩的推理类桌游"狼人杀"的既视感，应该非常好玩。

然而，由于唐代酒令制度记载不详，具体的玩法到了宋代就失传了。宋人洪迈《容斋随笔》的《唐人酒令》篇就有"今人不复晓其法矣，唯优伶家，犹用手打令以为戏云"的感慨。

和今天的女性喜欢聚会吃饭一样，唐代贵族女性也热衷于宴会。晚唐佚名（名字佚失）画家的绢本墨笔画《唐人宫乐图》就描绘了一场宫廷仕女的聚会，十二位宫廷美人环绕着绷竹席的长方案而坐，品茗、奏乐和行酒令。画中人物的发式，有的发髻梳向一侧，是为"坠马髻"，有的把发髻向两边梳开，在耳朵旁束成球形的"垂髻"，有的则头戴"花冠"。还有一只小狗安静地蜷卧在桌底下，这样热闹、慵懒的场景有一种令人似曾相识的感觉，让人一下子把唐代的时空拉得很近。❹

画面中还有一位仕女，正专注地用茶杓从茶釜中盛茶汤，分入茶盏以备饮用。茶釜放置于桌案中间，茶杓的柄杆大约有一臂之长。茶盏为碗状，有圈足，便于把持。

"茶兴于唐，盛于宋"，在唐代中后期，饮茶已经成为贵族的一种生活方式。陆羽所著中国最早的茶学专著《茶经》便产生于唐代，《茶经》一共三卷十篇："一之源"考证茶的起源和特性，"二

---

❹ 《唐人宫乐图》是一幅图轴的绢本设色画，为唐代一位佚名的画家所作，现藏于台北故宫博物院。其流传不得而知，最早出现于清代乾隆、嘉庆两朝编纂的记录宫廷收藏的大型著录文献《钦定石渠宝笈续编》中。

之具"记载采茶所用的工具,"三之造"记录了茶叶的采摘方法与种类,"四之器"讲述烹茶饮茶所用的器皿物事,"五之煮"记载煮茶的手法,"六之饮"描述了各地饮茶、品茶的风俗习惯,"七之事"汇总了与茶道有关的诸多掌故,以及茶叶的各种药效,"八之出"则列举茶叶的产地和各种茶叶的优劣,"九之略"意在说明茶道的规矩可以因条件发生改变,不必拘泥一格,"十之图"将采茶、加工和品饮的过程以绢图的形式给出,直接明了。

如此详尽的著述,可以看出饮茶在唐代已经是贵族非常普及的生活方式,而且水的品质、茶叶的等级、饮具的考究已经初步具有"茶道"的影子。

和我们今天喝清茶不一样,唐人饮用的是茶饼,且放调味品。唐人有三种饮茶法。第一种是煎茶法,在水刚刚开始沸腾时,把茶末放入其中,然后再煮沸一次就可以进行饮用了,有时候也在里面加入点盐。第二种是庵茶法,和我们今天喝茶方式类似,在茶瓶中放入一些茶末,然后冲入开水,不过唐人认为这样泡出来的茶不会全熟,只能喝而不能吃。第三种是煮茶法,把茶叶和葱、姜、枣、橘皮、薄荷等一起放入锅中彻底煮,这样煮好的东西全部喝下去,这就是所谓的煮茶了。

唐代的"煮茶"我们今天还可以从广西、贵州及湖南南部的"油茶"中窥得端倪。以广西桂林的"打油茶"为例,其做法是把茶叶先用开水浸泡,然后在锅内用猪油、姜、蒜及泡好的茶叶稍炒,随即将其捶茸。捶好后加水烧开熬至出味,放入精盐调味,用竹漏斗把茶水分别滤入碗中,撒入葱花、香菜末,随配用小碟装好的米花、脆果(类似油炸的面疙瘩)、酥花生、炒米、炒黄豆上桌即成。味道甘醇鲜香,令人回味。

六三

唐人宫乐图

画家：佚名
馆藏：台北故宫博物院
材质：绢本
尺寸：48.7厘米 × 69.5厘米

《唐人宫乐图》描绘了唐代宫廷仕女宴乐生活的一个场面。从中可以看出唐人饮茶时用长柄茶杓将茶汤从茶釜盛出，舀入茶盏再饮用。负责奏乐助兴的仕女所持用的乐器，分别为筚篥、琵琶、古筝与笙，旁立的侍女轻敲牙板，为她们打节拍。

这幅画中我们还可以看到唐代的宫廷用具：绷竹席的长方案、月牙几子、饮酒用的羽觞、团扇。这些器具告诉我们这是晚唐时期的宫廷，当时的唐人已经逐渐接受了"凳子"——胡人来之前中国人都是席地而坐，胡人带来了胡凳，改变了我们的生活方式。

讲究格调、翻着花样宴饮的唐代贵族,并不能满足于室内的宴席,于是"游宴"这样的室外聚会便大行其道。游宴,亦作"游燕",《列子·周穆王》说:"游燕宫观,恣意所欲,其乐无比。"可见,这是一种比较轻松的宴会形式,边游玩边宴饮,类似我们今天的春游或秋游。

唐代皇室举行游宴的地方一般在长安城东南的曲江池,曲江池在秦代叫隑(qí)洲,是皇家苑囿。汉时,在此扩建离宫,称作"宜春苑"。汉武帝刘彻十分喜爱曲江一带的景色,疏浚曲江水域,使水面得以扩展,因其河岸曲折,形似广陵(扬州)之江,曲江至此得名。隋初,建大兴都城,曲江被扩充为都城的一部分,因为水盛芙蓉多,也称芙蓉池。

到了开元年间皇室把曲江经营成了胜境,周围有紫云楼、芙蓉苑、杏园和慈恩寺。花卉环周,烟水明媚。长安城的人在中和节(农历二月初二)和上巳节(农历三月初三)的时候几乎倾城出动来游玩。"彩幄翠帱,匝于堤岸,鲜车健马,比肩击毂(gū)。"上巳节的时候最为盛大,皇帝会在此赐宴臣僚,由京兆府出面大陈筵席,并且让平日百姓见不到的官方音乐机构太常寺和教坊表演声乐。曲江池中还会备彩舟数只,唯宰相、三使、北省官与翰林学士才能够登船游湖。曲江"入夏则菰蒲葱翠,柳阴四合,碧波红蕖,湛然可爱。好事者赏芳辰,玩(wàn)清景,联骑携觞,亹(mén)亹不绝"❺。

---

❺ 引文出自晚唐康骈撰《剧谈录》,这是一本唐代轶事集,共有二卷,四十条,被认为是唐人小说由传奇向轶事过渡的标志性作品之一。《四库全书总目》根据作者自序,将此书断为昭宗乾宁二年(公元 895 年),作者避黄巢乱于池阳山中所作。

第三章

曲江游宴的出名,还因为这里是新科进士放榜时举行进士及第游宴的地方,这项游宴活动始于唐中宗神龙年间(公元705—707年),一直延续到唐末僖宗乾符年间(公元874—879年),历时一百七十多年。

来曲江游宴的士子、官员多了,就容易闹笑话。有一年夏天,后来成为宣宗朝宰相的裴休赴任宣城前,正值曲江池荷花盛开,便与同僚来游宴。从慈恩寺起,他们丢下随从,只带着小仆,步行到紫云楼。见有几个人正坐在池水边上,裴休便与同僚们也坐于他们旁边休息。那几个人中有个穿黄衣服的人已酒至半醉,显示出一种气度不凡的神态,指责其他人,谈笑轻佻。裴休心里有些不平,拱手行礼问道:"请问你任什么官职?"对方傲娇地回答说:"喏,郎可不敢,郎是新任的宣州广德县令。"并反问裴休道:"押衙(对官员的尊称)担任什么职务?"裴休仿效那人道:"喏,郎不敢,刚任宣州观察使。"这就尴尬了,裴休刚好是此人的上官,那人于是掩面狼狈逃走,与他在一起的人也都四散而走。❻

在唐代,宴饮之外,唐代的贵族也非常热衷于运动,其中从皇室到贵族风靡一时的是马球,唐人将马球称为"击鞠"或"打球"。

唐代皇室是马球运动的狂热粉丝,唐人封演所写的《封氏闻见记》中记载了李隆基二十四岁时参加的一次与吐蕃的马球赛,那时唐中宗在位,李隆基还是临淄王。他往来奔驰如风回电激,挥动球杖,所向无敌,连连洞穿对手大门,大获全胜。

唐玄宗继位之后,对马球的热衷丝毫不减。宋代诗人晁说之的

---

❻ 此事亦出自康骈撰《剧谈录》。

《题明王打球图》诗中说:"宫殿千门白昼开,三郎沉醉打球回。九龄已老韩休死,明日应无谏疏来。"说是开元名相张九龄老去,数次犯颜直谏的韩休死去之后,唐玄宗开始放纵自己,沉迷马球无法自拔。天宝六载,唐玄宗登基35年后,又颁诏规定军队须练马球。

唐穆宗李恒甚至因为马球而死。长庆二年十一月,唐代著名的善于吃喝玩乐的皇帝穆宗有一次在禁中与宦官内臣等打马球时发生了意外。当时,有一位内官突然坠马,如同遭到外物打击一样。由于事发紧急,穆宗十分恐慌,遂停下来到大殿休息。就在这一当口,穆宗突然双脚不能履地,一阵头晕目眩,结果是中风,之后卧病在床,最后不治而死。

穆宗之后,长庆四年(公元824年)四月,16岁的唐敬宗李湛即位,他疯狂地热衷于马球运动,昼夜不停歇,以至于宫城外的平民都知道皇帝志不在国。于是有两个长安的黔首希望进入大明宫,睡一睡皇帝的卧榻。

《资治通鉴》记载了这一事件的全过程:长安卜术士苏玄明和朝廷染坊的供役人张韶关系亲近,苏玄明对张韶说:"我为你占卜了吉凶,你将来应当进宫升殿而坐,和我同食,同享富贵。现在皇上昼夜踢球游猎,大多数时间不在宫中,可以乘机而图大事。"张韶认为言之有理,于是,他和苏玄明在暗地里交结染坊工匠、无赖者一百多人。他们把兵器藏在柴草中,装在车上,打算运进银台门,趁夜黑时作乱。在宫门安检时,有人怀疑他们的车超重,加以盘问。张韶着急,立即杀死盘问者,然后和他的同党直冲宫中。

敬宗这时正在清思殿打马球,清思殿,本来是供皇上清思的地方,李湛却把它当马球场用。宦官们发觉有人向宫中冲来,大为吃惊,急忙跑进来关闭宫门,然后跑去向敬宗报告。顷刻间,张韶等

第三章

人攻破宫门，冲入宫中。敬宗宠爱右神策军护军中尉梁守谦，每次左、右神策军比试武艺，敬宗常常为右军助威。这时，敬宗狼狈不堪，想到右神策军营中避难，左右侍从说："右军路近，恐怕半路遇上盗贼，不如到左军。"敬宗同意。左神策军护军中尉河中人马存亮听说敬宗驾临，急忙跑出军营迎接，他两手捧住敬宗的双脚哭泣不已，亲自把敬宗背到军中，然后，命大将康艺全率骑兵入宫讨伐乱党。敬宗担心太皇太后和皇太后留在宫中有危险，马存亮又派五百骑兵把两位太后接到军中。

这时候，张韶等人已经冲入清思殿，张韶坐在皇帝的御榻上，弄了些吃食和苏玄明一同吃饭，说："果然像你说的那样！"苏玄明大惊，说："难道你所企求的就是吃吗？"张韶听了这话，才意识到自己是在造反，于是畏惧不堪，转身而逃。然而为时已晚，兵士已经到达，他们杀了张韶、苏玄明及其同党，尸体狼藉遍地。直到夜里，宫中方才安定。张韶的余党仍有人散藏在大明宫庞大的禁苑中，第二天才被全部擒获。❼

宝历二年（公元826年），敬宗登基的第二年，这年十二月初八敬宗与宦官刘克明及马球击球军将苏佐明等28人饮酒。敬宗酒酣耳热，入室更衣，此时大殿上灯烛忽然熄灭，刘克明与马球将苏佐明等将其杀死，此时敬宗年仅18岁。除了唐末代亡国之君——唐哀帝是在17岁被害以外，唐敬宗是唐朝皇帝中享国最短的。

---

❼ 《旧唐书·卷三十七·志第十七·五行》对此事的记载较为简单："长庆四年四月十七日，染坊作人张韶与卜者苏玄明，于柴草车内藏兵仗，入宫作乱，二人对食于清思殿。是日，禁军诛张韶等三十七人。"《资治通鉴·唐纪·五十九》则有非常生动的记述。

章怀太子墓《马球图》

唐人将马球称为"击鞠"或"打球"。唐代皮日休有诗曰:"击鞠王孙如锦地,斗鸡公子似花衣。"马球和斗鸡,是唐代贵族最喜爱的两项运动。1956年西安大明宫含光殿遗址出土了一块刻有"含光殿及球场等大唐太和辛亥岁乙未月建"字样的奠基石志。这块石志是唐文宗太和五年(公元831年)十一月,在这一带修建马球场的证据。中国目前发现的唯——处唐代马球场遗址在福州中山路,为唐宪宗元和八年(公元813年)刺史裴次元开辟。

第三章

接连两位皇帝的死和马球有关,这在中国历史上也算是奇葩。然而,后续的唐代皇帝仍然继续沉迷马球无法自拔。宣宗李忱的球技数一数二,据说他击球时:"每持鞠仗乘势奔跃,运鞠于空中,连击数百而马驰不止,迅若雷电,两年老手咸服其能。"❽ 后来唐僖宗还玩出了"击球赌三川":"以先得球而击过球门者为胜,先胜者得第一筹。"把三川节度使的职位输给了大臣陈敬瑄。❾ 他还很自负地对身边的优伶石野猪说:"朕若参加击球进士科考试,应该中个状元。"唐代最后一个有庙号的皇帝唐昭宗李晔,甚至在被逼迁都洛阳,六军都已逃散的情况下,仍将十几个马球选手带在身边,不忍舍弃。

今天我们观看现代马球比赛,尽管出于保护运动员和骑乘马匹的安全考虑,比赛规则限制了很多危险动作,但我们仍然会感受到马匹奔腾时的激烈和危险程度。在唐代,皇家马球不但危险,而且充满了血腥和暴力,《旧唐书》记载,唐敬宗的时候:"上(敬宗)御三殿,观两军、教坊、内园分朋驴鞠、角抵。戏酣,有碎首折臂者,至一更二更方罢。"这些马球手,很像古罗马时代的角斗士,在竞技场里用性命的搏杀来娱乐皇帝和贵族。

有唐一代,对于贵族们而言是放纵欢乐的时代,史籍记载的唐代生活方式也大多是贵族们的生活场景,他们希望这样的日子永远长存。

春天的时候,贵族女子们流行"斗百草",也就是斗花,比谁的

---

❽ 出自《唐语林·卷七·补遗(起武宗至昭宗)》。
❾ 《资治通鉴·卷第二百五十三·唐纪六十九》载:"令孜(宦官田令孜)见关东群盗日炽,阴为幸蜀之计,奏以敬瑄及其腹心左神策大将军杨师立、牛勖、罗元杲镇三川,上令四人击球赌三川,敬瑄得第一筹,即以为西川节度使,代安潜。"

花草种类多、品种新奇。王仁裕的《开元天宝遗事·卷下》记载："长安士（仕）女，春时斗花，戴插以奇花多者为胜，皆用千金市名花植于庭苑中，以备春时之斗也。"长安的仕女们，为了能够在斗花比赛中获胜，不惜一掷千金买来名花种在花园中，斗花的形式则是把花戴插到头上，比谁的花"奇"，也就是比稀罕。唐人刘餗（sù）的笔记《隋唐嘉话》记载，为了斗花，唐代的贵女们无所不用其极。说是东晋谢灵运是个美髯公，且对佛学有很深的造诣。临刑前，他自愿把自己的长须施舍给广州祇洹（chí huán）寺，用做寺中佛像的胡须，这束美须为僧人所珍视，到了唐代已经保存了270多年，唐中宗的女儿安乐公主，因为五月斗百草，广招天下奇异花草，谢灵运的美髯不知道怎么传到她耳中，于是派人快马去取。取了主要的部分"又恐他人所得，因剪弃其余"。不知道安乐公主怎么想的，大概她觉得蓬松的物体，都是花草。

春天的夜晚，气候温润，贵族们便会在别业或庄园举行夜宴，李白有一篇骈文《春夜宴从弟桃花园序》就讲了自己和堂兄弟们在春夜宴饮的场景："开琼筵以坐花，飞羽觞而醉月。"在这样大好的时光里，李白发出了如此感慨："夫天地者，万物之逆旅也；光阴者，百代之过客也。而浮生若梦，为欢几何？"死生的差异，就好像梦与醒的不同，人一生得到的欢乐，又能有多少呢？对于生命流逝的惆怅，也代表了唐代贵族的一种精神指向。

夏天，酷热难耐的长安贵族们便会把地窖的冰块拿出来防暑。这些冰块采自流经长安北郊的渭水，权贵人家动用家奴、佃客去河面凿冰，把冰凌凿成长方形的冰块运回城中，放在宅院附近的地窖里。地窖深广，底部铺上柴草，四周立有木桩，把冰块一层层码好之后，再用厚厚的柴草和泥土封顶，风丝不透，里面的冰块不会融

第三章

化。到了盛夏，挖开窖口，把冰块取出来，放在房间里，用冷气驱除暑气。王仁裕《开元天宝遗事》记载："杨氏（国忠）子弟，每至伏中，取大冰，使匠琢为山，周围于席间。座客虽酒酣，而各有寒色，亦有挟纩者。其骄贵如此也。"把冰块雕琢成冰山模样，颇能引发人们的联想，心理上增加了寒冷的感觉。难怪宾客们各有寒色，甚至还有人盖上丝绵了。杨氏的子弟还用这些冰块交结朝臣，"每至伏日，取坚冰，令工人镂为凤兽之形，或饰以金环彩带，置之雕盘中，送与王公大臣。"

皇帝则不需如此消暑，因为唐代皇室在京畿修建有九成宫、翠微宫、玉华宫等数座消夏的离宫。其中位于宝鸡市麟游县的九成宫，继承自隋文帝所修建的仁寿宫，是隋唐两代的皇家避暑胜地。贞观六年四月十六日，唐太宗和长孙皇后在九成宫避暑散步，沿途观赏楼台亭榭，信步走到西城的背面，在高耸的楼阁下徘徊，往下看到这里的土地略显湿润，于是用手杖掘地并加以导引，结果泉水随之涌出来。于是太宗命人在泉水下边砌上石槛，引来水流入石砌的沟渠。泉水清澈如镜，水味甘甜如醴酒。而后由魏徵撰文，欧阳询书写来记载此事，立下了书法史上非常有名的《九成宫醴泉铭》碑。

秋天，长安一年中短暂但又最惬意的季节，穿薄衫盖薄被，终南山的秋色清爽怡人。这是秋高马肥的季节，贵族们三三两两出长安去狩猎游玩，章怀太子李贤墓有一幅《狩猎出行图》，便记载了唐人狩猎的场景。方以两名探路随从为先导，两侧是执旗的卫士，稍后左右数十骑紧紧跟随。有的携带猎犬，有的臂上架鹰，中间簇拥着一位骑高头大马，身着蓝色长袍的骑者，这可能就是狩猎出行中的章怀太子。最后是两匹辎重骆驼和马队奔驰在山石和树林相间的大道上。

太子马前奔跑的狩猎犬是中国古老的狩猎犬种——细犬，也叫

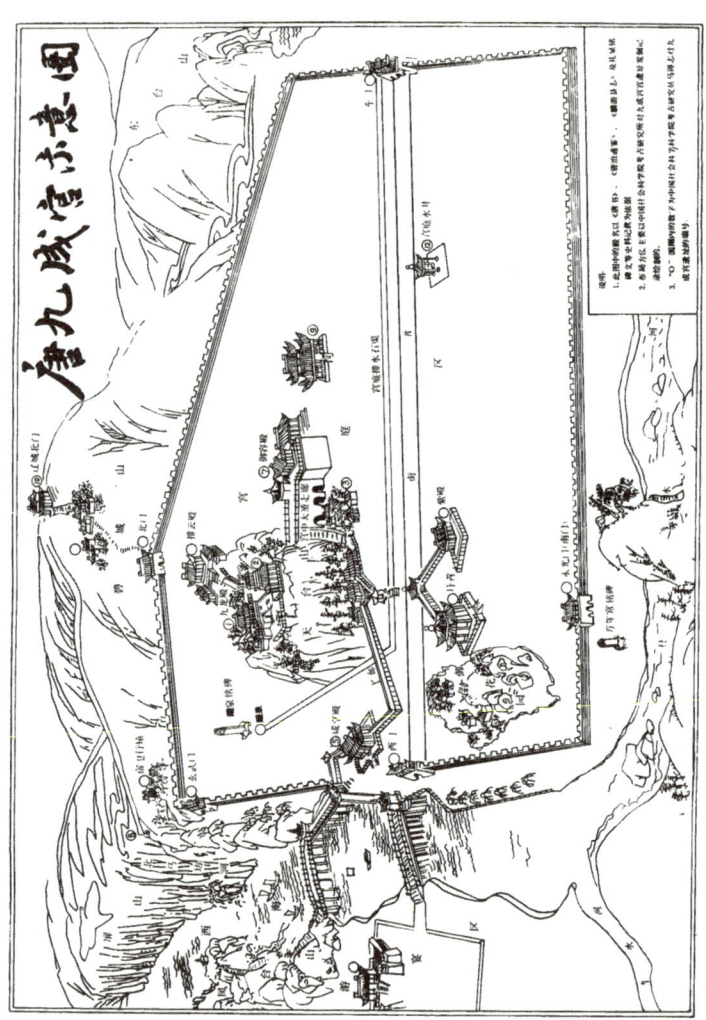

唐九成宫示意图

图片来源:《麟游县志》, 陕西人民出版社, 1993 年 12 月第 1 版。

九成宫为隋开皇十三年（公元 593 年）在今陕西省宝鸡市麟游县城所在地营造的帝王避暑离宫。隋命名为仁寿宫, 唐太宗贞观五年（公元 631 年）更名为九成宫, 其建筑秀丽壮观, 是不被人所知的隋唐离宫之冠。太宗李世民曾经 5 次、高宗李治曾经 8 次来此避暑。

细狗，是唐代皇室御用的狩猎犬种。这种猎犬头长而狭窄，颈部有足够的长度，结实而圆拱，美丽灵活呈弓形，唐人《园陵犬赋》称赞这种狗"嘉彼御犬，即良且驯。蒙先朝之乃眷，向宫室而托身"。这种身形优美的犬类，今天在关中平原的东部，仍然存在，民间每年都会有细狗撵兔的比赛。而中国传说中二郎神的"哮天犬"，《封神演义》中说它"仙犬修成号细腰"，其原型便是细犬。

冬天，皇室和贵族会用木炭取暖。《开元天宝遗事》记述着唐代皇宫中取暖的场面："西凉国进炭百条，各长尺余。其炭青色，坚硬如铁，名之曰瑞炭。烧于炉中，无焰而有光。每条可烧十日，其热气逼人而不可近也。"至于豪门，则多会在大雪的时节呼朋唤友，赏雪吃酒。女眷们则一般用手炉取暖，这些银质的手炉呈椭圆形，里面放火炭，炉外有罩，可以放在袖子里面暖手。

与诗人杜甫生于同时代的岐王李范，每年冬天冻手时他不去烤火，而是叫来年轻美貌的妓女，把手伸进她的怀里贴身取暖，美其名曰"香肌暖手"。申王李成义则发明"妓围取暖"法："每至冬月有风雪苦寒之际，使宫妓密围于坐侧以御寒气。"所谓荒淫，不过如此啊。❿

皇帝在冬天的时候，会去长安城东约 30 公里的华清池洗御汤，这个位于临潼骊山脚下北麓的皇家温泉宫殿有一个飞霜殿，冬天温泉喷水，在寒冷的空气中，水汽凝成无数个美丽的霜蝶在殿宇间飞

---

❿ 两则故事皆出自五代王仁裕笔记小说《开元天宝遗事》。李范是唐睿宗李旦的儿子，唐玄宗李隆基的弟弟，本名李隆范，后为避李隆基的名讳改为李范。杜甫名诗《江南逢李龟年》里的"岐王宅里寻常见"，岐王就是指李范。申王李成义是唐睿宗李旦第二子，唐玄宗李隆基的异母兄，李成义和大哥李成器放弃皇位争夺，李隆基才顺位登基，李隆基被称为"三郎"便是因为有两个哥哥。

舞,异常美丽。皇帝的莲花汤是用莹彻如玉的范阳白石所砌建,并以石梁为顶横亘汤上,与古罗马沐浴石构建筑极其相似。在长安的周边遍布着大小的温泉,知名的有眉县西汤峪、蓝田东汤峪和临潼华清池。唐代还有温泉监,在京兆府昭应县之西,也就是华清池所在的地方,宫监为正七品下,官不小,当年在秘书省任正字的李商隐也不过是正九品下。除了掌汤池宫禁之事,温泉监还要负责种大棚早熟水果,"把凡近汤之地,润泽所及,瓜果之属先时而毓者,必苞匦而进之,以荐陵庙"。

如此的四季轮回里,沉迷声色、醉生梦死的皇室和贵族,希望能够永远沉醉其间不醒来,于是求道和问仙成了唐代贵族重要的精神追求。

唐朝皇室自认为是老子李聃的后裔,于是崇奉道教,以道教为儒释道三教之首,把老子尊为"玄元皇帝"和"天皇大帝",道教成为"国教",从皇族到平民,唐人的求仙向道之风极盛。清代历史学者赵翼《廿二史札记·卷十九》"唐诸帝多饵丹药"条载,唐太宗、宪宗、穆宗、敬宗、武宗、宣宗皆服丹药中毒而死。

到了唐代中后期,唐代贵族服食丹药愈加浮夸,对于此事记载最详细的是白居易,或许是因为白氏配紫金鱼袋,换穿紫色朝服(三品以上官员所用的服色),有足够的资格知晓这些事情。白居易的《思归》诗就曾经写过他知道的服食丹药而死的诗人们:"退之(韩愈)服硫黄,一病讫不痊。微之(元稹)炼秋石,未老身溘然。杜子(杜牧)得丹诀,终日断腥膻。崔君(崔玄亮)夸药力,终冬不衣棉。或疾或暴夭,悉不过中年。"

白居易另外一首《酬思黯戏赠》则记载了"牛李党争"时牛党首领牛僧孺以丹药当春药,沉迷性事的故事,"思黯"即是牛僧孺的字。诗曰："钟乳三千两，金钗十二行。妒他心似火，欺我鬓如霜。"自注："思黯自夸前后服钟乳三千两，甚得力，而歌舞之伎颇多。来诗谑予羸老，姑戏答之。"说的是牛僧孺热衷服药，前后服了三千两的钟乳，感觉自己雄风焕发，还扬扬得意地写诗告诉鬓如霜的白居易。

繁盛热闹的长街，仕女雍容倾城的容颜，华盖遮天的游宴，奢靡荒淫的修仙……唐代贵族的生活构成了一幅生动的历史画卷，那些或风雅、或清新、或苍老、或雍容华贵的面孔，那些希望永远沉醉的贵族们，最终在一千多年前的时空烟消云散，如同王菲的《红豆》唱的："没有什么会永垂不朽。"

第四章

田居

尽管物质文明远不如今天这般丰富,然而,人们的生活和状态却丰满无比因为他们生活在自己的田园里

已逝作家木心的诗集《云雀叫了一整天》，收录了一首叫《从前慢》的诗歌，因为被谱曲成为民谣而被广为传唱，诗里写道："从前的日色变得慢／车，马，邮件都慢／一生只够爱一个人。"这种淡雅、隽永且从容的感觉，也是很多人在唐诗里读到的唐代田园的味道。

唐代承继了北魏、隋以来的均田制，将土地分为永业田和口分田（按人口授予）。永业田也叫"世业田"，是国家承认的个人私有土地，可以传给子孙，即便死亡也不用还给国家。口分田则是国家给你使用权的土地，你可以在有生之年耕种，但如果你死亡了，这些田地需要交还国家。

唐代的平民百姓可以获得多少田地呢？据唐代政治家、史学家杜佑所撰的中国历史上第一部体例完备的政书《通典》记载，唐代并不是每个人都有授田资格，只有十八岁以上的男子才有授田的资格，一个成年的唐代男子可以获得永业田二十亩，口分田八十亩，合计一百亩。按照唐代的度量衡，宽一步、长二百四十步为一亩，一百亩为一顷。也就是说，每一个唐代的成年男子都可以获得唐制的一顷土地。

但老男、长期患病或残疾的人口分田只有四十亩，女子虽然没有授田的权利，但如果是寡妇，则可以获得口分田三十亩。如果以上这些人是户主，那么田地的性质会做调整：各给永业田二十亩，

第四章 田居

口分田二十亩。❶ 按照天宝年间的规定，唐代人对于年龄划分是"男女始生者为黄，四岁为小，十八为中，二十二为丁，六十为老"。陶渊明《桃花源记》里说"黄发垂髫"，其中"黄发"就是 4 岁以下的小孩子，那么所谓的"老男"也就是指 60 岁以上的男子。

不要小看唐代成人男子这一百亩田地，它可能承载了一户普通农家从扎根到繁衍，从繁衍到鼎盛的梦想，甚至成为历史产生的土壤。

白居易有一首《朱陈村》的乐府诗，讲了自己路过徐州古丰县一个叫朱陈村的村庄时，看到村庄中的人："家家守村业，头白不出门。生为村之民，死为村之尘。田中老与幼，相见何欣欣。"村民们世代守着自己的永业田，"女汲涧中水，男采山上薪"，过着安稳自足的生活，白居易想到自己数年江南江北飘零，今天已经双鬓斑白，不禁悲从中来："一生苦如此，长羡村中民。"

与此相对应的是，美国女作家简·斯迈利（Jane Smiley）1991 年出版了一部非常著名的小说《一千英亩》（A Thousand Acres），讲的是美国西部一个农民老库克祖上从白手起家开始，苦心经营三代后传下来一千英亩的田地。有一天，老库克宣布要把一千英亩田产分成三份给自己的三个女儿，三姐妹各怀心事，早已暗藏多年的家庭矛盾陡然升级，从而引发了时代背景下有关家族、命运、历史和土地非常动人心魄的故事。

---

❶ 唐代杜佑编撰的《通典》卷二·食货志"田制"记载："丁男给永业田二十亩，口分田八十亩，其中男年十八以上亦依丁男给，老男、笃疾、废疾各给口分田四十亩，寡妻妾各给口分田三十亩，先永业者，通充口分之数。黄、小、中、丁男女及老男、笃疾、废疾、寡妻妾当户者，各给永业田二十亩，口分田二十亩。"

唐·彩绘胡人陶俑（一组）

馆藏：美国大都会艺术博物馆
　　　（Metropolitan Museum of Art）
时期：约7世纪末—8世纪上半叶
尺寸：24.4厘米

这是一组胡人手持劳动工具的彩绘陶俑，两种农具分别是铲和锄。其穿着和唐代诗僧王梵志《贫穷田舍汉》颇为契合："蹼头巾子露，衫破肚皮开。体上无衣哑，足下复无鞋。"

第四章 田居

古往今来，东方与西方，土地所承载的权利与价值，并无不同。

初唐和盛唐，得益于均田制，尽管物质文明远不如今天这般丰富，然而，人们的生活和状态却丰满无比，因为他们生活在自己的田园里，传承着祖先耕作稼穑的传统，日出而作日落而息，如同一幅静止的画卷，留存于历史。

以写宫词闻名的唐代诗人王建，其关于乡村的诗歌写得也非常好，他有一首《雨过山村》写了自己一次雨中经过一个小山村的情景："雨里鸡鸣一两家，竹溪村路板桥斜。妇姑相唤浴蚕去，闲看中庭栀子花。"朦胧的雨中，村子里传来农家的鸡鸣。竹林边的溪水旁，有小路连着小桥。山里女子互相呼唤去选蚕种，只有王建这样的路人才有闲情看庭院里的栀子花开得正好。在诗中，唐代的小村庄自然、静谧，如同水粉画般呈现在我们眼前。

王维的《渭川田家》则写了他在京畿渭水边所看到的农村："斜光照墟落，穷巷牛羊归。野老念牧童，倚杖候荆扉。雉雊（gòu）麦苗秀，蚕眠桑叶稀。田夫荷锄至，相见语依依。即此羡闲逸，怅然吟《式微》。"夕阳的余晖映照着村庄，归牧的牛羊涌进村巷中。老人惦念着去放牧的孙儿，拄着拐杖在柴门外望他归来。在野鸡的叫声里，小麦已经抽穗，蚕即将吐丝。陆续荷锄归来的村民彼此打着招呼，说着家常。和今天很多城市人对乡村的乡愁一样，王维对于这样的闲逸乡村生活也十分羡慕，惆怅之余不禁吟起《诗经》中"式微，式微，胡不归？"的诗句。

在南方，农人们则忙于下田种稻，采桑养蚕。唐代诗人张籍的《江村行》就写了江南一个"南塘水深芦笋齐，下田种稻不作畦"的小村庄，辛苦的农人们"水淹手足尽有疮，山虻绕身飞飑飑"，再加上"江南热旱天气毒，雨中移秧颜色鲜"。尽管如此，也是"一年耕种长苦辛,田熟家家将赛神"。所谓赛神,就是迎神出庙,在街巷漫游。可以想见,农人们收获之后,抬着农神、蚕神等神祇在村庄漫游的场景。

以上这些唐诗中的田居生活,构成了我们对于唐代农村生活想象力的一部分。那么史籍中记载的唐代农村是什么样子呢?

在唐代,官方对"村"做了定义:"在邑居者为坊,在田野者为村。"意思是,城市里的人居住的地方叫"坊",城市之外的人居住的地方叫"村"。今天我们经常说"邻居",唐代"四家为邻"也就是说四户人家就叫一邻,是邻居。五户为一保,一百户为一里,五里被称为一乡。❷ "村"在唐代还不是正式的行政单位,由于"聚族而居"的村落是当时最常见的村民居住形态,"村"在唐代更多的是一个社区的概念,而管理一百户的"里"才是行政单位。

之所以说唐代的村庄像"社区",是因为唐代村庄有围墙、大门,和我们今天的社区极为相似。《太平广记》记载了一个男女在村庄门口一见钟情的故事,说是临汝郡(河南汝州)李家庄有个王乙"因赴集,从庄门过",结果在庄门遇到了一位十五六岁的女子与他一见钟情,女子让侍婢传话给他,王乙便不去赶集,而是"徘徊槐阴,便至日暮,因诣庄求宿"。在人家村庄前的大槐树下徘徊到傍晚,进去借宿。晚上的时候,女子"适出门闭,逾垣而来",女子晚上翻墙来与王乙相会。

今天我们把北京的四合院称为"明清四合院",很多人都以为合院这种建筑是明清才有的,其实"明清"表示的是北京四合院这种

---

❷ 《旧唐书·食货志》载:"百户为里,五里为乡。四家为邻,五家为保。在邑居者为坊,在田野者为村。"

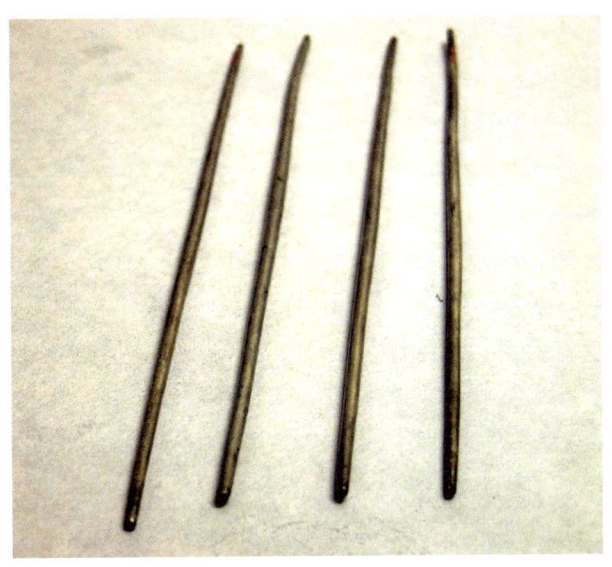

唐代银筷子

馆藏：美国大都会艺术博物馆
（Metropolitan Museum of Art）

尺寸：26厘米

唐人把筷子称为"箸"，调羹称为"匕"，银质筷子一般贵族用的比较多。民间则多用竹筷子，白居易《过李生》就有"须臾进野饭，饭稻茹芹英。白瓯青竹箸，俭洁无膻腥"的句子。《新唐书·地理志》中记载：合州的巴川郡，也就是今天的重庆涪陵，在进奉宫廷的土贡当中就有"桃竹箸"。

唐·黄褐釉绞胎瓷枕

馆藏： 美国大都会艺术博物馆
（Metropolitan Museum of Art）

时期： 约 8 世纪

尺寸： 高 6.4 厘米，宽 16.5 厘米，长 11.4 厘

这种绞胎枕在当时被称为"花枕"，所谓绞胎是将深浅不同的两种胎泥相间绞合在一起，然后按坯成型，出现粗细不等的纹丝状花纹。从隋唐开始，陶瓷工艺兴起，人们延续的是硬质睡枕——陶瓷枕成为了人们的主要卧具之一，从明代开始陶瓷枕逐渐走向衰落，硬质枕逐渐被丝织软枕所取代。

第四章 田居

传统民居的建筑年代是明清二代。合院式的建筑是中国非常古老的建筑形式,唐代的民居就是这种类似的形式。

1994年西安市长安县(今长安区)灵沼乡一唐墓出土过一套唐代三彩邸宅模型,从中可以看出唐代的民居由院门、中室、后门、左右三厢房组成一座长方形两进院落,和现在的四合院很像。不过唐代的合院是廊院式院落,也就是院子中轴线为主体建筑,周围为回廊连接,或左右有屋,而非四面都是房。

这样的宅邸虽然是民居,但是还不是一般普通人的房子。在唐代,民居是不能随便盖的,不同阶层的住宅规模、房屋数量、房屋大小都要遵守一定的形制要求,《唐会要》记载,唐文宗时代规定:"又庶人所造堂舍,不得过三间四架,门屋一间两架。"平房的梁与梁之间叫"间",檩与檩之间叫"架",三间四架就是房子正面有三间房,进去之后每间房的进深只允许采用四根檩子,所谓门屋就是有屋顶的门。❸

通过这个规定我们其实可以想象一下唐代一般人家的民居样子:一间小小的门屋,周围是一堵有顶的墙围起来的回廊,进门之后是院子,正对面是一座有三间房的悬山式平房。院子里安置着猪圈、鸡圈和牲口棚,农具摆放在廊院台上,回廊的下面种着唐人喜爱的牡丹、芍药和菊花,院子四角或许是桑树、槐树或枣树。

中国古人称房屋为"户庭",《易·系辞上》就说:"不出户庭,无咎。"意思是待在家里最安全,这大概是最早支持宅男宅女的文字

---

❸ 宋代王溥编纂的《唐会要·杂录》记载,唐文宗时代规定:"又庶人所造堂舍,不得过三间四架,门屋一间两架,仍不得辄施装饰。又准律,诸营造舍宅,于令有违者,杖一百。"

了。"户庭"就是由庭院和居室两部分组成的家，唐代诗人李颀《赠张旭》一诗说书法大家张旭："下舍风萧条，寒草满户庭。问家何所有，生事如浮萍。左手持蟹螯，右手执丹经。"张旭家的房子都在漏风，庭院长满了野草，但他却仍然和古人一样，边吃螃蟹边读经书。这个古人就是东晋著名的酒徒毕卓，《晋书·毕卓传》记载，毕卓："得酒满数百斛船，四时甘味置两头，右手持酒杯，左手持蟹螯，拍浮酒船中，便足了一生矣。"当真是洒脱。

史籍中记载的唐代村庄，我们可以从一首很多现代人都熟悉的唐诗中得到一一印证，那就是孟浩然的《过故人庄》："故人具鸡黍，邀我至田家。绿树村边合，青山郭外斜。开轩面场圃，把酒话桑麻。待到重阳日，还来就菊花。"老实说，这首据说"具有强烈的艺术感染力"的诗歌其实相当平庸，但从历史学的角度出发，这首只有40个字的五言律诗，却能够带我们回到唐朝，了解唐代的农村。

我们从中可以看到，唐代殷实的农家，可以吃到鸡肉和黍米；唐人也和我们一样把村庄称为"村"，不同的是，唐代的村庄有"郭"环绕——极有可能是一种夯土铸就的矮墙。此外，在庄园的屋舍外面，有"轩"，也就是有窗的长廊，打开窗可以看到"场圃"，也就是菜地和打麦场。唐人种植有桑麻，而且从陶渊明开始的采菊东篱下的传统在唐朝深入民间，农庄常种的花草中，菊花占有极其重要的地位，每年重阳，会有赏菊的节日。这种传统后来被传播到日本，菊花因此成为了日本人文化中重要的精神因素。

这就是诗歌的迷人之处，40个字可以让你梦回唐朝。

在另一首柳宗元的诗歌中，诗人"孤舟蓑笠翁，独钓寒江雪"，另一位诗人张志和则"青箬笠，绿蓑衣，斜风细雨不须归"。唐代

第四章 田居

的江南,和今日的江南村庄几乎一样延续着蓑衣、青灯、插秧的日常农家生活。当你在有雨的傍晚走过那些沉默的稻田以及劳作的农人时,你极有可能看到和唐代诗人一样的场景。

唐代的农民在享受平和生活的同时,亦需要缴纳农业税——唐代前期均田制下农民需要缴纳的是租、庸、调三种,所谓租就是纳粮,庸就是劳役,调是指本地织品。《旧唐书·食货志》记载,在"租"的规定上,全国都以粟为纳粮对象,岭南则是纳米;"庸",是指成年男丁每年要为官府服役20天,遇闰年加二天,但如果你不想服役,可以纳绢代役,每天交三尺绢;"调",每户每年交绢二丈,绵三两,如果是产布的地方,纳布二丈五尺,麻三斤。那些内附的胡人则需要拿羊抵税:"上户丁输羊二口,下户三户共一口。"富足的胡人每个成年人交二只羊,贫穷的三户人家交一只羊。如果遇到"水旱虫霜"的自然灾害,唐政府会根据灾害的危及程度减免税收:"十分损四以上免租,损六以上免租调,损七分以上课役具免。"

均田制是中国古代最后一次政府颁布实行于全国的田制,自安史之乱后,均田制开始崩溃,贵族和富豪、寺院兼并了大量土地,唐政府能够收到的租庸调急剧减少,政府财政面临破产。唐代宗大历十四年(公元779年)四月,宰相杨炎上疏唐德宗,建议改革赋税制度,创行两税法。两税法不是指收两种税,而是因为这种税分夏秋(农历六月及十一月)两次征收,所以叫两税。

两税法具体是什么意思呢?其实就是取消租庸调这种按人头收税的方式,由国家定出总税额,各地依照国家分配的数目向当地人按每户收税。

这中间就涉及两个问题,一个是要把全国有多少户人理清楚,于是唐政府就把土著户和客居户都按照他们实际居住地编入现居州县的户籍。第二个是每户人家情况不一样，要如何量税？唐政府依照每户人家丁壮人数、财产多少（包括田地、动产和不动产）、田地肥瘠定出三等九级的户等，每户人家按照自己所处的等级缴税。那些没有固定住处四处经商的商人，他们经商所在州县按照其收入征收他们财产三十分之一的税。❹

两税法以财产的多少为征税标准，开辟了中国以货币计税的历史先河，这项制度影响了此后一千多年中国历代政府的税收机制，而中国的农业税直到2006年才正式取消。

在唐代，由于税收和人结合得非常紧密，所以唐政府对于户籍的管理非常严格。唐代每三年举行一次名为"定户"的全国农户等级评定，每年要进行一次"貌阅"，"阅其貌以验老小之实"，就是通过一对一检阅人的样子，来查核有无低报年龄及伪报老病的种种情况。有多严格呢？北宋编撰的百科全书性质的史学类书《册府元龟》记载："若一人不实则官司解职，乡正里长皆远流配。"2010年，中央民族大学民族博物馆入藏十余件吐鲁番地区出土的唐代文书，其中有一件是交河县要求盐城民众在指定日期接受县令貌阅的帖文，这是目前我们见到的唯一一件有关唐代"貌阅"的官方文书。

---

❹ 《旧唐书·列传第六十八》载："炎因奏对，恳言其弊，乃请作两税法，以一其名，曰：凡百役之费，一钱之敛，先度其数而赋于人，量出以制入。户无主客，以见居为簿；人无丁中，以贫富为差。不居处而行商者，在所郡县税三十之一，度所与居者均，使无侥利。居人之税，秋夏两征之，俗有不便者正之。其租庸杂徭悉省，而丁额不废，申报出入如旧式。其田亩之税，率以大历十四年垦田之数为准而均征之。夏税无过六月，秋税无过十一月。逾岁之后，有户增而税减轻，及人散而失均者，进退长吏，而以尚书度支总统焉。"

其中有"若将小替代,影名假代,察获一人以上,所由各先决重杖册,然后依法推科"。就佐证了唐代"貌阅"的严格:如果发现有虚报年龄,冒名顶替的,不管三七二十一先打 40 杖,然后再依法定罪。❺

和唐代农民息息相关的还有唐代的兵役,唐代并不是很多人以为的强制兵役,而是和今天中国的兵役很类似的"义务兵役制和志愿兵役制相结合"的方式。钱穆先生的演讲合集《中国历代政治得失》一书就对唐代的兵役有详尽解读,唐代前期实行的是延续自隋代的府兵制,当时平民的户口划分为九等,并不是什么人都能够具有当兵资格,政府从中选取上等中等之家中愿意当兵的民户(当时下三等民户,是没有当兵资格的)单独编入折冲府,称为府兵。府兵平时务农,政府豁免其租庸调,农闲时接受军事训练。20 岁开始服役,服役时自备兵器资粮,分番轮流宿卫京师,防守边境。折冲府,又叫军府,唐代全盛时有 634 个,其中关内地区有 261 个,其余军府分布在全国,山西和边疆比较多一些。府兵也是到了 20 岁成丁才开始服役,每个府兵须到中央首都宿卫一年。此外都在本府,耕田为生,而于农隙操练。

替代府兵制的是募兵制,募兵制就是由政府出钱,招募社会上愿意当兵的人从军。这些人以当兵为职业,长期在军队服役,由政府负责职业军人的军器和供养,有的还发给军饷,由此而形成的军

---

❺ 张荣强、张慧芬:《新疆吐鲁番新出唐代貌阅文书》,载《文物》2016 年 6 月。经中央民族大学民族博物馆授权,该文的两位作者将文书过录并标点。

队是一种职业佣兵。❻ 募兵制是基于唐帝国中前期国力强盛，国家有财力来支持一支全职军队。到了安史之乱后，国家板荡，财政入不敷出，只能由地方节度使通过地方财政来募兵，这导致数个节度镇长期拥兵自重，也是导致唐朝后期藩镇割据的重要原因。

在《大唐衣冠》一章里，我们讲过唐代衣冠人家，也就是富人阶层的穿着，其材质大多是绫、罗、绸、缎。唐代的平民穿的衣服秋冬是用麻、毛织成的"粗褐"，春夏是布衫。我们前文提到的诗僧王梵志，在《贫穷田舍汉》中就提到了唐代自耕农之外打工农民的生活："贫穷田舍汉，庵子极孤凄。……妇即客舂捣，夫即客扶犁。……幞头巾子露，衫破肚皮开。体上无裈袴，足下复无鞋。"这对夫妻，女的在人家负责舂米，男的负责耕田，衣不蔽体，也置办不起鞋。唐人一般戴幞头巾子，穿布衫，唐代有专门做幞头的罗，称为"幞头罗"。裈就是合裆裤，一般当内裤穿，颜师古注："袴合裆谓之裈，最亲身者也。"

自耕农的人家，幞头、汗衫、外袍、裈袴，再配一双皮靴，这就是典型的普通唐人男子装束了。新疆阿斯塔那唐墓出土的皮靴，鞋面用皮革，鞋内衬毡，麻线缝缀，显得非常结实。唐人说鞋子用"量"计数，敦煌文书里就有"春衣长袖一领、襕袴一腰、皮鞋一量"。这样的记录，我们可以看到唐人对于衣服鞋子量词的称呼。

唐代平民女子穿着衫（襦）、裙、裤，这与唐代贵族女子穿衫

---

❻ 参见钱穆：《中国历代政治得失》，北京：生活・读书・新知三联书店2001年版。该书为历史学家钱穆先生的专题演讲合集，分别就中国汉、唐、宋、明、清五代的政府组织、百官职权、考试监察、财经赋税、兵役义务等种种政治制度做了提要勾玄的概观与比照，叙述因革演变，指陈利害得失。

（襦）、长裙、披帔子有一些差异，因为平民女子要劳作，要为生计奔波，所以她们的装束比起贵族妇女的装束要紧窄、简单。女子的鞋多为麻布或麻线的鞋。此外，南方的平民不管男女都常穿木屐，木屐为圆头，人字形钩攀系带，下有齿防滑，今天中国人已经不穿木屐了，但日本人仍然在穿。

　　世界上很多民族都有着自己的天赋，比如犹太人善于经商，日本人有工匠精神，德国人科学严谨，拉美人有足球天赋。有人说，中国人的民族天赋是：种菜。我们经常会在新闻里看到，中国人把菜种到了非洲大陆、迪拜沙漠、南极中山站……无论环境如何，中国人都能在世界的各个角落种出水灵灵的蔬菜。2015年，美国一家叫"园艺夹（Gardenclips）"的种植网站发布了一个时长3分52秒的视频引爆了华人圈，视频题为"都市菜园"（Urban Vegetable Gardening），讲述的是康涅狄格州纽黑文一群来自中国的老人在耶鲁大学所属荒废多年的几块地上开垦种菜的故事，老人们的子女都是耶鲁的硕博生、博士后、访问学者或科研人员，多已在美国成家立业，结婚生子。菜地里常能看到老人们怀抱幼小的孙儿，甚至有时候一家三代人会一起出现在这一亩三分地，其乐融融。

　　其实在1300年前的唐代，中国农民已经表现出了种菜的天赋。唐代的医学家孙思邈《备急千金要方·卷七九·菜蔬》中，所列的食用蔬菜就有40多种。唐代开元年间的饮食家、创造食疗学的孟诜所著的《食疗本草》整理的唐人蔬菜名录就有44种，很多的菜我们今天也在吃，比如：藊（biǎn）豆（扁豆）、葵（冬葵）、苋（苋菜）、菘（白菜）、胡荽（香菜）、同蒿（茼蒿）、冬瓜、胡瓜（黄瓜）、莱菔（萝卜）、荠、蕨、韭、薤[藠（jiào）头]、紫苏、瓠子（葫芦）、莼菜、水芹、马齿苋、落苏（茄子）、白苣（莴苣）、蕺菜

（鱼腥草）、芸薹（tái）（油菜）、雍菜（空心菜）、菠薐（菠菜）。

其中，葵、韭、芹、葱、蒜、薤[薃（jiào）头]是唐代的主要蔬菜，并且在当时的饮食界占有重要的地位。其中的葵就是冬葵，成书于先秦时期的《黄帝内经》中提出五菜的概念，列出五种最常用的蔬菜，其中葵菜位居首位。西汉时成书的《急就篇里》列出了十多种蔬菜，葵菜也位居首位。葵菜几乎在中国从先秦到元代近1500年间都是中国蔬菜的王者，直到元代以后，中国进入了小冰河时期，白菜抗旱耐寒且产量大，才逐渐取代葵菜成为中国蔬菜的新王者，明代著名的医学家李时珍就说："葵菜，古人种为常食，今种之者颇鲜。"

唐代的水果也已经很丰富，欧阳询等人编撰的唐代类书《艺文类聚》记录了李、桃、梅、梨、甘、橘、樱桃、石榴、柿、楂、柰（nài，苹果的一个品种，史籍中也常称为"林擒"）、枣、杏、栗、胡桃、沙棠、椰、枇杷、燕奥、遂、药子、枳椇、柚、木瓜、杜梨、杨梅、葡萄、槟榔、荔枝、益智、椹、芭蕉、甘蔗、瓜等35种水果。

根据唐代阿拉伯商人苏莱曼等人的见闻所撰的《中国印度见闻录》❼也记载了唐人的水果："水果有苹果、桃子、枸橼果实、百子石榴、榅桲、丫梨、香蕉、甘蔗、西瓜、无花果、葡萄、黄瓜、睡莲、核桃仁、扁桃、榛子、黄连木、李子、黄杏、花楸核，还有甘露椰子果。"

其中一些水果，我们今天已经不再食用。枸橼，《本草图经》

---

❼ 《中国印度见闻录》，穆根来、汶江、黄倬汉译，北京：中华书局2001年版。原著为阿拉伯文抄本，系根据唐代来华的阿拉伯商人苏莱曼等人的见闻所撰，公元851年汇集，公元880年续成，成书时的中国正值黄巢之乱。该书是先于《马可·波罗游记》约4个半世纪问世的关于远东的一部最重要的著作，是古代中外交通史上重要的文献之一。

第四章 田居

曾经记载：枸橼，如小瓜状，皮若橙，而光泽可爱，肉甚厚，切如萝卜，虽味短而香氛，大胜柑橘之类。今天很少人知道枸橼可以食用了，更多的是知道它作为一种药物可以提取枸橼酸。唐人刘恂《岭表录异》卷中记载："枸橼子，形如瓜，皮似橙而金色，故人重之，爱其香气。京辇豪贵家钉盘筵，怜其远方异果。肉甚厚，白如萝卜。南中女工竞取其肉，雕镂花鸟，浸之蜂蜜，点以胭脂，擅其妙巧，亦不让湘中人镂木瓜也。"枸橼有一股诱人的清香味，但是味道很酸，不好食用。然而，经过巧妙加工之后，枸橼子马上身价倍增，立刻变为京城豪贵宴席上的名食。历史上的南中指今天的云南、贵州和四川西南部。南中女工用蜂蜜降低了水果的酸味，雕镂水果的外形，使其成为色彩绚丽、酸甜可口、香气袭人的美食，因此成为京城豪贵的珍品。

榅桲，也就是木梨，鲜食时具有特殊的清香味，原产自于中亚。唐人陈藏器《本草拾遗》记载："榅桲，树如林檎（今沙果），花白绿色。"1967 年吐鲁番阿斯塔那 377 号墓出土的唐代文书《高昌乙酉、丙戌岁某寺条列日用斛斗账历》曾经记载了僧侣冬季作为副食品的干果消耗量，其中一条"榅桲 50 颗，45 文"，今天新疆人仍然把榅桲作为"抓饭"的佐料，而在内陆，榅桲则一般不食用，而是作为嫁接西洋梨的砧木，但用它的果实做成的蜜饯榅桲则十分香甜。

花楸今天也是作为一种药用植物存在，但这种植物非常的美丽，果实是一串一串红色的晶莹小果子，俄罗斯人便非常喜爱花楸。普希金在《叶甫根尼·奥涅金》中写道：我渴望见到另一番景象：我喜欢沙丘、小木屋前的两株花楸树、小门和破残的篱笆。

这么多的水果，到底哪些是唐人常吃的水果呢？我们可以通过大数据检索来验证一下。如果把《艺文类聚》提到的 35 种水果放到

《全唐诗》42863 首诗歌中去检索内容（不含标题），会发现排名前十的是：含"桃"的唐诗共 1476 条、含"李"962 条、含"梅"948 条、含"杏"456 条、含"梨"306 条、含"橘"272 条、含"樱桃"85 条、含"枣"73 条、含"石榴"61 条、含"荔枝"的唐诗共 47 条。即便我们刨去"李"可能会是姓氏、"梅"可能是梅花而做数据减半处理，前十的水果也差不多就是这些了。❽

和所有传统中国应有的生活状态一样，唐代的饮食男女也延续着古老的男耕女织生活，日复一日进行枯燥的生产劳作。今日之白领，或许对田园有着割舍不断的乡愁，但若真的回归那种生活，十有八九会逃离——因为劳作，是一件极其辛苦的事情。

唐末的韩鄂有一部《四时纂要》的农书，逐月列举了唐代的农民要做的农事。❾

每年农历正月初一的元日是一年的开始，唐代农家会准备新的历书，并且于庭前燃放爆竹以辟邪，并且要喝屠苏酒。屠苏酒从晋朝产生，以前有人住在草庵，每年除夕，将药囊丢到井中。到元日取水出来放在酒樽中，全家的人一起喝，就不怕生病了。屠，就是割；苏，就是药草，砍了药草来泡酒，泡成的酒就是"屠苏酒"了。

---

❽ 作者采用的数据库是由郑州大学开放使用的免费全唐诗库，共收录唐代诗人 2529 人，诗作 42863 首，共计 900 卷。可通过四种方式检索，两种方式浏览。网址是 http://www16.zzu.edu.cn/qts/，如果有看到这条注释且对此感兴趣的朋友，可以自己去检索你想要的数据。

❾ 《四时纂要》是唐末、五代初期韩鄂所著的一部农书。原书本来在中国已经佚失。1961 年，在日本发现了 1590 年朝鲜庆尚左兵营刊本的重刻本，才使此书重见天日，并成为研究唐代农业、种植与生活方式的重要资料。2017 年 6 月 15 日韩国发现了约为 1403—1420 年之间的金属活字印刷《四时纂要》，为目前发现的该书的最早版本。

第四章 田居

　　春天,唐人主要来耕地,除了春麦外,桑、瓜、藕、葵、瓠、芋、葱、蒜、苜蓿、蔷薇等作物都可在正月中栽种。正月还是种植竹、柳、榆、白杨、松柏等树木的好季节。二月上旬种谷、种瓜,中旬是种大豆、早稻的"上时",二月末则要种牛蒡、红花。除此之外二月还是种茶、种胡麻的最好季节,芋头、韭、薤、茄、薯蓣、苍术、黄菁也应该在此月栽种。三月是种谷、黍稷、胡麻、水稻、蔺香、苴、蓼、石榴、冬瓜、莴苣、薏苡等作物的"上时"。各种果树如桃、杏也应在三月种植、移栽。

　　夏天自立夏开始,唐人叫四月节。四月要对田地进行除草、上肥等管理,五月要收麦,六月还要耕地以备八月种麦。

　　秋天自立秋开始,唐人叫七月节。七月要开荒以待来年耕垦,种麦是八月的头等大事。

　　冬天自立冬开始,唐人叫十月节。十月要"收诸谷种、大小豆种",还要到城中买驴马。十一月要"储雪水"以备溲种之用。溲种法是一种古老的种子处理方法,将斫碎的马骨加水煮,再用蚕粪和羊粪搅拌,使之成为糊状。播种前二十天,就把种子放在里面搅拌,使稠汁附在种子上,随即晒干,妥善贮藏。经过这样处理的种子,不仅可使庄稼免于蝗虫等为害,而且还可以使庄稼更加耐旱。十二月则需要"造农器,修连加(连枷,一种农具,今天仍然在使用)、犁、耧、磨、铧凿、锄、镰、刀、斧",以备来年耕种。

　　在古老的唐代,没有天气预报,人们对世界和自然充满了敬畏,在立春、春分、立夏、夏至、立秋、秋分、立冬、冬至这八个节气,他们通过频繁占卜来祈求收成,《四时纂要》有一大半的内容都是讲在这些节气如何占卜并且如何根据结果做出判断。

　　每年最隆重的敬神活动是对"社神"的祭祀,重要程度类似于我们今天的中秋或元宵节。社神其实就是土地神的总称,唐代的土地神包括黄天、后土、社稷、五谷之神。

如此四季轮回里,唐人日复一日耕种收获,一代一代繁衍生息。

男耕女织之外,唐代的儿童在做什么呢?和我们今天农村的孩子一样,他们在上学、放牛和玩耍。

崔道融的《牧竖》一诗就讲了一个牧童:"牧竖持蓑笠,逢人气傲然。卧牛吹短笛,耕却傍溪田。"牧童身穿蓑衣头戴斗笠,碰见人故意装得很神气。年轻时以修补锅碗盆缸为生,人称"胡钉铰"的唐代诗人胡令能的《小儿垂钓》则更为人熟悉:"蓬头稚子学垂纶,侧坐莓苔草映身。路人借问遥招手,怕得鱼惊不应人。"一个"蓬头稚子"斜身在野草中钓鱼,路人向他问路,他却怕惊动了鱼儿连忙招手而不敢回应。这两首诗,把唐代儿童顽皮可爱的形象表现得淋漓尽致,即便千年后,我们仍然能够在诗里行间感受到一种满满的童趣。

至于说到儿童上学,很多人可能会怀疑:唐代那么遥远的时代,农村孩子也能上学么?唐代的教育当然没有今天这么普及和完善,但是唐代稍大一点的村落有学校却还是很普及的。科举制度的确立促进了唐代教育事业的发达,政府也很重视乡村学校的设立,开元二十一年唐玄宗明令"许百姓任立私学",开元二十六年正月十九日敕:"其天下州县,每乡之内,各里置一学,仍择师资,令其教授。"❿天下州县每个乡内,一个村设置一个学校,选择老师来教授学生。

---

❿ 《唐会要·卷三五·学校》载:"(开元)二十六年正月十九日敕:古者乡有序,党有塾,将以宏长儒教,诱进学徒,化民成俗,率由于是,其天下州县,每乡之内,各里置一学,仍择师资,令其教授。"

唐·三彩童子牵马俑

馆藏：美国大都会艺术博物馆
（Metropolitan Museum of Art）
时期：8世纪

唐代儿童题材的图像数量并不太多，从这尊雕塑中可以看到，唐代大龄的儿童，其穿着和成人无异。按照天宝年间的规定，唐代人对于年龄划分是"男女始生者为黄，四岁为小，十八为中，二十二为丁，六十为老"。

元稹《元稹集》记载，担任越州刺史的他曾在平水市（今天的绍兴市柯桥区平水镇）中"见村校诸童，竞习歌咏，召而问之，皆对曰：'先生教我乐天（白居易字乐天）、微之（元稹字微之）诗'"。可见唐代村校的儿童已经学习诗歌，而且老师还教他们读当时最有名的白居易和元稹的诗。唐穆宗时代的宰相窦易直幼年时家中贫困，在村学受业；晚唐著名诗人皮日休幼年曾于乡校内抄写他喜欢的杜牧的诗歌。

唐代儿童启蒙的书籍是南北朝时期周兴嗣编纂的一千个汉字组成的韵文《千字文》和唐朝天宝年间李翰编著的儿童识字课本《蒙求》，《三字经》中很多的典故取材就是来源于《蒙求》。日本有一首非常著名的儿童歌曲《萤之光》（蛍の光），为《友谊地久天长》的日文版，日本中小学毕业典礼上，经常唱。1964年东京奥运会的闭幕式上，通过大合唱齐唱《萤之光》结束了奥运盛典。其第一句歌词"萤之光，窗之雪"就取自《蒙求》所载"孙康映雪，车胤聚萤"一句。

对于唐朝人来说，远离喧嚣、战乱的平和田园生活是一种心灵的信仰，唐人写下了大量的田园诗来表达他们对于田园的眷恋。中国人对于田园、小舟、流水和农人的情感眷恋，一方面是由于我们是一个有数千年农业传统的国家；另一方面，田园安放着一种浸透心灵的静。即便是在嘈杂如今日的21世纪，相信很多人仍然怀有归园田居的梦想。这种渗透在骨子里的文化基因，来源于对安定生活的向往，更来源于人对自由的渴望。

唐·三彩陶碗

馆藏：美国大都会艺术博物馆
（Metropolitan Museum of Art）
尺寸：直径 8.3 厘米

唐代三彩釉陶器，是盛行于唐代的一种低温釉陶器，釉彩有黄、绿、白、褐、蓝、黑等色，而以黄、绿、白三色为主，所以人们习惯称之为"唐三彩"。唐三彩的器物一般都是冥器，也就是陪葬物品。唐代民间使用的生活用品，多是白、褐色釉的瓷器。

第五章

粟与稻

唐代三百年国运和农业
以及粮食有着如此紧密的关系
在政治、文化和审美之外
唐代粟与稻的此消彼长
以及小麦的异军突起
也影响了今天我们的生活方式

2007 年，德国波兹坦地学研究中心的一项研究引发了中国历史地理学界的大讨论。这篇发表于英国《自然》（Nature）杂志的文章称："在过去 15000 年里，有 3 个时期的冬季季风很强，而夏季季风很弱。前两个时期是在冰河纪，而后一个时期大约在公元 700—900 年间。唐朝自公元 618 年至 907 年延续近 300 年。由公元 700—900 年间冬季风的加强而推知此时中国夏季降雨量的减少，连年干旱造成谷物歉收，激起农民起义，再加上公元 751 年唐朝军队与阿拉伯大军激战于中亚重镇怛逻斯，唐军大败后退，这两个原因导致了唐朝的衰落，最终于公元 907 年灭亡。"❶

通过同样的方法，他们还发现了另一个惊人的秘密：在唐朝灭亡的同时，同样的气候变化也曾在中美洲出现，公元 9 世纪左右，加勒比海地区出现了持续 100 多年的干旱，著名的玛雅文明也因此消亡。

尽管中国的史学家们此前早就对唐代气候冷暖产生过学术争论，但这一次德国人如此果觉的论断，还是让他们产生了震动。

---

❶ 原文发表于 2007 年 1 月 4 日的《自然》（Nature）杂志，文章标题为"热带辐合带对东亚季风的影响"（"Influence of the Intertropical Convergence Zone on the East-Asian Monsoon"）。

唐代的太仓是如何管理的？
长安太仓管理制度

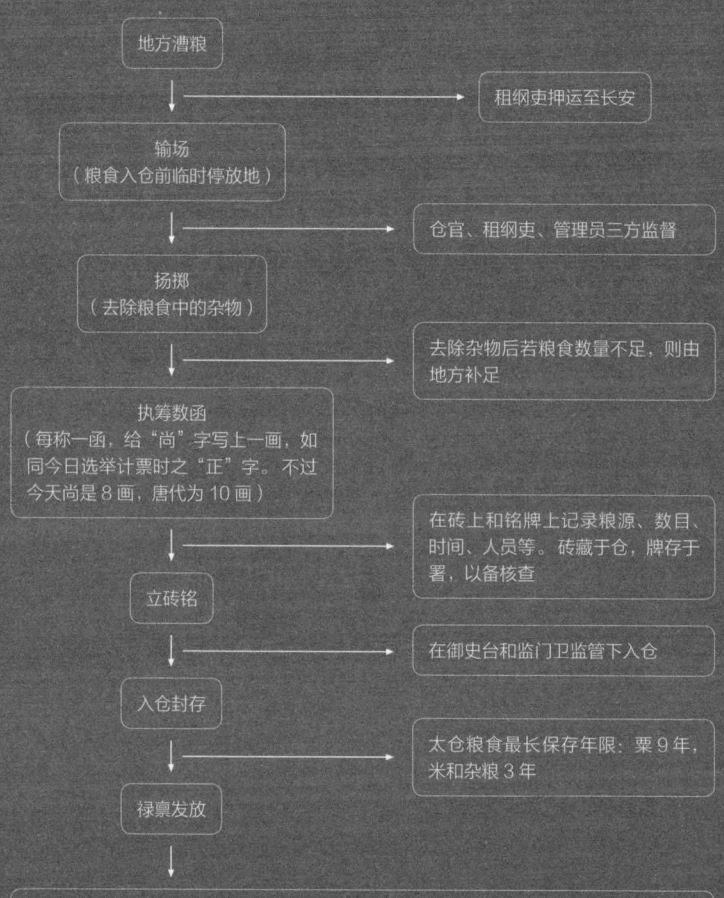

制表：师永涛。
参考资料：《唐六典》卷十九"司农寺"。

中国气象局国家气候中心首席科学专家张德二女士随后和中国气象科学研究院研究员陆龙骅在《自然》(Nature)撰文反驳了这个观点,他们根据中国史书中36750条历史气候记录的统计,计算出过去2000年的湿润指数资料序列表,该表表明,在公元700—900年间,中国呈现的是干时段与湿时段相互交替出现:其中公元711—770年、公元771—810年是干期,公元811—1050年是湿期。很清楚,唐朝灭亡前的最后30年(公元877—907年)正是处于多雨时段而不是干旱时段。

学者们的学术争论各有出发点,但我们从中可以发现:作为一个农业立国的大国,唐代三百年的国运和农业息息相关。

王维《和贾舍人早朝大明宫之作》的"九天阊阖开宫殿,万国衣冠拜冕旒"经常会被人拿来当做唐代鼎盛气象的标志,但是支撑唐代强盛的基础是什么?杜甫的《忆昔》一诗其实说得很清楚:"忆昔开元全盛日,小邑犹藏万家室。稻米流脂粟米白,公私仓廪俱丰实。"唐代的全盛是建立在农业丰收的基础上,如果没有大量的粮食作为物质基础,唐代的军队进取、诗歌天下、文艺复兴以及手工业的繁荣是不可能出现的。

气候对于唐代的影响从隋朝时候便已经开始。隋文帝立国后,关中作为四战之地已经破败不堪,而且干旱断断续续,没有停过。《隋书·高祖纪》记载:隋文帝尝遇关中饥,遣左右视百姓所食,有得豆屑杂糠。到了开皇十四年八月,关中大旱,人饥,立国已经将

---

❷ 数据来自2007年11月19日《科学时报》,文章标题为:"季风带给唐朝的命运之争又有新解——张德二回应《东亚冬季风与夏季风强度变化的关系》"。

第五章 粟与稻

近15年的隋王朝,仍然无法解决关中的饥荒问题,杨坚没有办法,率大兴(长安)的户口就食于洛阳。

从隋文帝开始,一直到唐太宗贞观年间,将近半个世纪的时间,关中一直都处在干旱中。公元627年,也就是贞观元年,关中大旱,灾民卖儿卖女以求生,李世民虽然没有和隋文帝一样率民就食洛阳,但是仍然打开长安西门,放饥民出城,玄奘就是跟着这股人流偷偷溜出长安,奔西域、天竺求学而去。

贞观二年,天少雨,蝗虫成灾。《资治通鉴》记载,当时太宗到上林苑视察灾情,看见了蝗虫,便捉起几只在手,向上天祷祝道:"百姓视谷子如生命,而你们却吃了它们。现在如果要吃的话,宁肯让你们吃我的肺肠吧!"说罢,举起手中的蝗虫即欲吞掉。身边的臣僚们劝谏道:"吃了这个脏东西是会得病的。"太宗霸气回复:"朕为百姓承受灾难,怕什么疾病?"于是吞掉蝗虫。《资治通鉴》说:因为太宗这个举动"是岁,蝗不为灾"。我们知道这是不可能的,但从中可以看出蝗灾的严重程度。

贞观三年,干旱仍然在持续,太宗派遣长孙无忌、房玄龄等人分头到名山大川中祈雨。

到了贞观四年,旱灾才有所缓解,同时定襄道行军总管李靖大破突厥,李世民才稳固了自己的皇位。

李世民向上天祈祷时说:"民以谷为命",所谓的谷就是"粟"。"粟"这种长得像大型狗尾巴草的粮食,在明代以前的中国历史中有着非常重要的意义,可以说,这种粮食养活了中国数千年的人口,甚至决定了历史的一些走向。

中国古人对于粮食最早有"五谷"的说法,五谷指什么却不一而足,最主要的有两种:一种指稻、黍、稷、麦、菽;另一种指麻、黍、稷、麦、菽。稻就是稻米；麻就是苎麻和亚麻；菽就是大豆，我们也叫黄豆，这些都没有问题。但稷、黍到底是什么，古人自己其实也搞不清楚，以至于学术界到现在还在争论。北魏贾思勰《齐民要术》中曾经说："谷，稷也，名粟。谷者，五谷之总名，非止谓粟也。然今人专以稷为谷，望俗名之耳。"意思很清楚："谷"本是五谷的总名，但南北朝时，人们却习以"谷"作为"稷"的专称。李时珍的《本草纲目》也说："稷与黍，一类二种也。粘者为黍，不粘者为稷。稷可作饭，黍可酿酒。犹稻之有粳与糯也。"

现在北方各地对于类似小米这样的作物叫法仍然不同，但主要是两种：一种大颗粒黄米，一种小颗粒小米。"黍"指的是今天的黄米，又被称为糜子、谷子、黄粱；"稷"又被称为禾，指的是小米。黄米属禾本科、黍属，一年生草本第二禾谷类作物；小米属禾本科、狗尾草属，一年生草本。黄米又被叫糜子，小米又被叫谷子。糜子还有软糜子、硬糜子两种，植物形态难以区分，只不过米粒一个稍微白一点。"粟"便是小米和黄米的统称。

粟这种植物也的确是由中国的先民驯化了野生的狗尾巴草而来的，它是原产中国的最古老的粮食。

中国人在唐以前主要是吃粟米饭，《旧唐书·食货志》记载，在唐代的中前期，"租"的规定上，全国都以粟为纳粮对象，岭南则是纳米。当时长江以南还是粟米和水稻都种。到了唐代后期，小麦异军突起，成为了北方的主粮，稻米则在宋代逐渐种遍了江南，成为了主要的粮食。到了明清时代，美洲高产作物土豆、番薯和玉米成为中国农民套种的粗粮和抵御灾荒的粮食作物。2015年，中国启动马铃薯（俗称土豆）主粮化战略，让马铃薯逐渐成为继水稻、小麦、玉米之后我国第四大主粮作物。这就是中国人粮食的演化史。

粟米如此重要，以至于汉武帝的时代还设置过"治粟都尉"这样的官职，一直到唐代，仍然有"搜粟都尉"的官职职掌农耕及屯田事宜，虽然这个官职在唐代之后即废置不行，但从中可以看出粟米的重要性。

唐人对粟米的熟悉称呼还有黄粱。唐人沈既济的笔记《枕中记》载，有一个卢生在邯郸旅店中昼寝入梦，历尽富贵荣华，一觉醒来，主人黄粱尚未熟。日本作家芥川龙之介据此写过短篇小说《黄粱梦》："道士吕翁依然坐于枕畔，店家煮的黄米饭尚未熟。卢生揉揉眼睛，大大打个哈欠，离开青瓷枕。太阳照在木叶尽脱的秃枝上，邯郸的秋日傍晚，毕竟有些凉意。"在日本，有个姓氏就叫"粟田"，日本曾派往大唐的第八任遣唐使就叫粟田真人。

唐代农业的繁荣离不开水利，据史载，在唐前期130多年中，兴修的水利工程达160多项，分布于全国广大地区。❸ 随着水利的发展，唐代的灌溉工具也有相应的进步。当时，除了以前已有的桔槔、辘轳、翻车还在普遍使用外，人们又创造了连筒、桶车、筒车和水轮等灌溉新工具，都大大提高了灌溉效率。

筒车是一种自动提水工具，把它安装在有流水的河边上，因为挖有地槽，被引入地槽的急流推动木叶轮不停转动，将地槽里的水通过竹筒提升到高处，倒入天槽流进农田中，今天在西南和陕西南部，筒车这种工具仍然被农民使用。

曲辕犁则是由唐朝人创造并开始在农业中使用的"利器"，在此

---

❸ 数据出自《中国古代经济简史》，上海：上海人民出版社1982年版，第四章"封建社会北朝隋唐（前期）的经济"。

之前，中国人采用的是"二牛抬杠"式的耕地方法，其操作需要三个人：一人牵牛，一人掌犁辕，以调节耕地的深浅，一人扶犁。曲辕犁则是今天我们熟悉的农耕样子：一个人、一头牛、一架犁，因为其轻便且只需一头牛协助拉犁，直到今天我国没有农业机械的农村地区，这种农具还在沿用。

这样的举措重新激活了被战乱纷扰了数年的黄河流域的中原，使得粟米的产量大量增加。唐玄宗李隆基在位的天宝八载（公元749年）❹，唐帝国的农民全年缴纳的粮食是740余万石粟，江北的郡县就有520余万石，占到了5/7。❺由此可见，安史之乱之前中国的粮食主要是由北方产出，粟米供养了整个国家。

那么唐代粟的亩产有多少呢？所谓亩产是指一种作物一个生育季节内每亩地的产量，这个和年产量不同，因为有一年两季的作物。唐代李翱的轻税主张的文章《平赋书》说："一亩之田，以强半弱，水旱之不时，虽不能尽地力者，岁不下粟一石。"唐制一石约合现在的120斤。

亩产一石粟也是中国史学界比较公认的一个说法，但是唐代粮食的亩产量是在唐史研究中到现在还有争论的问题，几乎每年都会有学者就此问题撰文。这是因为学者们对唐代的"亩"有争议，唐制"宽一步、长二百四十步为一亩"，这个是唐代普遍的亩数度量衡，但唐代还有一种小亩，长只有一百步，如果按照小亩计算的话，

---

❹ 天宝（公元742年正月—756年七月）是唐玄宗李隆基的年号，共计15年。天宝三年李隆基改"年"为"载"，于是天宝三年到天宝十五年，我们称之为天宝三载到天宝十五载。

❺《通典·卷六·食货六·赋税下》载："（天宝中）租粟则七百四十余万石……其租：江北郡县，纳粟约五百二十余万石。"

一亩地亩产就会到 300 斤。此外,"唐代的亩产"看似简单,但实际上要考虑多种作物产量,米、麦、粟……各地栽种谷物品种不同,产量迥异,很难一概而论。关于这个问题,隋唐五代史学者金宝祥就曾经给他的弟子张邦炜说:"古代某些数字是算不清楚的,如粮食平均亩产量之类。"❻

尽管亩产量具体数据有争论,但我们从中可以看出粟米的亩产其实不高,这就造成了一个严重的后果:长安城周边收获的粟米养活不了长安城的人。唐代长安城常驻加流动人口约为 100 万,而全国人口在五六千万,也就是说每 50 个人中就有 1 个唐人居住在长安,对于粮食的消耗非常大,所以必须依赖东部和江南的粮食输送。

公元 584 年,隋文帝杨坚命宇文恺率水工凿渠,修建从大兴城(即长安)东至潼关三百余里的广通渠,广通渠解决了从潼关到长安的运粮问题,粮食中转的大本营——东都洛阳到潼关也有黄河可以通行,似乎没有什么毛病。然而在洛阳与潼关之间的是黄河三门峡,黄河流到这里后进入了狭窄的峡谷,水流湍急,行船是可以的,要靠纤夫,但是如果要进行大规模运输,那么效率会非常低下,供应远远跟不上消耗。

有人说,那为什么不用陆路运输呢?答案是,运不起。有学者根据唐代的粮价、脚直(运输费)算过这样一笔账:贞观十五年(公元 641 年),米每斗值 2 钱;贞观十六年(公元 642 年),米斗值 5 钱,尤贱处,计斗值 3 钱。一斗米约重 6.25 斤,百斗米重 625 斤。

---

❻ 张邦炜:《历史学如何算起来?——从北宋耕地面积、粮食亩产量等数字说起》,见《唐宋史评论》第三辑,北京:社会科学文献出版社 2017 年版,第 243 页。

假定贩运百斗米，以法定脚直为准，则其车载脚直约为百斗每里 6 文，水路沿流约为 3.75、3.13 和 2.5 文；在两地粮价差仅为 3 文时，即在粮价相差 3 文的情况下，要保证有所赢利，粮食水陆贩运的最长距离均不过百里。其中，购买粮食成本占 40%，陆路运输费用约占 43.2%，水路运输费用约占 21.9%。❼ 100 斗米一百里的陆运，粮食成本加运费就高达 83.2%，即便官府运输的粮食没有购买成本，不为赚钱，那么从洛阳陆路到长安按照《元和郡县图志》记载长安"东至东都八百三十五里"，车载脚直约为百斗每里 6 文，100 斗米洛阳到长安运费高达 5010 文，100 斗米我们往高里算按照 10 文一斗也才值 1000 文。

水路虽然也不是最好的选择，但是在那样的时代，水路能比陆路稍微好一点。《新唐书·食货》就验证了洛阳到陕州（三门峡）运粮的艰难："初，江淮漕租米至东都输含嘉仓，以车或驮陆运至陕。而水行来远，多风波覆溺之患，其失常十七八，故其率一斛得八斗为成劳。而陆运至陕，才三百里，率两斛计佣钱千。"唐制一斛十斗，水路从洛阳运 10 斗米到三门峡，其中 2 斗都是要翻船掉水里的，这是固定损耗；陆运洛阳到三门峡才 300 里，20 斗米运费 1000 文，1 斗 1 里运费就要 50 文。不好意思打扰了，确实运不起。

《旧唐书·食货志》也验证了情况的严重性："始者，漕米岁四十万斛，其能至渭仓者，十不三四。漕吏狡蠹，败溺百端，官舟之沉，多者岁至七十余只。"漕米能够运到潼关渭水仓的不到三四

---

❼ 孙彩红：《唐代粮食陆路长途贩运距离的量化研究》，载《中国经济史研究》2007 年第 4 期。

成，而且漕吏为了从中获利，虚报运粮船沉溺，最多的一年要沉七十多艘。

基本上，在唐代那样的运输水平下，超过100里，不管水运还是陆运，运输成本基本要占总成本的一半，就洛阳到长安的运输艰难而言，还会更高。好比皇帝让你从洛阳运十车米到长安，最终你只能给皇帝三车，其他的人吃马嚼翻船全消耗在路上了。

巨大的运输成本使得隋唐两代皇帝不得不成为了"逐粮天子"——迫于巨大的运粮压力，必须要带着文武百官和部分百姓就食于洛阳，缓解大兴城（长安城）的压力。前文提到的隋文帝是第一个采取这种方式的皇帝，隋炀帝即位后，令宇文恺营建东都洛阳，并于公元606年颁布诏书迁都洛阳。隋炀帝还在大运河洛阳段附近修建了洛口仓（洛河入黄河口）和回洛仓（洛阳城东邙山上）。其中的回洛仓仓城相当于50个国际标准的足球场，有700座仓窖，每个仓窖可以储存约50万斤粮食，整个仓城可以储粮3.55亿斤。

到了唐代，太宗之后，唐高宗把洛阳升为东都，继续上演"逐粮天子"。唐高宗永淳元年（公元682年）的春天关中又是大旱，这年四月唐高宗留太子李显守长安，自己率百官去洛阳就食，这是李治最后一次到达洛阳，因仓促出行洛阳，扈从之士有饿死于道中者。第二年，唐高宗病逝于洛阳皇宫紫微宫贞观殿。武则天当政后，长期住在洛阳城，当皇帝后索性定都洛阳。

武则天之后，唐中宗在即位后又把长安改回了都城，第二年护送武则天灵柩还京。不久关中再次饥荒，从山东、江淮运粮的牛车，十有八九都累死了，京师大臣们请求唐中宗再次临幸洛阳，遭到唐中宗的拒绝，他说："岂有逐粮天子邪？""逐粮天子"一词便

是出自于此。❽

安史之乱是一个很值得玩味的转折点。

隋炀帝所建的洛口仓、回洛仓被隋末战争破坏得几乎不能用了，唐代就把隋朝在洛阳建的另一个叫含嘉仓的仓储基地重新建设，成为帝国重要的粮仓，《唐六典》说："都之东租纳于都之含嘉仓，自含嘉仓转运以实京之太仓。"长安以东的粮食全部都存在含嘉仓，然后才慢慢从含嘉仓往长安的太仓转运。唐玄宗天宝八载（公元749年），全国主要大型粮仓储粮总数为1266万石，而含嘉仓就储粮583万石，占近1/2，是当时规模最大的一座粮仓，被称为"天下第一粮仓"，杨国忠就担任过含嘉仓的出纳使。

在三门峡存粮的是太原仓，《通典》记载："从含嘉仓至太原仓，置八递场，相去每长四十里。每岁冬初起，运八十万石，后至一百万石。每递用车八百乘，分为前后，交两月而毕。"洛阳到三门峡之间，有八个转运站，每个转运站有800辆牛车待命，两个月时间从洛阳往三门峡运100万石粮食。

天宝十四载十一月初九（公元755年12月16日）安禄山起兵，安史之乱开始，同年十二月十二日就攻入洛阳。遍查史书，都没有记载当时含嘉仓的粮食唐人是怎么处理的，看来是落入了安史乱军手中，倒是曾经担任过安西节度使的大将高仙芝果断烧掉了三门峡太原仓的粮食，《旧唐书》记载："常清、仙芝乃率见兵取太原仓钱

---

❽ 《资治通鉴·唐纪》中记载，中宗景龙三年"是岁，关中饥，米斗百钱。运山东、江、淮谷输京师，牛死什（十）八九。群臣多请车驾复幸东都，韦后家本杜陵，不乐东迁，乃使巫觋彭君卿等说上云：'今岁不利东行。'后复有言者，上怒曰：'岂有逐粮天子邪！'乃止。"

第五章

绢，分给将士，馀皆焚之。"

安禄山之所以起兵后一路直奔洛阳，或许也是为了粮食，那里存着帝国一半的粮食，以其在范阳那种苦寒之地所得粮食，根本无法维持大军。洛阳的粮食应该也是落到了安禄山之手，否则，安史之乱不可能维持了8年之久。

安史之乱是唐朝由盛到衰的分水岭，其中重要的一个原因是，这场大战消耗掉了唐帝国的战略粮食储备，而在一个农业社会里，粮食是生命的本源。这个判断从安史后期就可以看得出来。

唐肃宗乾元元年（公元758年）九月至二年三月，安史之乱最后一场大战"邺城之战"开始，唐军20万围困安史5万大军，却因为粮秣不济而大溃退。被围的安庆绪也是非常惨，《旧唐书》记载："庆绪自十月被围至二月，城中人相食，米斗钱七万余，鼠一头直数千，马食颓墙麦鞯及马粪濯而饲之。"城中开始人吃人，一斗米七万钱，一只老鼠都值几千钱，马吃的是倒塌的墙壁里和泥的麦草，马粪拿水和一下又继续当饲料。

我们经常会听史学家说安史之乱消耗掉了唐帝国的元气，这个元气如果实物化，那就是粮食。

安史之乱后，诸镇割据，长安的粮荒一度曾经让皇帝感到害怕。唐德宗贞元二年（公元786年）四月的时候，因连年灾荒，关中仓库已竭，禁军士卒有人把头巾抹下来扔在地上说："把老子们拘在军营中而不给粮，难道我们是罪人吗！"一时间军队躁动不已，德宗知道了这事慌乱无比，就在风雨飘摇之际，画家、宰相韩滉从扬州运来了三万斛米到陕州，德宗大喜，跑到东宫对太子（即后来的顺宗李诵）告知这一喜讯，《资治通鉴》对此的记录非常生动：上（德宗）喜，遽至东宫，谓太子曰："米已至陕，吾父子得生矣！"激动之情溢于言表。

当时的情况已经糟糕到什么程度了呢？德宗想庆祝有粮这件事，结果发现因为没有粮食，皇宫中连酿的酒都没有，于是派人到长安街上去买酒庆祝；又派人告诉军队粮来了，军士皆呼万岁。因为缺粮，长安的兵民都没有人样了，熬过这段青黄不接的时间，到了新麦熟时，长安人把街道上有醉汉当做祥瑞。而且有人因为饿慌了就吃得很饱，结果撑死者达五分之一。过了数月，长安人的肤色才渐渐有了人样。

我们注意到，韩滉运来解围的是"三万斛米"，安史之乱之后，南风压倒了北风，由于安史之乱爆发和波及的都是北方，黄河流域失去了作为国家粮食产地的基础，粟的地位也因此下降，从一枝独秀变成和南方的水稻持平，到了两宋，稻米成为了帝国最重要的粮食。

从《全唐诗》中索引数据看，唐人所吃的地方水稻品种主要有蝉鸣稻、玉粒、江米、白稻、香稻（香粳）、红莲、红稻、黄稻、獐牙稻、长枪、珠稻、霜稻、罢亚、黄稑、乌节等15种。

《新唐书·地理志》列有水稻贡品的八个州，即京兆府、绛州、常州、苏州、婺州、湖州、扬州和鄂州。其中京兆府就是长安，得益于关中地区的完备水利，长安周边也有稻米种植；绛州就是山西运城，今天的运城则完全是小麦产地了；鄂州就是湖北武汉，其余五个则全来自江浙地区。而且，唐代的南人热衷于吃一种大米做的青精饭，用杜鹃花科的灌木南烛枝叶，捣碎出汁后，用来浸泡大米，蒸熟后又晒干，米便成了青色。道士们说这种饭是滋补养气的，以至于人人抢食，使青精饭成为当时的常备食品。今天长江以南的很多省份，在夏至要吃的"乌米饭"便是来自青精饭。

第五章 粟与稻

中国的汉字里面有两个字是和稻米的买卖有关的,或者说是特定来指代稻米买卖的,一个字是"粜(tiào)",指卖米,一个字是"籴(dí)",指买米,出米入米的过程是中国古人非常重要的生活方式,以至于都有专门的字来指代这种行为。

唐宣宗年间,扬州江北有一个叫李钰的人"世居城市,贩籴自业",15岁时他父亲转行搞其他生意,李钰就从父亲手中接过卖米的生意。有人来买米了,李钰就将升、斗拿给买米的人自己量,他不按当时粮食的贵贱计价,一斗粮只赚两文钱的利,用来资助父母。时间长了,他家的衣食却很丰足。他的父亲感到奇怪,就问他是怎么回事,他全都如实告诉父亲。父亲说:"我做粮食生意的时候,同行中都是用升斗出入,出的时候用小斗,入的时候用大斗,用来赚取大利。虽然官吏年年春秋两季都要检查校正升斗的准确,但是始终不能制止弊病。我还算好的,只是用同一个升和斗出入,时间已很久了,自以为没有什么偏差了。你现在改为出入自己量,我不如你。但是自己量还能衣食丰足,难道是神明帮助你吗?"后来,李钰一直到80多岁仍然从事大米生意。❾

李钰之所以能够从事卖米这行65年,在于稻米的亩产量要比粟米高好几倍。《唐会要·硙碾》一节就记载说:唐代宗广德二年的时候,几位大臣"奏请拆京城北白渠上王公寺观硙碾七十余所,以广水田之利,计岁收粳稻三百万石"。白渠周边大概有一万顷的土地,约合100万亩,那么一亩地可以收粳米3石,几乎是粟米产量

---

❾ 此事出自《太平广记·卷第三十一·神仙三十一》。

的 3 倍。

然而,稻子虽然产量高,需要的人力也比种粟多。《唐六典·卷七·尚书工部》"屯田郎、中员外郎"条为我们保留下了极为宝贵的数据:"凡营稻一顷,料单功九百四十八日;禾(粟),二百八十三日;麦,一百七十七日。"单功就是一个人劳动一天的工作量,据此可以看出,当时种稻一亩需单功 9.48 个,种粟一亩需单功 2.83 个,种麦一亩需单功 1.77 个。

这些数据表明,尽管稻米产量很高,但是需要的人力也是最多的。有人从中可能看出了端倪:种小麦需要的人力最少啊,为什么唐人不大量种小麦呢?

小麦不是中国原产的作物,而是发源于西亚,但是很早就传入了中国,唐代之前并没有大量种植。原因之一是小麦传入中国以后,中国人并没有像其他民族一样,把麦粒磨成面粉,做成面包,而是采用我们所习惯了的食用小米和稻子的方法来食用小麦:将小麦蒸熟或者煮熟,做成"麦饭"或"麦粥"。实践证明,这并不好吃,至少口感不能和小米饭、大米饭相提并论。有一个成语叫"麦饭豆羹",麦饭就是食品粗劣的代名词,用来比喻生活水平低下。

到了汉代,石磨的产生让小麦作为一种粮食开始量产,到了唐代,由于水利的发展,小麦能够被大量磨成粉。唐人发现,麦饭虽然难吃,但是面粉做成的面食和点心非常美味,小麦才一跃而成为主粮之一,并和粟套种。考古专家陈文华先生就说过:"小麦种植经过了一二千年才得以大面积推广成为主粮之一,其中一个重要原因是小麦生长期长,不大耐旱,它的需水量比粟大一倍。所以古歌中说:'高田种小麦,终久不成穗。'"❿ 这是唐代虽然小麦开始大面积种植,但仍然没有取代粟成为主粮之一的原因。

其实小麦很娇贵:拔节育穗时节需要浇水,不然就没有产量;灌浆时节遇到阴雨,还会霉变。我们下意识都会认为小麦北方种植多,那么它肯定耐旱,但其实尽管我们不停地在做小麦抗旱的育种,小麦仍然是不大耐旱的作物。如果大家关注农业的话,会发现,几乎每年开春农业部都会向北方的产麦大省发"抗旱保收"的动员通知,来确保夏粮的收成。

小麦正式成为中国人的主粮是在明代玉米从美洲传过来之后,冬小麦、夏玉米轮作种植栽培方法一举奠定了小麦在中国人心目中的地位,并且延续至今。而小麦在这样的过程中改变了中国人传统的食物习惯,发展成为位居稻米之下百谷之上的重要粮食作物,直至今天在中国形成了"北面南米"的局面。

在旱灾之外,水灾也困扰着唐人的生活。首先是"黄灾"——黄河泛滥。在唐代存在的3个世纪里,很少人注意黄河泛滥对国家产生的深远影响,历史地理学家陈可畏就曾统计,唐朝存在的300年里,其中7世纪黄河决溢6次,8世纪为19次,9世纪为13次。⓫

如果说"黄灾"是自然灾害无法抗拒,那么人为挖掘黄河就是人神共愤的事情了。

唐肃宗乾元二年(公元759年),史思明侵入河南道,当时守卫

---

❿ 陈文华:《中国古代农业科技史讲话(一)》,载《农业考古》1981年第1期。

⓫ 陈可畏:《唐代河患频繁之研究》,见《史念海先生八十寿辰学术文集》,西安:陕西师范大学出版社1996年版。

黄河的防河招讨使李铣，在今天济南的长清县边家口挖开黄河大堤来阻挡史思明大军。这个恶劣的做法在150年后，被朱温和他的儿子朱友贞用到极致。

唐昭宗乾宁三年（公元896年）的夏四月，为了攻打滑州城，朱温决黄河堤，把黄河分成为两条河，滑州城夹在二河之中，成为孤城。朱温的儿子、后梁末帝朱友贞的时代，掘黄河退敌简直成了常态，先是后梁贞明四年（公元918年）梁将谢彦章为阻李克用的唐兵，决河堤，大水弥漫曹濮二州。后梁龙德三年（公元923年），梁将段凝又在酸枣（今河南延津）决黄河口。如此频繁地挖掘河堤，到了后晋，滑州的黄河就成了脱缰野马，后晋出帝开运元年（公元944年），滑州黄河大堤全面决口，大水漫溢汴、曹、单、濮、郓五州。这次河决，大水环绕郓州城西南的梁山，成为著名的梁山泊。

旱灾河患使农业生态受到了严重破坏，农业经济衰败，国计民生困苦；战争则使唐王朝疲于奔命，国力耗竭。一个农业王朝对环境的依赖性远远超出我们的想象：一遇灾年或战祸，小农家庭不堪一击，难以为继。

从这个角度看，唐代也并不一直是一个安稳的朝代。尤其是安史之乱后，一个半世纪内北方人口的南迁几乎没有中止，从根本上改变了中国人口分布以黄河流域为重心的格局，使得中国南北人口分布比例第一次达到均衡。年幼时适逢安史之乱的文学家梁肃在其《吴县令厅壁记》一文记载："自京口南，被于河，望县十数，而吴为大。国家当上元之际，中夏多难，衣冠南避，寓于兹土，三编户之一"。北方来的人竟占吴县（今天的苏州吴中区）当地编户的三分之一，数量之多可想而知。

唐代三百年国运和农业以及粮食有着如此紧密的关系，可能是我们现代人很少关注的；在政治、文化和审美之外，唐代粟与稻的此消彼长，以及小麦的异军突起，也影响了今天我们的生活方式。在这个意义上，我们重新审视"粮食是关系国计民生和国家经济安全的重要战略物资"这一个定义，或许会更有感触。

第六章

南方的气味和感觉

唐代旅行蔚然成风
唐人的脚步遍布帝国的东西南北
唐代人旅行有两个热门的区域
一个是「功名只向马上取」的西域
另一个便是江南
为什么唐人热衷南下呢?

南北朝时期，中国历史上出现了历时270多年的"南北战争"。在南北朝200多年的动乱后，隋朝短暂地统一了南北，在隋朝38年的国祚中，又有一半时间是在征伐和内乱。我们常说，唐代是中国融合的时代，这不仅仅是少数民族的融合，还包括南北方汉族之间的融合。毕竟，近300年的刀光剑影、恩怨情仇，尽管国家统一了，人们之间的谅解还需要经历时间的打磨。

到了唐代中期，南北经过近百年的休养生息，终于有了和平的盛世。于是唐代旅行蔚然成风，唐人的脚步遍布帝国的东西南北。唐代人旅行有两个热门的区域，一个是"功名只向马上取"的西域，另一个便是江南。为什么唐人热衷南下呢？

南北朝时期，以长江为界，中国南北方的文化有了鲜明的特色，也是从此时开始，有了南方北方文化的论争。《世说新语》就记载：东晋名士褚季野语孙安国云："北人学问，渊综广博。"孙答曰："南人学问，清通简要。"于是，沿着隋人刚开通的运河南下，去北人近300年都没有近距离接触的南方，变成了一种时尚。

唐人眼中的南方，和我们今天北方人认知的南方几乎是一样的。贞观元年，唐政府通过"山河形便"也就是以自然的山脉、河流走向为分界依据，把全国分为十道：关内道、河南道、河东道、河北道、山南道、陇右道、淮南道、江南道、剑南道、岭南道。"道"这

《朱雀:唐代的南方意象》

作者: 薛爱华
翻译: 程章灿、叶蕾蕾
生活·读书·新知三联书店 2014 年版

薛爱华(Edward Hetzel Schafer,1913—1991 年,旧译爱德华·谢弗),美国著名汉学家和语言学家,20 世纪下半叶美国唐代研究乃至整个西方唐代研究的领军人物。1938 年获伯克利加州大学学士学位,攻读人类学;1947 年获哈佛大学东方语言学博士学位。之后一直任教于伯克利加州大学,直至 1984 年退休。曾出任美国东方学会会长,并长期主编《美国东方学会会刊》(JAOS)。

个概念和法国的行政区划很相似,法国起初把80多个省份按历史地理渊源划分为十几个"大区",只不过唐代的"道"有行政区划的意义,但不行使行政功能,属于中央派员巡视的监察区。

唐代的北方是由以关中为核心的关内道、陇山以西的陇右道、黄河与太行山之间的河东道、太行山以东以黄河为界的河南道、河北道组成。南方则由除了河南道之外的五个名字中带"南"的道组成,恰好就是秦岭、淮河一线的南方,这和今天我们对于中国南北的划分是一致的。

唐代的江南是一个很大的范围,包含了今天中国的中南和江南两部分,我们今天的江南概念则更多是指江浙,在唐代,江浙一般被称为吴越,后期才逐渐用江南指代。有意思的是,今天的中央电视台天气预报,我们经常会听到"江南中南部"、"江南大部"这样的说法,这个江南地区,指的就是唐代江南道的范围,包括湖南、湖北的长江南部,江西,安徽的皖南,江苏的苏南,浙江北部。

唐代宗大历四年(公元769年)的春天,诗人杜甫在潭州(今天的长沙)和流落长沙的著名音乐家李龟年重逢,回忆起在岐王和崔九的府第频繁相见和听歌的情景,感慨万千,于是写下了《江南逢李龟年》:"岐王宅里寻常见,崔九堂前几度闻。正是江南好风景,落花时节又逢君。"杜甫诗中的江南,就是湖南。

当时唐帝国的政治中心在以长安、洛阳为主的黄河流域,江南是六朝故地,六朝时期赫赫有名的诗人谢灵运、陶渊明、鲍照、谢朓(tiǎo)、阴铿、何逊、庾(yǔ)信等诗人的生活和创作活动都主要在江南一带,这些诗人的作品对唐代的诗歌创作曾产生过很大影响,他们作品中写到的江南旖旎秀美的山水和各种动人的故事,对有唐一代的诗人们有着极大的吸引力。要知道《隋书·经籍志》所著录的南北朝文学家,北朝作家仅16位,而南朝作家入录者306位,江南文采之盛可见一斑。而大运河的开通,让北方关中和关东的门阀子弟、士子有了南下一睹南朝瑰丽风景的机会。

唐人南下最主要是去吴越之地,也就是今天的江南,有唐一代,几乎知名的诗人都有沿着运河自北而下漫游吴越的经历。

王勃25岁时,在唐高宗上元二年(公元675年)的秋天从洛阳出发沿运河南下,漫游江南,甚至一度南到交趾;杜甫20岁(公元731年)漫游吴越,在此之前的唐玄宗开元十七年(公元729年),41岁的孟浩然离开长安,辗转于襄阳、洛阳,夏季游吴越;开元十三年(725年),李白出蜀,"仗剑去国,辞亲远游",第一次漫游吴越,此后公元739年,李白在38岁时又南下金陵、扬州,过了17年,李白55岁第三次东去吴越。

大量文人士子沿着运河向南漫游的过程中为唐诗提供了"江行诗"这一种重要的诗歌内容,而且常年的远游,让"漂泊"这个意向和精神成了唐诗中和"送别"并行的文学母题。

之所以是北人南下来游历,而不是南人北上,很大一部分原因是唐代的士子大多是关东及关陇士族,一个例子可以说明,据《新唐书·宰相世系表》统计,若以秦岭、淮河一线为界,以唐玄宗时期的南北15道为准(开元年间在贞观10道的基础上增加为15道),则此线以北的北方七道共出宰相308人,占宰相总数的85.1%;而以南的南方八道总共才有54位宰相,仅占总数的14.9%,可见,南、北方的差异是非常悬殊的,北方占绝对优势,南方宰相数的总和尚不及河北一道之数。❶

---

❶ 华林甫:《论唐代宰相籍贯的地理分布》,载《史学月刊》1995年第3期。

另一个方面唐代户籍管理严格，禁止人们没有原因长期离开户口所在地，这种行为称为"逃亡"、"浮浪"，是违法行为，但是负笈从师出门求学或弃孺求仕却是例外。 于是，大部分的唐朝文人为了写出语不惊人死不休的好诗，开始了遍布帝国的远行和旅游。

即便如此，唐人出门远行也不是一件容易的事情。出发之前需要去官府办理过所和公验，这是唐人出行的凭证，类似于现代的通行证。其中过所是远行的通行证，唐代的过所通常缮写两份，一份是正本，由官方加盖官印，发给申请过所之人；一份是副本，形式和正本一样，留作档案加以保存。唐代过所的申请程序复杂，据《唐六典·卷六》"司门郎中"条记载："凡度关者，先经本部本司请过所，在京，则省给之；在外，州给之。虽非所部，有来文者，所在给之。"

好在唐代的旅店业非常发达，《通典·卷七·食货·七》"历代盛衰户口"条中记载，以长安、洛阳为中心的陆路交通"东至宋、汴，西至岐州，夹路列店肆待客，酒馔丰溢。每店皆有驴赁客乘，倏忽数十里，谓之驿驴。南诣荆、襄，北至太原、范阳，西至蜀川、凉府，皆有店肆，以供商旅"。

当时天下最有名的驿馆数褒城驿。这座驿馆，厅堂庭廊极其宏丽，厅外有池沼，可以泛舟，也可垂钓，闲来还可凭栏赏月，景色迷人。在唐人李肇的《唐国史补》中记有这样一个故事：江南有一个驿吏，主动请新到的刺史去参观一处驿馆。他先带刺史去参观酒库，看到那里备有各色美酒，又带刺史到茶库，则各地名茶应有尽

---

❷ 《唐律疏议·四六二·浮浪他所》载："诸非亡而浮浪他所者，十日笞十，二十日加一等，罪止杖一百；即有官事在他所，事了留住不还者，亦如之。若营求资财及学宦者，各勿论。"

第六章

有，最后又到酱菜库，则腌制好的各种蔬菜，香味扑鼻。看完后，这位刺史赞不绝口，十分满意。

在驿站中除了有供官人骑行的驿马还有大量的驿驴，骑驴在唐代又称策蹇，是普通唐人出行的陆路主要交通工具，唐朝的租车业——"赁驴"是很普遍的，日本僧人记载是"五十文一天"。

在唐代远行是一件令人惆怅的事情。尽管唐代驿路和水运发达，但旅行仍然是依靠双脚丈量大地的过程，长途的旅行和宦游一去数月甚至经年，等到远行的人回到故乡，或许已经是物是人非了。庞大的帝国、完善的交通体系以及大量喜欢壮游的文人，构成了帝国旅途最主要的场景，因此唐人的诗歌中，往往都有着一种深深的寂寞，这种寂寞便是乡愁。而送别，则成了帝国最惆怅的礼仪。

长安的唐人送别，东至三十里灞桥，西至四十里渭城，折柳依依，举杯戚戚，曲终人散，别意无穷。出了渭城向西是丝绸之路，路上要经过吐蕃人的领地，穿过沙漠和戈壁；过了灞桥向东是潼关，沿着黄河东去汴州，南下江南，一路漂泊。

据统计，在唐代 2000 多位诗人中，几乎每一位诗人都写过送别诗。在那些传唱不衰的唐诗中，有许多都是别离之作。南宋严羽在《沧浪诗话》中说："唐人好诗，多是征戍、乡旅、迁谪、别离之作，往往能感动激发人意。"武周时代，则天女皇召见了一位善于赋诗的七岁南海女孩子，命她赋诗，女孩子"应声而就"一首送别诗："别路云初起，离亭叶正飞。所嗟人异雁，不作一行归。"连一个小小的女孩子都有如此惆怅的送别之情，可见唐人的乡愁是多么绵长。

能够进行游历的士人，一般都要有比较好的家世，"穷游"是不太现实的事情。李白《上安州裴长史书》就说："曩昔东游维扬，不逾一年，散金三十余万，有落魄公子，悉皆济之，此则是白之轻财好施也。"不到一年，就花了三十多万钱，李白的家境应该非常不错。

前往江南的唐人一般都是乘船，晚唐诗人李涉有一次前往九江，看望自己做江州刺史的弟弟诗人李渤。船行至一处浣洗衣服的浣口，忽然遇到大风逆吹而停，数十名贼人手执兵器而来，问："船上何人？"随从答道："这是李博士的船。"匪首听说后，命令部下停止抢劫，说："如果真是李博士，我们就不劫他的财了。不过我辈早就听说他的诗名，金帛我们不稀罕，希望他能给我们写一首诗。"李涉于是赠给匪首一首七言绝句："暮雨潇潇江上村，绿林豪客夜知闻。他时不用逃名姓，世上于今半是君。"匪首得诗后反而送了许多财物给李涉。❸

检索《全唐诗》数据库，题目包含"江南"的唐诗共244首，以《忆江南》直接为题的唐诗有25首，在唐人的笔下，江南的意象不断被呈现与赞美，使江南变为一种文化的象征，成为唐人心中的桃花源。杜牧说："何事明朝独惆怅，杏花时节在江南。"白居易的《忆江南》三首被称为"江南三叠"，成为后世对江南最经典的印象。就连著名的边塞诗人岑参也说："枕上片时春梦中，行尽江南数千里。"唐诗中江南的美好，对后世产生了极大的影响，台湾诗人余光中有一首著名的诗《春天，遂想起》，首句是这样的："春天，遂想起／江南／唐诗里的江南"。

江南之外，庞大的帝国版图让唐人的世界地理观比起之前的时代都丰富得多，比江南更南的南疆和岭南，因为是帝国流放官员的目的

---

❸ 晚唐范摅所撰《云溪友议》卷下"江客仁"记载："李博士涉，谏议渤海之兄。尝适九江看牧弟……至浣口之西，忽逢大风，鼓其征帆，数十人皆驰兵仗，而问是何人。从者曰：'李博士船也。'其间豪首曰：'若是李涉博士，吾辈不须劫他金帛。自闻诗名日久，但希一篇，金帛非贵也。'李乃赠一绝句。豪首饯赂且厚，李亦不敢却。而睹斯人神情复异，而义气备焉。"

第六章 南方的气味和感觉

地,也进入到诗人、士子远游的行程。根据新旧《唐书》所载,唐代有名有姓且有具体流放地者共211人,流放岭南道的就有138人。

对于唐人来说,岭南是不祥之地,充满了悲剧的色彩:唐人认为岭南瘴气、毒草、毒蛇、蛊毒、鳄鱼等毒物遍地。公元803年,唐代大文豪韩愈被贬广东清远市阳山县任县令,他的《县斋读书》一诗就代表了唐人对于岭南的感受:"南方本多毒,北客恒惧侵。"

唐人对于岭南畏惧到何种程度呢?有人宁愿不要命也不去岭南。《旧唐书·卷六十九·卢祖尚传》就记载唐初大臣卢祖尚的"英勇事迹"。

贞观初年,宗室、交州都督、遂安公李寿因为贪污挪用公款获罪,太宗皇帝想寻找一个好的州牧,朝廷大臣说卢祖尚文武全才,廉洁正直,可以为任。于是把卢祖尚征召到京城,皇帝在朝堂上对他说:"交州是个大地方,离京师很远,需要贤能的州牧安抚。以前的都督都不称职,你有安抚边疆的才略,为我镇守边境,请不要因为路远而推辞。"

卢祖尚跪拜称谢,出朝不久他就后悔了,以旧病复发为借口推辞出任。唐太宗也知道这差事人难找,就派杜如晦正式地去传皇帝的旨意,卢祖尚坚决推辞。唐太宗没法子,就派卢祖尚的大舅哥左屯卫大将军周范去劝他,并传达了李世民的补偿:"普通人许诺了尚且有信用,你当面许诺于我,怎么能后来反悔呢?你最好早早上路,三年之后一定召还你,你不要推辞,我一定守信。"卢祖尚让大舅哥给李世民带话:"岭南瘴疠,皆日饮酒,臣不便酒,去无还理。"意思是岭南瘴气很重,需要整天喝酒才能够抵抗瘴气的侵蚀,我不能喝酒,去了可能就回不来了。太宗皇帝大怒道:"我安排一个人做事他都不听从,怎么能号令天下呢!"于是上朝时当着朝廷官员的面把卢祖尚斩了,当时卢尚祖才三十多岁。不久太宗后悔了,又下令恢复他身前的官爵。

还有人通过行贿而不去岭南的。唐代宗永泰二年(公元766年),陈少游被任命为桂州刺史、桂管观察使,当陈少游得知自己要去广西当官,慌乱无比,于是决定不惜一切代价给自己换个地方。《旧唐书·卷一百二十六·陈少游传》中,罕见地对此事做了详细的记载。

当时唐代宗宠信的中官(宦官)董秀掌枢密用事,也就是接受朝臣以及四方表奏并宣达帝命,是个实权派。陈少游半夜就住到董秀所住的里坊,等着第二天董秀下班后,在傍晚去拜见他。陈少游问董秀:"七郎(董秀行七)家里有几口人?每月花费多少?"董秀一听,就说:"我一直都在内廷任职,家里负担很重啊,现在物价又贵,一个月要花一千多贯呢!"陈少游就说:"这个花费,你的俸钱就只能撑几天啊,其余的钱就要找人接济才成。要是有人能够帮你一把,能省很多力气啊。少游不才,愿意一个人来供奉七郎的花费,我每年献上五万贯。这里有一大半,请您笑纳。剩余的等我到职后就送来。这样免去了贵人的忧虑,岂不美哉?"董秀听了,觉得美滋滋,当下就对陈少游刮目相看。

陈少游觉得时机到了,就哭着对董秀说:"南方有炎瘴,我这一去恐怕这辈子就看不到贵人了,想想真是伤感啊!"董秀一听,这还了得,好不容易有了一个"钱袋子",于是乎马上正色说道:"先生美才,不该当这么远的官,你且从容等待,要不了几天就有好消息。"

陈少游为了保险起见,已经贿赂了宰相元载的儿子元仲武,于是董秀和元载内外运作,数日后,陈少游被任命为宣州刺史、宣歙池都团练观察使。宣州就是现在的安徽宣城,是唐代的国家级冶金基地,

是个大肥缺。此事《旧唐书》记载非常生动，附录于后，供大家一读。❹

到了德宗朝，宰相韦执谊则素来不喜欢岭南，他担任郎官时曾与同僚到兵部职方司观看地图。每当他看到岭南地图，便会闭眼不看，命人将地图拿走。升任宰相后，韦执谊在官衙墙壁上看到一幅地图，马上回头不敢直视。几天之后，他才发现那是一幅崖州（海南）地图，心中十分反感，认为不祥。人生大概是怕什么来什么，后来，韦执谊果然被贬到崖州，最终死在那里。

尽管岭南在唐人心中如此恐怖，唐人对于岭南仍然非常好奇，在唐人的世界里，岭南充满了瑰丽的想象和未知的刺激，以至于唐代出现了《北户录》、《桂林风土记》、《岭表录异》三部书写岭南的笔记，这在唐代的地理类笔记里是绝无仅有的。

在唐人眼中，岭南就如同19世纪初美国的西进运动"淘金热"一样，适合冒险家去建功立业。刘恂所著的《岭表录异》就记载了和岭南黄金有关的一些传闻。

---

❹ 《旧唐书·卷一百二十六·陈少游传》载："时中官董秀掌枢密用事，少游乃宿于其里，候其下直，际晚谒之，从容曰：'七郎家中人数几何？每月所费复几何？'秀曰：'久忝近职，家累甚重，又属时物腾贵，一月过千余贯。'少游曰：'据此之费，俸钱不足支数日，其余常须数求外人，方可取济。倘有输诚供亿者，但留心庇覆之，固易为力耳。少游虽不才，请以一身独供七郎之费，每岁请献钱五万贯。今见有大半，请即受纳，馀到官续送。免贵人劳虑，不亦可乎？'秀既逾于始望，欣惬颇甚，因与之厚相结。少游言讫，泣曰：'南方炎瘴，深怆违辞，但恐不生还再睹颜色矣。'秀遽曰：'中丞美才，不当远官，请从容旬日，冀竭蹇分。'时少游又已纳贿于元载子仲武矣。秀、载内外引荐，数日，拜宣州刺史、宣歙池都团练观察使。"

曾任广州司马的刘恂记载，在岭南的五岭内❺，富州（今广西昭平县）、宾州（今广西宾阳县）、澄州（今广西上林县）江溪间，都产金子，在那些地方居住的人都以淘金为业。有人自旦及暮都在淘金，但往往连一星半点都淘不到。其中产自广西上林的澄州金最优质。有一年，有人去长安拜访亲友，送了澄金二十两，亲友惊讶于这种金子的金色异常鲜艳，这人就说："我送你的金子虽然少，但是这种金子不是普通黄金，到夜间会闪闪发光。"于是晚上试验，果然如此。

在广州浍（kuài）诓（kuāng）县（今广东英德市浛洸镇）有一个金池，周边住的居民也不知道此事，有一次有户人家养了一些鹅、鸭，结果在鹅、鸭粪中见到薄薄的麸金片，这户人家于是养了非常多的鹅、鸭，"收屎淘之，日得一两或半两"，因此而致富。

岭南还产玳瑁。玳瑁是一种海龟，玳瑁的甲壳上有美丽而又色彩斑斓的花纹，是一种名贵的宝石。

《岭表录异》记载了一件和玳瑁有关的事情：玳瑁的形状像龟，只是腹部和背部的甲壳上有烘烤的斑点。《本草》上说："玳瑁能解毒，其中的大玳瑁还能避邪。"广南靠海的一个叫卢亭的人，活捉了一只玳瑁龟献给边帅的儿子薛王，薛王命令取下龟的二片背甲，戴在左臂上用来避毒。龟被活着揭下甲壳，痛苦到了极点。然后把龟放到住宅后面的池子里养着，等到它被揭去甲壳的地方渐渐长好，再派卢亭把它送到海边去。据说，被揭下甲壳的玳瑁龟如果活着，戴着它的甲壳就有灵验，吃的饭菜中如果有毒，玳瑁的甲壳就会自己摇晃

---

❺ 五岭是长江与珠江流域的分水岭，我们所说的"岭南"就是指五岭之南。五岭由西到东指越城岭（湘桂间）、都庞岭（湘桂间）、萌渚岭（湘桂间）、骑田岭（湘南）、大庾岭（赣粤间），横亘在湖南、两广、江西之间。

第六章

起来；被揭下甲壳后如果玳瑁龟死了，就没有这种灵验了。

岭南还有孔雀，用它的金翠毛做成的扇子，是长安贵女追捧的艺术品；岭表所产的犀牛，头顶的角上有奇异的花纹，做成的腰带也是贵族所喜爱的奢侈品。在岭南南部的大海里，有着被唐人称为"海䱐"的鲸鱼，它们喷气的时候，水散于空中，风势吹来，像下雨一般。

唐代最著名的志怪小说家、《酉阳杂俎》的作者段成式，他的儿子段公路也是一个志怪作者。段公路的《北户录》专记岭南的异物奇事，他说岭南多鹦鹉，而且鹦鹉有三种，一种青色的鹦鹉和乌臼（jiù）差不多大，还有一种白鹦鹉大如鹅，更大的是五色鹦鹉。乌臼就是黑卷尾，咱们中国人把它叫做黎鸡，养鸟的人知道这种鸟，是和百灵鸟齐名的叫声悦耳的鸟类。

其中的"五色鹦鹉"是唐代非常著名的一种贡品，古人认为鹦鹉能言，有慧性，所以把它视做一种吉祥的鸟，武则天就曾经做梦梦到自己变成了一只鹦鹉，而在新旧唐书中，南亚及东南亚的林邑、吐火罗、陀洹、诃陵等国都进贡过五色鹦鹉。段公路的父亲段成式在《酉阳杂俎》中就记载，开元年间，宫中有一只五色鹦鹉，能言而惠，唐玄宗李隆基令左右侍从帮自己试穿御衣，这只五色鹦鹉看到了，于是瞋目叱责侍从失礼。到了宋代，宋徽宗的代表作就有一幅《五色鹦鹉图》，现收藏于波士顿美术馆。

五色鹦鹉是什么品种，不见历史学家考证。就段公路的记载来看，那么大体型的鹦鹉，在亚洲应该就是亚历山大鹦鹉（学名：Psittacula eupatria），这种鹦鹉身长约60厘米，是亚洲最大的长尾鹦鹉，而且分布于阿富汗、巴基斯坦、印度、尼泊尔、不丹、斯里兰卡、缅甸、泰国、柬埔寨、越南等国，恰恰和新旧唐书中记载的进贡五色鹦鹉的国家所处的地理位置是吻合的。这种鹦鹉鸟喙红色，

韦浩墓《鹦鹉侍女》

何家村鎏金鹦鹉纹提梁银罐

在唐代，无论宫廷还是民间都盛行驯养鹦鹉，白居易、杜甫等诗人都写过题为《鹦鹉》的诗。《太平广记·卷四百六十·禽鸟》载："天宝中，岭南献白鹦鹉，养之宫中，岁久颇聪慧，洞晓言词。上及贵妃皆呼为雪衣女。"《酉阳杂俎续集·卷五》载："孔雀为经，鹦鹉语偈"，唐人喜爱鹦鹉，还和佛教有关系，在印度的佛经故事中，鹦鹉是神鸟。

鸟体为绿色,脸颊为灰蓝色,腹部黄色,颈部有很宽的黑色环状羽毛,主体颜色恰为五色构成。

闪闪发光的黄金、金翠色的孔雀、游弋于大海的鲸鱼、作为贡品的五色鹦鹉……构成了一幅"异域"的奇异图景,一种热带的气息扑面而来。在唐人的印象里,岭南似乎永远是潮热、茂盛和色彩艳丽的。

岭南除了传奇,在文化上也颇为不俗,其中岭南重镇桂林即是其中的重要代表。唐昭宗光化二年(公元899年),辞官退居桂林的广东人莫休符写成《桂林风土记》一书。今天,这部书籍我们已经难以看到全貌,全书本来有三卷,却在历史中佚名失了两卷,存世只有一万多字。

这是第一本关于桂林历史人文的书籍,也是桂林有史料记载的最早的地方志。在这本书中,我们可以发现,有唐一代,桂林逐渐因为风景秀丽而成为诗人笔下的作品,来往桂林的诗人和宦游的名士有张固、卢顺之、张丛、元晦、路单、韦瓘、欧阳膑、李渤、陆宏休等人,桂林山水开始进入世人自觉的审美视域。这时,桂林已不再被畏如地狱般的瘴疠之地,以至于没有到过桂林的唐太宗李世民也称赞其为"碧桂之林,苍梧之野,大舜隐真之地,达人遁迹之乡"。

往来桂林的诗人不但在文学史中留下了关于桂林璀璨的诗篇,还让桂林开始在山水中孕育起一种浓厚的文化觉醒意识。广西作为边疆,到唐代大中四年,桂林出现了广西第一个进士曹邺,又过了40年,桂林又出现了广西的第一个状元赵观文,天祐三年(公元906年)又出了状元裴说。至此,诗书传家成为桂林的文化传统,而桂林也在后世一直以岭南文化的中心之一(其一为广州)而更具文化色彩。而在整个科举制度实行的1300年间,广西一共出了12名状元,桂林占了8名,这一数字,内陆很多省份比不上。

第六章 南方的气味和感觉

在唐代，桂林米粉还没有闻名的时候，唐人最喜爱的桂林特产则是桂布。"桂布"实际上就是今天桂林市临桂区的六塘麻布，唐代笔记《玉泉子》就记载，唐代宗的左拾遗夏侯孜，经常穿着桂管布衫朝谒，文宗问他为什么穿这么粗涩的衣服？夏侯孜说，这是桂管产的布，虽然便宜，但是此布厚可以御寒。文宗嗟叹万分，也效仿他穿桂管布，于是满朝官员又都模仿文宗开始穿桂管布衣服，长安城的人看了，皆着桂布，一时间把这种本来普通的粗布搞得"洛阳纸贵"。

其中，最喜欢桂布的则是白居易，在《新制布裘》一诗中，白居易赞叹自己新做的衣服："桂布白似雪，吴绵软于云。布重绵且厚，为裘有余温。朝拥坐至暮，夜覆眠达晨。谁知严冬月，支体暖如春。中夕忽有念，抚裘起逡巡。丈夫贵兼济，岂独善一身。安得万里裘，盖裹周四垠。稳暖皆如我，天下无寒人。"而且，桂布所做的衣服已经成了他生活中的最爱，在《枕上作》一诗中，白居易"腹空先进松花酒，膝冷重装桂布裘"。

江南、岭南之外，西南因为唐与南诏国在8世纪、9世纪进行的三次战争而备受关注。南诏国（公元738—902年），是开元二十六年崛起于云贵高原的古代王国，几乎和唐帝国同时灭亡。在安史之乱前一年，唐人有两次对外战争的失利，其中之一是和白衣大食的怛逻斯之战，另一次就是和南诏的战争。

唐懿宗时的安南都护府从事樊绰，曾在南诏实地考察，根据史料和自己的调查资料撰写了一部和云南有关的地理笔记《蛮书》，著有《唐代长安与西域文明》的著名敦煌学家、中外交通史家的向达先生曾为此书作有《蛮书校注》。

南诏国的政治中心是羊苴（xié）咩城，也就是今天的大理。南诏没有桑树，人们都是种植柘（zhè）树，这是一种桑科柘属树木，人们把蚕放养在树上。村邑人家,柘林多者有数十顷,这些柘树耸干数丈,非常壮观。三月初,蚕已生,三月中,茧出。南诏人用抽丝法把蚕丝取出来纺成丝绫或织成锦、绢,织出来的锦文密致、华丽。人们交易不用钱币,而是用布帛来交易。实际上,不只是南诏,在唐代丝织品的价值非常高,唐代很长一段时间内,丝帛和货币的流通价值是相等的。

当时的四川南部和云南有着非常多的大象,南诏人养象的很多,用大象来耕田。南诏的水田每年一熟,八月收获稻谷,十一月下旬在稻田轮种大麦,三月末大麦就熟了,收大麦后,还种粳稻。

在南诏的南方,是唐人眼中有着魔幻色彩的国度:有以藤为甲的林邑国人,那里出产能解人语的"结辽鸟";有驯象的真腊国人和人性懦弱的乌苌国人;有把国君呼为"寿"的海边国家弥诺国、弥臣国;有产檀香、紫檀香等香药和珍宝、犀牛的昆仑国;有不吃牛肉的小婆罗门国;还有彪悍的女王国,南诏曾经派二万人攻伐这个国家,被女王国的人用毒箭射杀大败。

在唐帝国的政治层面,南北的交融更加深刻。陈寅恪先生在《隋唐制度渊源略论稿》之七《财政》篇中就说:"(唐代)中央财政制度之渐次江南地方化,易言之,即南朝化。"他的意思是,隋唐的财政制度本来是属于北朝系统的,到后来,唐朝放弃了这一系统,转而采用了当年南朝曾经采用过的旧制度。

唐史学家唐长孺先生在1993年出版的《魏晋南北朝隋唐史三论》一书中,对陈寅恪先生的观点做了进一步的论述。他说:"唐代经济、政治、军事以及文化诸方面都发生了显著的变化,它标志着中国封建社会由前期向后期的转变。但这些变化,或者说这些变化中的最重要部分,乃是对东晋南朝的继承,我们姑且称之为'南朝化'。"

唐长孺先生认为唐朝逐渐"南朝化"的原因在于：（1）唐代均田制承自北朝，但后来破坏了。中唐德宗时始实行两税法，庄田制大为发展，这个变化与南朝衔接（他曾著有《三至六世纪江南大土地所有制的发展》）。（2）唐代府兵制承于北朝的部落兵制和征兵制，后来也趋于瓦解，高宗、玄宗以募兵制代替征兵制，这是对南朝兵制的继承（南朝兵制发展的趋向是由世袭兵转向募兵）。（3）两税法中的计亩征税和田亩列于户资，原是南朝成法，而北朝的均田制禁止土地买卖，自然没有计亩征税之法。（4）折纳，将田租折以布帛钱币，罕见于商品经济不发达的北朝，却见于南朝。（5）力役，唐代和雇之法，此前仅见于南朝。（6）科举制以文学取士，这一点上承于南朝风气。（7）唐代经学、文学、书法，均承于南朝。❻

藉赖大运河的畅通和唐代驿站制度的完备，唐代南北方在生活、经济和文化上交流融合，而历史学者们关于"唐朝是否'南朝化'"的论争，恰恰在另一个层面说明了唐朝时期南北在政治层面的融合，而这些则是常人难以察觉的方面。

南北朝的对立，让中国的历史格局从秦汉的"关中—关东"东西格局变为南北的格局，而隋唐则是中国历史上第一次南北大融合。自此以后，南北的对立和融合成为了中国历史的常态和基本格局，从而在性格、饮食、文化、生活方式上塑造了现在的南方人和北方人，直到今天我们仍然会在网络上为南北差异的文化进行大讨论，诸如"粽子的南咸北甜之争"、"豆腐脑的南北战争"，从而还造成了"甜党"、"咸党"之争，所有这些其实都是南北方文化差异的表现。

---

❻ 来自于2003年阎步克、胡宝国、陈爽三位学者在"'象牙塔'国史论坛"的一次关于"唐朝是否'南朝化'"的学术讨论中胡宝国先生的总结。

第七章 骑鹤下扬州

隋唐大运河直接促使了一批城市的崛起
许多我们今天耳熟能详的城市
都是因为运河而在唐代确立了其地位

在今天，城市已经是人类最普遍的一种生活方式，甚至有人估计，到 21 世纪末，人类将彻底成为一个生活在城市里的物种。

台湾经济史学家赵冈先生的经典著作《中国城市发展史论集》中，曾对中国古代城市化率进行了统计，唐朝天宝年间，城市总人口达到 1100 万人，全国总人口约为 5300 万，城市化率达到 20.8%。宋朝的城市化率，则达到了古代历史最高的 22% 的水平。明清以后，城市化率则一直未突破 10%。在改革开放前夕的 1978 年，我国城市化率也只有不到 18%。到了 1983—1984 年间，城市化率才达到唐时期的 20% 的水平。

一个国家最重要的城市就是首都，和今天的中国只有一个首都不一样，唐帝国的首都最多的时候有 5 个。

最初唐设首都于长安，随后又设陪都东京洛阳和北京太原，与西京长安合称"三京"。唐玄宗天宝十五载（公元 756 年）安史之乱开启，玄宗幸蜀，驻跸成都。其后，肃宗致力于收复东、西两京，并随军进至陕西宝鸡凤翔。肃宗至德二载（公元 757 年）十月，唐肃宗进入西京，玄宗从蜀郡成都出发，十二月回到长安，唐肃宗下诏改西京长安为中京，以凤翔为"中兴驻跸之所"，建为西京凤翔府，蜀郡为"上皇南巡之地"，建为南京成都府。唐帝国形成"五京"的五个首都形制：西京（凤翔府）、中京（京兆府长安）、东

唐天宝年间十大地级市

排名	城市	治所	领县	户口	人口
1	京兆府	长安	23	36.3万	196.7万
2	河南府	洛阳	26	19.5万	118.3万
3	魏州	今河北大名县	10	15.1万	111万
4	成都府	成都	10	16.1万	92.8万
5	宋州	今河南省商丘市	10	12.4万	89.7万
6	宣州	今安徽省宣州市	9	12.1万	88.5万
7	贝州	今河北省清河县	9	11万	83.5万
8	冀州	今河北省衡水市	9	13.4万	83.1万
9	沧州	今河北沧州市	11	12万	82.6万
10	太原府	太原	13	12.9万	77.8万

制表：师永涛。
数据来源：《旧唐书·地理志》。

1. 因《旧唐书》记载的人口数都是以州府为单位，类似于今天的地级市，因此单一城市人口很难统计。
2. 通过图表可以看出，安史之乱以前，唐代的人口主要集中在北方，尤其是河北道、河东道，这里是山东士族主要的聚集地。安史之乱后，大量人口南迁，扬州、苏州、杭州等地才逐渐成为唐帝国的大型城市。
3. 为何是这十大地区成为唐代前期人口最多的城市？
   （1）长安、洛阳、太原是唐帝国的法定都城；
   （2）魏州是运河北线的交通枢纽城市；
   （3）成都是西南最大的城市，是帝国南部以及对南诏、吐蕃交流的物资集散中心；
   （4）宋州是沟通江淮的漕运通道，唐代南北交界处的重镇；
   （5）宣州是唐前期江南三大中心城市之一，江南三大城市在前期为宣州、润州（今镇江）、越州（今绍兴）；
   （6）贝州是东北方藩镇（范阳、平卢）供军的枢纽，号称"天下北库"；
   （7）冀州是唐帝国经济最发达的地区之一，李世民就说过："山东人物之所，河北蚕绵之乡，而天府委输，待以成绩。"
   （8）沧州是西汉至北朝的北方儒学中心，水利发达，丝织业和盐业冠绝天下。

（河南府洛阳）、北京（太原府）、南京（成都府）。❶

三年后，唐肃宗上元二年（公元761年），肃宗为了消除玄宗的政治影响力，以湖北荆州取代成都成为南京江陵府。唐代宗宝应元年（公元762年），又把"京"改为"都"，长安为上都，洛阳为东都，凤翔为西都，江陵为南都，太原为北都。"五京"尽改为"五都"。❷

长安、洛阳、太原、成都、凤翔、荆州这6个做过唐代都城的城市中，只有长安、洛阳、太原是贯穿唐代的真正的都城，成都、凤翔、荆州这3个城市则更多是政治意义的建都设置，设置不久就撤销了。时至今日，除了长安（西安）、太原、成都仍然是省会城市，洛阳和荆州分别成了河南、湖北的一个普通地级市，而凤翔则是宝鸡市下属的一个县。

长安、洛阳、太原三京中，长安是政治意义上的首都，太原作为李氏家族的龙兴之地，被奉为"王业所基，国之根本"，在帝国虽然不具备行政功能，但是地位超然。值得注意的是洛阳，尽管是陪都，但其实在唐帝国的中前期，洛阳一直和长安并行行使首都的政治功能。

唐朝虽然定都长安，但仍很重视洛阳。其中最主要的原因是洛阳因为交通的便利，是帝国东部和南部物资转运长安的大本营，帝国最大的粮仓和最多的粮食储备就在洛阳。

---

❶ 《旧唐书·本纪第十》载："改蜀郡为南京，凤翔府为西京，西京改为中京，蜀郡改为成都府。凤翔府官僚并同三京名号。"

❷ 《资治通鉴·卷二二二》载："建卯月（二月）辛亥朔，赦天下；复以京兆为上都，河南为东都，凤翔为西都，江陵为南都，太原为北都。"

第七章

和唐长安继承之隋大兴城一样,洛阳城也继承了隋代的洛阳城,有意思的是,大兴城和洛阳城的规划设计师都是隋代杰出的建筑大师宇文恺。据《隋书·炀帝纪》记载,隋大业元年(公元605年)三月丁未,隋炀帝"诏尚书令杨素、纳言杨达、将作大匠宇文恺营建东京,徙豫州郭下居人以实之"。作为负责人中唯一的建筑规划专业人员,宇文恺实际上是洛阳城的主要营造者。

隋大业二年(公元606年)春正月辛酉,洛阳城建成,其营建过程前后仅历经十个月,是九个月建成大兴城之后,又一座在短时间内经周密规划、设计、建造而成的大型城市。施工过程中,每月役使200万人,至于耗费之物力、财力更是惊人。

到了唐朝,从太宗李世民开始,便着手恢复洛阳的政治地位,李世民下令重修了隋代的洛阳宫。到显庆二年(公元657年),高宗李治重设洛阳为"东都",正式赋予洛阳以国家政治副中心的陪都地位。弘道元年(公元683年),高宗崩于洛阳贞观殿,在最后的岁月里他十分想念都城长安以及母亲灵魂的寓所大慈恩寺,然而他终未能如愿。武则天代唐自立后,洛阳的政治地位又一次被提升,她将其易名为"神都"。此后在武则天掌权期间,除了长安元年(公元701年)十月至长安三年(公元703年)十月住在长安外,一直居住在洛阳。

武则天按照天上七个星座的位置在洛阳城中轴上修建了"七天"建筑,从南到北依次为:天阙(伊阙)、天街、天门(应天门)、天津(天津桥)、天枢、天宫(明堂,又叫万象神功)、天堂。一幅以"紫微垣(天宫)"为中心的天上三垣呈现在人间,洛阳的中轴建筑群是中国古代最华丽的都城中轴。

其中的天堂就是徐克导演的电影《狄仁杰之通天帝国》中的通

天浮屠的原型，作为武则天礼佛的宫中道场，天堂是一个神圣的佛教圣地，一共有五层，推测高度达 120 米，是洛阳历史上最高的建筑。这个建筑被造了 3 次。

天堂外部建筑刚完成不久，由于其体量巨大，被风摧毁。于是武则天命令他的面首薛怀义督造，重新建造，日役万人，采木江岭，数年之间，所费以万亿计，府藏为之耗竭。

公元 695 年正月，天堂第二次建成 8 天后，当时御医沈南得宠于武则天，薛怀义心生嫉恨，是夕，密烧天堂，延及明堂。大火照得京城洛阳如同白昼，到了天亮，天堂、明堂全部被焚烧殆尽。❸ 武则天知道天堂被烧的真相后，为了避讳，只说是在天堂里干活的工徒疏忽烧着麻布佛像，而延烧明堂。

当时全城臣民正值庆祝正月的元宵灯会，到处进行聚饮。宫城正殿及天堂被烧，非同小可，左拾遗刘承庆请求停止朝会和聚饮，以回答上天的谴责，秋官尚书（刑部尚书）、宰相姚璹（shú）则说："从前东周的都城成周城宣榭失火，占卜的结果是朝代更加兴盛；汉武帝时柏梁台失火后再造建章宫，盛德更加久远。现在明堂只是发布政令的场所，并不是宗庙，不应自我贬抑。"于是武则天登上皇城正门端门，像平时一样观看臣民会饮，并命令重新建造明堂、天堂，仍然任命薛怀义主持建造。

第三次建成后的天堂是洛阳城中最高的建筑，《资治通鉴》记载："于明堂北起天堂五级，以贮大（佛）像，至三级则俯视明堂

---

❸ 《旧唐书·卷二二·志第二》载："时则天又于明堂后造天堂，以安佛像，高百余尺。始起建构，为大风振倒。俄又重营，其功未毕。证圣元年正月丙申夜，佛堂灾，延烧明堂，至曙，二堂并尽。"

第七章 骑鹤下扬州

矣。"天堂数百尺高,共五层,到第三层的时候已经可以俯视高近 90 米的明堂了,在洛阳城外百余里,都可以与之遥遥相望,由此可见这个建筑的宏伟与壮丽。

武周时代,东都洛阳城规模宏大,整座城池由皇城、宫城、郭城等几部分组成。"洛水贯都,有河汉之象",城内街道纵横,有 103 个里坊,3 个商贸市场,其中最庞大的是南市,据清代徐松《唐两京城坊考》考证:"(洛阳南市)东西南北居二坊之地,其内一百二十行,三千余肆,四壁有四百余店,货贿山积。"洛河从城中穿城而过,成为皇城和坊市的天然分界线,洛河之北为政治中心,洛河之南为商业和居民居住区。

当时洛阳的宫殿群——洛阳宫和万象神宫(明堂)是历史上最华美的宫殿群之一:高宗在洛阳时行政的上阳宫四面彼临洛水、谷水、皇家禁苑和宫城,其正门正殿皆东向,临洛水做横亘一里长的长廊,并做虹桥跨洛水与西上阳宫相连;宿羽宫和高山宫亦辉煌壮丽,承高临深,有眺望之美。因宫室过于壮丽,其建造者司农卿韦弘机被当时担任侍御史的狄仁杰弹劾"诱导皇帝弃俭从奢",获罪丢官。在安史之乱中,万象神宫(明堂)被叛军和回纥兵两次焚烧,于公元 762 年被彻底损毁。

公元 794 年日本将首都迁到位于山城国的平安京(京都市),自此开启了平安时代,也开始了京都作为日本首都的历史。平安京的营造效仿了唐代的京师长安和陪都洛阳,进行了市坊制规划。以朱雀大路为中心,平安京分为右京(又称"长安")和左京(又称"洛阳")。在日本明治维新之前,战国时代的日本大名带兵朝见将军与天皇,以表明其地位的行动被称为"上洛",京都府内至今仍随处可见诸如"洛东"、"洛西"、"洛南"、"洛北"之类的地名。

在中国，时至今日，唐代的"神都"洛阳已经烟消云散，南市在市井的犄角旮旯已经无迹可寻，从洛阳王城广场东市百货大楼的名字里依稀还可寻东市的印痕，至于那些琼楼、玉宇和宫殿则只能站在隋唐遗址公园上想象了。

在"三京"之外，唐代的城市"扬一益二"，也就是说扬州第一，益州（成都）第二。扬州，便是隋代著名的江都，隋炀帝未登基之前曾经担任扬州总管，登基后三次乘龙舟南下江都，直至最终在扬州死亡。

唐人熟悉的扬州还有另外一个名字：广陵，因为李白《送孟浩然之广陵》一诗："故人西辞黄鹤楼，烟花三月下扬州。孤帆远影碧空尽，唯见长江天际流。"广陵和扬州的名字被后人所熟知。

如果说宋以后江南的代表是苏杭，那么在唐代，江南的代名词便是扬州。

公元743年，唐玄宗李隆基和杨玉环的时代，扬州僧鉴真应日僧邀请第一次东渡，为风浪所阻。这一年，在今天西安东郊长乐坡下的浐水之上，兴建了一座人工湖，时名广运潭，这个湖其实就是一个货物转运潭。

唐朝人喜欢说的一句俗谚叫做"南舟北马"，但是在这一年，以马代步的长安人被眼前的景象惊呆了：他们看到来自全国各地的船只都汇集在了这个转运潭里，船上满载着税物和各地被指派向朝廷进献的土贡——来自北方的红毡鞍鞯；来自南方的略带酸涩的红橘；来自东北的用粉红色丝绸作为缘饰的毛织物以及来自西域的深红色的绛矾。所有的货物都被换装到了小斛底船上，《旧唐书》中记载："驾船人皆大笠子、宽袖衫、芒履，如吴、楚之制。"

李隆基和杨玉环亲自参加了广运潭的开潭仪式，陕县尉崔志甫

第七章 骑鹤下扬州

为了邀功,命妇女大唱"潭里船车闹,扬州铜器多"。铜器是扬州的特产,而又以铜镜最为出色,为重要的贡品。《太平广记·卷231》引《异闻录·李守泰》一则故事说:"天宝三载五月十五日,扬州进水心镜一面,纵横九寸,青莹耀目。背有盘龙,长三尺四寸五分,势如生动。玄宗览而异之。"水心镜又名"江心镜",是唐代最讲究的镜品,据说为农历五月端午的午时于扬子江江心船上铸成,铸造之时,有神仙异人参与,镜背的龙纹则是真龙化身,可在大旱之年助云行雨。

扬州的特产毡帽在元和中兴的宪宗朝曾经名噪一时,当时尚为御史大夫的名相裴度主张对淮西用兵,遭到淮西藩镇的忌恨,派人行刺,但当时由于裴度戴着一顶扬州产的毡帽,"度赖帽子顶厚,经刀处,微伤如线数寸",从而幸免于难。❹ 李廓《长安少年行》诗中说,长安少年"刬(chǎn)戴扬州帽"成为一种时尚。

南朝梁人殷芸的《殷芸小说·吴蜀人》一文曾讲了这样一件事:"有客相从,各言所志:或愿为扬州刺史,或愿多资财,或愿骑鹤上升。其一人曰:'腰缠十万贯,骑鹤上扬州',欲兼三者。"说是有几位朋友谈论自己的志向,有人说想当扬州刺史,有人想有更多的钱,还有人想骑鹤飞到天堂,其中有一个人就说,我想腰缠十万贯,骑着鹤去扬州。到了唐宋时代,因为国都在运河及长江上游,顺江而下成了人们的习惯,这句话就变成"骑鹤下扬州"。

既然有如此多追寻"扬州梦"的人,那么,就有淘金成功者。大历、贞元年间,扬州有一个叫俞大娘的女商人,他的航船是最大

---

❹ 此典故出自《太平广记·裴度》。

的,船上操驾之工数百人,以至于船工养生送死嫁娶悉在其间。唐人李肇的《国史补》卷中说了一个故事:扬州有个姓王的商人,人们把他叫王四舅,王老板家大业大,在商人中非常有名望,然而此人异常低调。扬州富商大贾如若谁得王四舅一字,便悉奔走之,高兴不已。

《太平广记·卷十七》"卢李二生"条还记载了扬州一位隐豪卢二舅的故事。有卢、李二人原来一同隐居在太白山读书修行,卢生外号叫"二舅",李生弃文从商,经营一片橘子园,地方官吏经常过来吃拿卡要,导致李生没赚到钱,反而还欠下官钱数万贯,贫困不得东归。有一年李生偶过扬州阿使桥,再次遇到了卢生,就将自己遭遇的艰难告诉昔日老友。卢问李欠官钱多少,李回答:"二万贯。"卢二话没说,顺手递给对方一根拐杖说道:"将此于波斯店取钱。"李生将信将疑地来到波斯商人开的店,递上拐杖后,胡商一看吃惊不小:"这是卢二舅拄杖,何以得之?"李生自然是一五一十地说明原委。店家不再言语,径直将二万贯钱给了李生。

从王四舅、卢二舅这两个故事可以看出,唐人非常注重"舅甥关系",称呼商人为"舅"是一种当时很尊敬的称谓,如同今日我们称呼张总、李董一样。

鉴真渡海去日本近百年后,日僧圆仁于唐文宗开成三年(公元838年)七月抵扬州,是年在扬州度岁,也就是过年,他撰写的《入唐求法巡礼行记》中见到的扬州是:"江中充满大舫船、积芦船、小船等,不可胜计。"临到快过年的腊月二十九:"廿九日,幕际,道俗共烧纸钱。俗家后夜烧竹,与爆声,道'万岁'。街店之内,百种饭食,异常弥满。"当时扬州的唐人在腊月二十九的夜晚烧纸钱祭祀,并且在后半夜开始燃放爆竹,在爆竹声里高喊"万岁"庆祝;

第七章 骑鹤下扬州

扬州的街道上酒楼、饭馆林立,比起鉴真东渡时,更加浮华昌盛。

到了上元节,圆仁又见到了不同于日本的一面:"(正月)十四日,立春。市人作莺卖之。人买玩之。十五日,夜,东西街中,人宅燃灯,与本国年尽晦夜不殊矣。寺里燃灯,供养佛。"正月十四正赶上立春,扬州城内有人在街市上卖黄鹂鸟,正月十五的晚上,家家户户都点燃灯火,寺庙里也点燃灯火供养佛像,而当时日本没有如此热闹、光明,这令圆仁大为感慨。

圆仁来扬州的时候,恰好是诗人杜牧离开扬州五年后。五年前的公元835年,杜牧离开扬州赴长安任监察御史,临别时他给心爱的扬州妓女写了一首《赠别》:"娉娉袅袅十三余,豆蔻梢头二月初。春风十里扬州路,卷上珠帘总不如。"1300年后,作家冯唐借用此句写了"春水初生,春林初盛,春风十里,不如你"。"春风十里不如你"由此成为了网络名句。

10年后,杜牧在黄州刺史任上,想起了扬州岁月,作了一首《遣怀》:"落魄江南载酒行,楚腰肠断掌中轻。十年一觉扬州梦,赢得青楼薄幸名。"

《太平广记》曾经有记载,杜牧在扬州时候,公务之余纵情宴游娱乐。当时"扬州胜地也,每重城向夕,倡楼之上,常有绛纱灯万数,辉罗耀烈空中。九里三十步街中,珠翠填咽,邈若仙境"。扬州乃旅游胜地,城内每到夜晚,青楼之上常有上万只红纱灯悬挂起来,灿烂辉煌,照彻夜空,九里三十步的长街上,熙来攘往着顶珠戴翠的人群,远远望去,犹如仙境一般。

唐玄宗天宝六载的时候(公元747年),扬州人口达47万,仅阿拉伯商人就有5000多人。来这里学取真经和汉文化的日本遣唐僧人和留学生络绎不绝。清末以后,漕运不经运河,扬州也就逐渐衰落下来。到了抗日战争前，扬州人口12万，只有唐朝繁荣时的四分之一。

唐宣宗大中九年（公元855年），唐朝诗人卢求在《成都记序》中对扬州、益州进行了比较："大凡今之推名镇为天下第一者，曰扬、益，以扬为首，盖声势也。人物繁盛，悉皆土著，江山之秀，罗锦之丽，管弦歌舞之多，伎巧百工之富，其人勇且让，其地腴以善熟，较其要妙，扬不足以侔其半。"卢求认为，尽管人们认为"扬一益二"，但是扬州更多的是繁华的声势，要论及罗锦、管弦歌舞和伎巧百工，还是成都强。

唐代成都的城市人口数量约为10万户，50万人，和扬州其实差不多。但是成都的造纸业、制瓷业跟织锦、漆器名闻全国。唐朝政府曾经做出规定，凡各种公文和重要图书一律以益州麻纸书写，蜀锦更是闻名全国，唐玄宗身穿的五彩蜀锦，被视为"异物"；安乐公主的单丝璧罗龙裙蜀锦"飘似云烟，灿如朝霞"。甚至这座城市也被唐人叫锦官城，把城边的江叫濯锦江。

天宝十四载（公元755年），安史之乱起，玄宗仓皇出走，到了宝鸡市扶风县，有人说贼军马上就来了，不跑来不及了，于是逃亡的士卒开始控制不住了，禁军统帅、龙武大将军陈玄礼想制止一下，结果士卒已经对他出言不逊了。玄宗非常担心，恰好此时"成都贡春彩十余万匹，至扶风，上命悉陈之于庭"。成都府进贡来了十万匹名为"春彩"的丝绸，玄宗让人把这些丝绸陈列在院子里，对将士们说："朕老来糊涂，所托非人，才导致逆贼叛乱。我知道大家仓促跟我逃亡，劳苦功高，我很惭愧。去成都的路险阻且漫长，而且我们人马众多，不一定能养活得了，各位可以自行还家，我和我的儿孙还有宦官自行前往成都就足够了。院子里的春彩大家都分了，就当是酬劳。如果你们回到长安，告诉长安的父老乡亲，我想念他们。大家各安其命吧。"说完"泣下沾襟"。众将士皆哭，说："臣等死生从陛下，不敢有贰！"尽管玄宗说成都不一定养活得了我们这么些人马，但是院子里的十万匹"春彩"明白无误地告诉将士们，成都是个好地方。此欲擒故纵之法，和三国时曹操的"望梅止渴"有异曲同工之妙。❺

《大唐新语》则记载了这么一件事："益州每岁进柑子，皆以纸裹之。他时长吏嫌纸不敬，代以绸布。既而恐柑子为布所损，每怀忧惧。俄有御史甘子布使于蜀，驿使驰白长吏：'有御史甘子布至。'长吏以为推布裹柑子事，惧曰：'果为所推！'及子布到驿，长吏但叙以布裹柑子为敬。子布初不之知，久而方悟。闻者莫不大笑。"说是成都的柑子是皇家贡品，每年进贡的时候都拿纸包裹，存放贡柑驿站的官吏认为拿纸包东西对圣贤不敬，于是换成绸布，但是他又担心柑子被绸布损坏，所以经常很担心。恰好那个时候，御史甘子布出使成都，驿站人员告诉官吏："御史甘子布来了。"官吏以为御史因为柑子的布有问题来查他了，吓得瑟瑟发抖。这则故事其实透露出来两个信息：一是成都彼时的柑橘已经非常著名，二是

---

❺ 《资治通鉴·唐肃宗至德元年》载："士卒潜怀去就，往往流言不逊，陈玄礼不能制，上（玄宗）患之。会成都贡春彩十余万匹，至扶风，上命悉陈之于庭，召将士入，临轩谕之曰：'朕比来衰耄，托任失人，致逆胡乱常，须远避其锋。知卿等皆苍猝从朕，不得别父母妻子，茇涉至此，劳苦至矣，朕甚愧之。蜀路阻长，郡县褊小，人马众多，或不能供，今听卿等各还家；朕独与子、孙、中官前行入蜀，亦足自达。今日与卿等诀别，可共分此彩以备资粮。若归，见父母及长安父老，为朕致意，各好自爱也！'因泣下沾襟。众皆哭，曰：'臣等死生从陛下，不敢有贰！'"

成都的丝织产业非常发达，官吏能用绸布替代纸张，证明丝织品的产量和价格都足以充当替代品。

作为唐帝国最大的手工业城市，成都有南市、东市、西市著名的"三市"。到了僖宗时期，剑南西川节度使崔安潜又创置新北市，尽管"坊市"是唐代城市的基本形式，但是一个城市有四个市，也是非常罕见的，长安也不过只有东西两市而已。

除了常设的市，成都每年还有各种定期举行的集市，卢求在《成都记·月市》中记载，成都每个月都有主题性的集市，热闹非凡："正月灯市，二月花市，三月蚕市，四月锦市，五月扇市，六月香市，七月七宝市，八月桂市，九月药市，十月酒市，十一月梅市，十二月桃符市。"

七月的"七宝市"是唐时最值得一去的集市。"七宝"本是佛教用语，所指即是金、银、琉璃、玛瑙等宝货，引申其义，凡是以各种珍宝装饰的器物，也就多以"七宝"为名。所以，成都的"七宝市"，就是奇珍异宝、锦绮珍玩和其他高级手工业制品的贸易集市。

今天游客们去成都必去锦里，那个时候的锦里已经是繁华异常，晚唐五代词人韦庄有《怨王孙》："锦里，蚕市，满街珠翠，千万红妆。玉蝉金雀，宝髻花簇鸣珰，绣衣长。日斜归去人难见，青楼远，队队行云散。不知今夜，何处深锁兰房，隔仙乡。"

成都手工业的发达，以至于手工匠都成了南诏和唐帝国争夺的重点战略资源。唐文宗大和三年（公元829年）起，南诏三次攻入成都，仅829年一次南诏占领了成都外城，退兵的那一天，"将还，乃掠子女工技数万引而南"，强迫成都各种技术工匠全家南迁，人数达数万人。两年后，李德裕任西川节度使，要求南诏放回被掳的成都工匠，南诏人放回了4000人。

第七章

除扬州和益州之外,唐帝国最有名的地方城市就是沿海的港口城市广州和明州(宁波)。

和扬州是中日交通的主要港口不同,广州被称为"通海夷道",主要对波斯、阿拉伯等西亚国家进行海洋贸易。薛爱华(Edward Hetzel Schafer)在其名著《撒马尔罕的金桃——唐朝的舶来品研究》中这样描述这些海客在广州的生活贸易情形:"那些皮肤黝黑的外国人在广州出售他们带来的、气味芬芳的热带木材和几乎近于神奇的药材,求购大捆的丝绸、成箱的瓷器和奴隶。他们从事的贸易活动使那些甘愿放弃北方的舒适生活,来到南方经商营利的商人发了大财,同时也使广州城和岭南道的统治者得以具有了超乎寻常的崇高地位……"

李肇《唐国史补·卷下》记载:"南海舶外国船也,每岁至安南、广州。师子国舶最大,梯而上下数丈,皆积宝货。至则本道奏报,郡邑为之喧阗。有蕃长为主领,市舶使籍其名物,纳舶脚,禁珍异,蕃商有以欺诈入牢狱者。舶发之后,海路必养白鸽为信。舶没,则鸽虽数千里,亦能归也。"彼时,在南中国海航行的外国商贸船,每年都会来安南都护府和广州,其中师子国(斯里兰卡)的船最大,船上的楼梯就有数丈长。市舶使就是唐代的海关,所谓"籍名物",又称"阅货",就是检查进口舶来品的门类和数量,以便"纳舶脚"即征收国境关税(通常是十分抽一)。至于"禁珍异",则是对名贵物品实行"禁榷",禁止私商插手,全归官方专卖。而且这些远航的海客,在当时已经开始使用驯养的信鸽来传递信息。

为了模拟验证唐代"广州通海夷道"利用季风及海流的航海术航行到广州的远洋航线,1980年,西亚的阿曼苏丹国政府决定再造古船,重走阿曼著名航海家艾布·阿比达曾于8世纪中叶乘船来广州的路线。这艘名为"苏哈尔号"的木船完全按照古代技艺制作:长22米,高3米,不用一根铁钉,船板用椰棕搓成的绳子连接起来,缝隙间涂以树胶以防渗透。全船不装近现代动力设备,全凭季风鼓帆行驶;也不配备科学仪器,而是借助于罗盘针、占星术等中世纪方法判断方位和航行。

"苏哈尔号"沿着阿拉伯史籍中记载的中阿之间由西向东的七个海:波斯海(今波斯湾和阿曼湾),拉尔海(阿拉伯海),哈尔肯德海(今孟加拉湾和安达曼海),克拉赫巴尔海(今马六甲海峡),军徒弄海或卡尔荡海(今暹罗湾南部及爪哇海北部),占婆海(今南海西部)和涨海(今南海东部),历时216天,航程约9800公里,于1981年7月2日顺利到达珠江口,并驶入广州港洲头咀码头。

和扬州一样,位于东海边的明州(宁波)也是日本遣唐使主要登岸港之一。唐朝政府规定,遣唐使到明州后,在此办理入京手续,需时数月至一年。日本学者木宫泰彦在《中日文化交流史》中统计,公元782—1191年间,中国商团由明州启程,来往于日本达百多次,平均三年往返一次。他们带去大量的丝绸、瓷器、经卷、佛像、书籍、药品出售,贩回砂金、水银和锡。

在遥远的西域,太宗贞观十四年(公元640年)唐朝平定高昌后,伊吾改置为伊州,高昌改置为西州,又以可汗浮图改置为庭州。由于大批唐军的进驻,还创立了安西四镇(龟兹、焉耆、于阗、疏勒)。以上三州、四镇构成了西域的小型商业城市群。其中规模最大的是西州,这里是高昌国的故城,《旧唐书·西戎传》载其辖地范围有"三郡、五县、二十二城,户八千、口三万七千"。而且西州

第七章 骑鹤下扬州

有大量诸如谷麦行、米面行、果子行、帛练行、照帛行、挡釜行、菜子行等的行市,有学者估算,当时在西州城,这样的"行"有四十余个。❻

在唐代城市发展的历程中,唐帝国承惠于隋王朝颇多,除了在都城上继承隋大兴城、洛阳城,大运河在唐代显现出了无与伦比的价值,漕运方面自不必说,南北士子通过大运河的科举流转巩固了帝国南北的紧密度。单就城市而言,大运河直接影响了一批城市的崛起,而这些城市则在唐以后的一千多年,深刻影响了中国的经济、政治和文化格局。

许多我们今天耳熟能详的城市都是因为运河而在唐代确立了其地位,比如汴州(开封)因为控制着通济渠的东段"汴河"到黄河的入口,是运河的一个关键点,控制它就可以截留漕运的财富。从而从隋末郑州所属的一个县一跃而成为联系南北漕运的枢纽,成为资用富饶的大都会。五代时期,梁、晋、汉、周四朝均定都开封,到了北宋,被称为开封府的汴梁,成为了世界上最繁华的都市。

杭州,作为运河最南端的城市,从唐初凤凰山麓的一个小县城,到了中唐,已经成为东南大都市,白居易在《卢元辅杭州刺史制》中说"江南列郡,余杭为大"。

唐代历任的杭州刺史似乎非常喜欢这座城市,唐玄宗开元十三年(公元 725 年),曾做过尚书左丞的杭州刺史袁仁敬则在西湖边遍植松树,到宋代时这里的松树已是"苍翠夹道,阴霭如云,日光穿漏,若碎金屑玉。人行其间衣裤尽绿"。这就是后世闻名的西

---

❻ 参见衡之:《唐代西州的市场经济》,载《西域研究》1997 年第 3 期。

湖九里松，可惜在清代毁于一旦。唐德宗建中二年至兴元元年（公元781—784年），杭州刺史李泌凿"六井"，引西湖水入城，解决了居民用水问题。唐穆宗长庆二年（公元822年）十月至四年（公元824年）五月，白居易任杭州刺史。白居易在任期间，对钱塘湖（今西湖）进行了大规模的整治，并且为之命名为西湖。白居易一生作诗3600多首，其中写西湖山水的诗就有200余首，为历代写西湖诗歌最多之人。

当时的杭州也已经初现后世的风采，白居易《重题别东楼》诗中有"春雨星攒寻蟹火，秋风霞飐弄涛旗"之句，并特别在此句下注释云："余杭风俗，每寒食雨后夜凉，家家持烛寻蟹，动盈万人。"

就城市规划而言，唐代的城市，是中国古代城市营造史上"坊市制"的高峰，也是其终点。

唐代坊市起始自西周时期的闾里制度，秦汉南北朝一直被沿用，其特点是在城市里严格区分商业贸易的"市"与居民住宅区"坊"，商品交易只能在市中进行，坊则是完全的居民区。"坊"和"市"都环以高墙，设有坊门与市门，各坊之间以街道相隔，由吏卒和市令管理，全城实行宵禁。这种状态有点像我们今天的小区，每个小区是一个独立的生活场所，前后门都有保安和物业管理。只不过唐代的坊规模大得多，除了住户，坊内还有寺庙、道观以及果园、菜园。当时，从京城到各地州县均按照坊市制度建设，坊的数量则因城市大小而设。

唐政府对城内公共卫生有严格的规定进行约束。针对沿街居民丢弃垃圾，《唐律》里有严格规定："其穿垣出秽污者，杖六十。出水者，勿论。主司不禁，与同罪。"也就是说，如果你把大小便倒在坊墙外，打六十大板，倒水则没关系；如果主管坊的官吏没有禁

第七章

止你乱倒垃圾,他也得打六十大板。对于喜欢养狗养宠物的人来说,《唐律》也有专项规定:"诸畜产及噬犬有抵蹋啮人,而标帜羁绊不如法,若狂犬不杀者,笞四十;以故杀伤人者,以过失论。若故放令杀伤人者,减斗杀伤一等。"如果有狗或动物踢你咬你,你制服它们不犯法,但是有狂犬病的狗如果你不杀掉,抽你四十鞭子。如果狗没管好,过失咬死咬伤人的,是过失犯罪。故意放狗咬伤人的,则按斗杀罪减一等处罚(故意犯罪)。

对于违建以及在城市绿化带种树种菜,《唐律》也有规定:"诸侵巷街阡陌者,杖七十;若种植垦食者,笞五十。各令复故。"违建打板子,乱种植物抽鞭子,挨打后,你还得把这些地方恢复原状。

城市的日常生活中,人们遇到最多的灾祸,可能就是车祸和火灾了。唐代虽然没有汽车,但是有牛车、马车,而且马作为当时官宦的"私家车"亦是非常普遍,于是《唐律》就规定了:"诸于城内街巷及人众中,无故走车马者笞五十,以故杀人者减斗杀伤一等。"在城市街道或人群中跑车、纵马的打五十鞭子,如果因车祸造成死亡的,在杀人罪基础上减少一等量刑。

1973 年,新疆吐鲁番阿斯塔那第 509 号墓出土了一份唐代宗时期纸本的《唐宝应元年(公元 762 年)六月康失芬行车伤人案卷》,记载了公元 762 年发生在高昌城的一场车祸。

两位八岁的粟特小朋友,男孩金儿和女孩想子在高昌南门玩耍,商人张游鹤的店铺就开在这里。一个叫康失芬的三十岁雇工正驾牛车把城里的土坯搬到城外,路过此处时,他的牛车把金儿和想子轧伤了。金儿伤势严重,腰部以下的骨头全部破碎,性命难保;想子腰骨损折。这起交通事故发生后,金儿的老爸史拂和想子的老爸曹没冒一致决定:打官司。

史拂向官府提交了起诉书，说明自己儿子被牛车轧伤的事实，要求官府予以处理："男金儿八岁在张游鹤店门前坐，乃被靳嗔奴家雇工康失芬将车辗损，腰已下骨并碎破，今见困重，恐性命不存，请处分。"然后是曹没冒提交起诉书，意思与史拂差不多。

随后，一个叫"舒"的官员（唐朝公文中官员署名的时候，只署名不写姓氏）接手了这个案子。他先是查问康失芬，第一次，康失芬承认他赶牛车轧人的事实无误；第二次，舒询问康失芬案情详情，康失芬回答说，牛车是他借来的，由于他对驾车的牛习性不熟悉，当牛奔跑的时候，他努力拉住，但"力所不逮"，终于酿成事故；第三次，舒问康失芬有什么打算，康失芬表示愿为伤者治疗，如果受伤的人不幸身死，再按法律来处罚自己。舒最后同意了康失芬的这个意见。❼

对于火灾，《唐律》的规定更加严格，纵火不但有罪，你把自己家烧了也不行。如果你自家因用火不慎而起火的，笞五十；火势蔓延，烧及他人舍宅及财物的，一般情况下杖八十；损失严重的，最高判一年半；因此而致人伤亡的，处罚更重，最高判三年。《唐律》还规定了人们遇到邻居火灾要及时报案，不报案的抽鞭子："遇私家失火，不告不救者，笞三十。"

唐代城市里也有派出所，京师长安就建有治安消防一体的组织"武候铺"，分布在各个城市和坊里。这种"武候铺"，大城门100人，大坊30人；小城门20人，小坊5人。

到了北宋，中国城市的人口和商业进一步发展，人们已经不满

---

❼ 参见唐长孺主编：《吐鲁番出土文书》，北京：文物出版社1996年版，图录本第4册。

足于只能在指定市场去消费和交易,而是希望把店铺开在坊内,进一步满足人们的消费欲望。于是坊市这种制度逐渐瓦解,其标志就是封闭式的坊墙被推翻,城市内的划分不再以坊为标志,而是以街道为标志,"街市"式的城市取代了"坊市"式的城市,在中国历史上存在了近2000年的里坊式城市消失。

第八章

伏愿娘子千秋万岁

千年的时间过去了
再轰烈的爱情也消散在了历史的车轮里
成了泛黄的书卷
今天的饮食男女
还会不会在寂寞的唐诗里
在写满爱情的传奇、小说和变文里
泛起千古的愁绪呢?
他们还会不会相信爱情呢?

1900年,敦煌莫高窟出土了一批唐代的协议离婚文书——《放妻书》。其中英、法藏10件,俄藏2件,共12件。

其中有一件是这么写的:

盖以伉俪情深,夫妻语义,△△怀合卺之欢,念同牢之乐。夫妻相对,恰似鸳鸯,双飞并栖,花颜共坐,两德之美,恩爱极重,二体一心。生则同床于寝间,死则同棺椁于地下。三载结缘,则夫妇相和;三年有怨,则来成仇隙。今已不和,想是前世怨家,反目成△,作为后代增嫉,业缘不遂,见此分离。聚会二亲,以△一别。所有物色书之。相隔之后,更选重官高职之夫,弄影庭前,美呈琴瑟合韵之态。△恐舍结,更莫相谈,千万永辞。布施欢喜,三年衣粮,便献柔仪。伏愿娘子千秋万岁。

时△年△月△日,乡百姓△甲放妻书一道。(△为缺失文字)❶

---

❶ 项楚:《敦煌变文选注》(全二册),北京:中华书局2006年版,敦煌卷子编号 S.6537。

第八章 伏愿娘子千秋万岁

从中可以看出,夫妻二人结婚后,前几年如胶似漆,后几年渐生怨隙,于是因"缘业不遂"也就是感情不和协议离婚。丈夫祝愿妻子离婚后能够再选一位良人出嫁,与自己"解怨舍结",不再有恩恩怨怨。最后丈夫"三年衣粮,便献柔仪",为妻子提供离异后三年的衣粮作为补偿和赡养,并祝愿妻子"千秋万岁"。

离婚的本身可能并不美好,夫妻双方一定经过了非常痛苦的抉择,然而在最后的离婚协议上,体现出的却是一种"若婚姻不能到头,愿彼此能温柔分手"的态度,比起今天的离婚协议中满篇冷冰冰的"财产及子女抚养"条款,更加能够让人感受到彼此珍重的味道。

今天,《中华人民共和国婚姻法》第六条规定的男女法定结婚年龄是:男方结婚年龄不得早于 22 周岁,女不得早于 20 周岁。在唐代,这个年纪要小得多。

唐初的贞观年间,唐太宗李世民为了增加人口,下发诏书让地方政府鼓励民间婚嫁,其中写道:"男年二十女年十五已上,及妻丧达制之后,孀居服纪已除,并须申以媒媾,令其好合。"❷ 这是唐初的法定结婚年纪:男方 20 以上,女方 15 以上,即可达到法定结婚年纪。

而且规定"妻丧"和"孀居"到期可以再婚,古人的社会生活礼法大都依据《礼记》,根据《礼记·丧服小记》,丈夫死,属于"斩衰(cuī)",妻子需要为丈夫服丧三年;妻子死,属于"齐衰(cuī)",丈夫需要为妻子服丧一年。为什么服丧时间不一样?因为

---

❷ 出自李世民《令有司劝勉民间嫁娶诏》,清嘉庆年间官修唐五代文章总集《全唐文》有收录。

由父系家族组成的中国古代社会,以父宗为重。

政府尽管劝勉民间嫁娶以增加人口,效果其实并不大好。到了开元二十二年(公元734年),唐玄宗李隆基发布诏令,把法定婚龄降低,女性的最低结婚年龄由十五岁降到十三岁,男性由二十岁降到十五岁。这么做的原因还是为了增加人口,据葛剑雄先生的《中国人口史》中所统计,开元二十二年,唐帝国有 7861236 户,45431256 口人,仅与隋炀帝统治时期持平。

唐代士族嫁女和今天有些地方索要天价彩礼是一模一样的。记录唐太宗在位时期政治得失的《贞观政要》就记载,贞观六年的时候,唐太宗和左仆射房玄龄讨论当下风气的时候,李世民就特别看不起士族的士大夫,因为他们:"每嫁女他族,必广索聘财,以多为贵,论数定约同于市贾,甚损风俗。"当时的士族嫁女的时候,索要聘礼多多益善,就如同市面上的商贾做生意一样。

唐高宗显庆四年(公元659年)十月的时候,高宗李治不得不通过诏书的形式,来强行规定士族彩礼的额度:"天下嫁女受财,三品以上之家,不得过绢三百匹;四品、五品不得过两百匹;六品、七品不得过一百匹;八品以下不得过五十匹。皆充所嫁女资装等用,其夫家不得受陪门之财产。"

到了唐宪宗元和年间(公元806—820年),士族嫁女的彩礼仍然居高不下。当时唐人蒋防有一篇著名的传奇《霍小玉传》,讲的是陇西书生李益和长安名妓霍小玉的爱情悲剧。霍小玉系霍王府庶出,沦为艺妓,与名门出身的新科进士李益相爱。小玉担心自己身

---

❸ 《唐会要·卷八十三·嫁娶》载:"(开元)二十二年二月敕。男年十五。女年十三以上。听婚嫁。"

第八章

份低微,不能与李益长相厮守,李益便以缣素写下永不相负之盟约:"引谕山河,指诚日月"。霍小玉遂和李益两年日夜相从,之后李益授郑县主簿,离别之时,李益赌咒发誓答应来娶她。

李益回家之后,其母已为他订下士族卢氏之女,李益害怕母亲的威严,知道自己必负霍小玉之盟,于是与霍小玉断绝书信往来。霍小玉日夜盼望,多方打探李益消息,资财用尽,变卖妆奁:"怀忧抱恨,终岁有余,羸弱空闺,遂成沉疾。"最终一位长安的黄衫壮士被霍小玉的故事感动,挟持李益到霍小玉家,霍小玉历数自己的不幸和对方的负心,长恸数声死去。后李益因霍小玉冤魂作祟,三娶皆不谐,终生不得安宁。

李益的母亲为李益订下婚事的卢氏家族,就是李世民看不起的那种士族:"嫁女于他门,聘财必以百万为约,不满此数,义在不行。"李益为了娶卢氏女"事须求贷",要去贷款下聘礼才能成功。

士族是这样一种风气,民间自然而然受到了影响。诗人元稹的《代九九》就讲了一个叫代九九的女子:"阿母怜金重,亲兄要马骑。把将娇小女,嫁与冶游儿。"她的母亲爱财,亲兄长想要骑马,就把她嫁给了一个出得起财资的浪荡子,这基本就是卖女儿了。

还有人因为结婚了而嫌弃丈夫家贫而反悔的。《太平广记·杂录》记载了这么一件事:颜真卿在江西抚州做刺史的时候,有个秀才杨志坚非常好学,但是家境贫寒,他的妻子以"资给不充"向他索要休书离婚。杨志坚写了一首诗给妻子:"当年立志早从师,今日翻成鬓有丝。落托自知求事晚,蹉跎甘道出身迟。金钗任意撩新发,鸾镜从他别画眉。此去便同行路客,相逢即是下山时。"意思是说他痴迷读书,有所成的时候才发现已经鬓有白发,之所以家境

唐 · 螺钿梳背

馆藏：美国大都会艺术博物馆
（Metropolitan Museum of Art）
尺寸：10.2 厘米

在唐代，女性佩戴装饰性的梳子作为她们发式的一部分是一种时尚。这把螺钿梳子由黄金、白银、玉石和珍珠母等珍贵材料制成，并饰有流行的装饰图案。所谓螺钿，是指用螺壳与夜光贝磨制成薄片，镶嵌在器物表面，是唐代的瑰宝工艺。

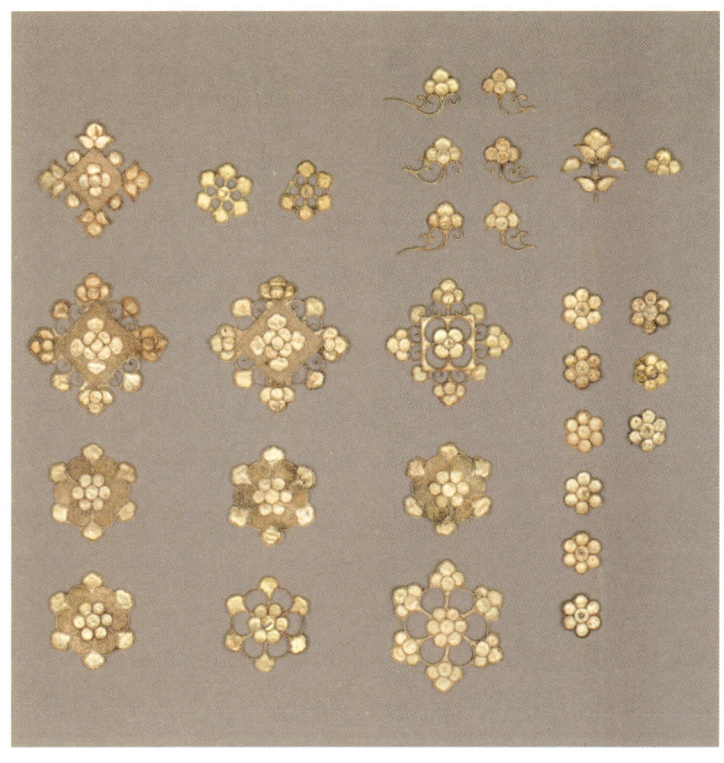

唐·玫瑰花金首饰残片

馆藏： 美国大都会艺术博物馆
（Metropolitan Museum of Art）

尺寸： 最大尺寸：2.9×2.9厘米

唐代女性首饰中，以簪、钗、玉梳背、步摇、钿为最常见。这组罕见的玫瑰花金首饰残片，可能是花钗或金步摇的部件。在唐代，玫瑰花已经逐步成为情诗中的意象。晚唐温庭筠《织锦词》就有："锦中百结皆同心，蕊乱云盘相间深。此意欲传传不得，玫瑰作柱朱弦琴。"

贫寒，是因为年轻时没有去求功名，希望妻子考虑一下他们这些年的不容易，如果妻子这次离他而去再嫁，以后两人便形同陌路了。

可是杨志坚的妻子去意已决，于是拿上这首诗，到官府请求离婚再嫁，颜真卿说她"愚妻睹其不遇，曾不少留"，认为杨志坚的妻子因为丈夫没有中举发达而嫌贫爱富，是"污辱乡闾，伤风败俗"的事情，虽然准其改嫁，但判处打她二十板。同时，杨志坚"饷粟帛，仍署随军"，让杨志坚留在官署做了幕僚，还将此事公之于众。此后数十年间，江右之地不敢再有休夫的妻子了。杨志坚这首《送妻》后来被收入到《全唐诗》，他自己更成为了"临川八大家"之一，同时流传千古的还有颜真卿的判词《按杨志坚妻求别适判》。

尽管唐人结婚的年纪很小，有一类人却和今天的大龄青年一样晚婚晚育，那就是唐代要考取功名的士子。为了专心科考，很多唐代读书人结婚都很晚。唐代轶事小说集《唐摭言·慈恩寺题名游赏赋咏杂纪》就记载："（进士发榜）其日，公卿家倾城纵观于此，有若中东床之选者，十八九钿车珠鞍，栉比而至。"说的是进士放榜的那天，满城的富贵人家都来相亲，有看中的进士，豪车、宝马一起往跟前涌，这说明相当多的进士都是未婚的。

与此相对应的是唐代的著名诗人晚婚的就很多，他们当然也是追逐功名而晚婚的，比如唐玄宗开元十年（公元722年），35岁的王之涣与渤海李氏结婚，李氏是冀州衡山县令李涤的第三个女儿。开元十五年（公元727年），27岁的李白与前宰相许圉师的孙女结婚，安家于湖北安陆。开元二十九年（公元741年），30岁的杜甫结婚，新娘是当时司农少卿杨怡的女儿，杜甫一生颠沛流离，杨氏始终与他相濡以沫。唐宪宗元和三年（公元808年），36岁的白居易与小他12岁的杨氏结婚，杨氏是其好友杨虞卿的堂妹。唐武宗会昌六年（公元846年），35岁在秘书省任正字❹的李商隐终于有了儿子李衮师，可见其结婚也是极晚的。

唐人在婚礼礼仪上亦是按照《礼记》来进行，《礼记》第四十四篇《昏义》就是讲结婚礼仪的。之所以叫"昏义"，是因为古人举行婚礼都是在傍晚黄昏时分，所以婚姻的"婚"字就来源于此。汉代的词典《说文》就说："婚，妇家也。礼，娶妇以昏时。"今天，如果我们拿秦岭—淮河做个简单分界线，会发现大多数北方人的习俗是中午办婚宴，而南方人则习惯在晚上办婚宴，可以看出，南方人在婚礼时间的选择上更接近古人。

《昏义》规定了古代的婚姻礼仪——六礼。指从议婚至完婚过程中的六种礼节，即纳采、问名、纳吉、纳征、请期、亲迎。

这六种礼节并不是记在书上就完事了，而是古人在日常生活中正儿八经使用的礼仪规范，唐人概莫能外，唐代皇帝如果娶皇后亦是按照这样的流程，只不过中间还有一些祈祷和告天地、告祖宗的仪式。唐高祖李渊武德年间编撰的类书《艺文类聚》就对这六种礼仪做过解释："纳采，始相与言语采择可否之时。问名，谓问女名将归卜之也。纳吉，谓归卜吉，往告之也。纳征，用束帛，征成也。请期，请吉日将迎，亲谓成礼也。"

儒家三礼的另一本《仪礼·士昏义》则对六礼的过程讲得非常详细。❺

---

❹ 正字，正九品下官职，掌管校勘典籍之事，属于三省之一的秘书省。

❺ 儒家三礼中，《周礼》记录周王朝及各诸侯国官制及制度，《仪礼》记载先秦各种典礼的规范，《礼记》则是属于《仪礼》的注疏，用来详解具体礼仪。

纳采就是男方要与女方结亲,要请媒人往女方提亲,得到应允后,再请媒妁正式向女家纳"采择之礼",就是送订婚礼物,大多是一些有象征意义的物品,其中最重要的是——大雁。大雁一般都是一夫一妻,向来是从一而终。不论是雌雁死或是雄雁亡,剩下落单的一只孤雁,到死也不会再找别的伴侣。在古人心中,大雁就是爱情的象征。需要说明的是,六礼中,除了彩礼之外,每个环节都要送大雁,后面环节就不再一一提及送大雁,否则要讲五次送大雁。

大雁之外还有一些有代表意义的物品,段成式的《酉阳杂俎·礼异》就说:"婚礼,纳采有合欢、嘉禾、阿胶、九子蒲、朱苇、双石、棉絮、长命缕、干漆。九事皆有词:胶漆取其固;棉絮取其调柔;蒲苇为心,可屈可伸也;嘉禾,分福也;双石,义在两固也。"九种物品里,合欢是指合欢铃,取其音声和谐以象征夫妇和睦;嘉禾就是多穗的稻子,代表富足;阿胶和干漆代表如胶似漆;九子蒲,表示多子多孙;朱苇就是蒲苇,可以做枕芯,取其可屈可伸之意;棉絮代表婚姻和顺;长命缕代表长寿。

"双石"遍查资料不知道为何物,不大可能是两块石头,或许是石质的工艺品,有学者说代表夫妻关系牢固,但其实前面的阿胶和干漆已经"取其固",双石"义在两固"应是表示结亲的两家人以后的姻亲关系稳固不破。

问名就是男方遣媒人到女家询问女方姓名,生辰八字,取回庚帖后,卜吉合八字。纳吉就是男方问名、合八字后,将卜婚的吉兆通知女方,因为都已经订婚了,纳吉一般而言都是吉兆,走个过场而已。

此后就要纳征,就是上文提到的让人深恶痛绝的彩礼。实际上

唐·莲花对鸟衔枝纹锦

馆藏：美国大都会艺术博物馆
（Metropolitan Museum of Art）

尺寸：31.1 厘米 × 30.8 厘米

唐人喜欢在丝织品上织上各种禽鸟纹，形色美艳的织品上禽鸟姿态生动，与花卉、璎珞、绶带组合在一起，有一种华丽天成的美感，对后世的中国传统纹样造型有着深远的影响。

不止唐代，东汉就已经很浮夸了，《通典》"公侯大夫士婚礼"条记载，东汉时的官宦士族聘礼物有三十种，每个都有谒文（类似祈祷诗）和赞文（类似赞美诗）各一首。全部封好裱好，用皂帔盖在箱子里，到了唐代，彩礼更多是钱帛，也就是金钱和丝绸。

送完彩礼就要请期，也就是挑日子了。最后亲迎，也就是迎亲。如此这般走完六个步骤，才算把婚结完，这六个步骤又不是一天进行完的，中间请人商议、占卜、准备礼物、准备婚礼不知道要费多少时日。今天的饮食男女婚礼举办一天就觉得结婚好累，如果放在古代，或许要心塞一年半载。

唐人结婚穿什么礼服呢？《新唐书·志第十四》"车服"条记载的很详细，全部都要按规格来，新郎的礼服："三品以上有公爵者，嫡子之婚，假絺（chī）冕。五品以上子孙，九品以上子，爵弁。庶人婚，假绛公服。"有官身的人家，男子结婚的时候可以假借穿父亲有品级的官服，老百姓结婚的时候，新郎则可以假借穿绛色公服，就是官员暗红色的朝服（和官服不同，无等级色），为方心曲领衣，但是腰间皮带是假带，鞋履为黑色。我们后世把新郎叫"新郎官"就是源自新郎在成婚这日可以假借官服穿。

新娘的礼服一样有规格："大袖连裳者，六品以下妻，九品以上女嫁服也。青质，素纱中单，蔽膝、大带、革带、韈（wà）、履同裳色，花钗，覆笄，两博鬓，以金银杂宝饰之。庶人女嫁有花钗，以金银琉璃涂饰之。连裳，青质，青衣，革带、韈、履同裳色。"可以看出，唐人女子礼服，特别重视发型和头饰，老百姓家的新娘穿青色的大袖连裳，也就是上身披一件大袖纱罗衫，里面穿裙、衫（襦），花钗也就是发簪，可以用金、银、琉璃来装饰。

可以想见，唐代的婚礼，男着红，女着青绿，红配绿，非常

唐·镶嵌玉饰（五件）

馆藏：美国大都会艺术博物馆
（Metropolitan Museum of Art）

这件玉饰是由玉、青铜和绿松石构成，是一件唐代女性的腰饰——腰间佩戴的挂饰。在唐代，女性经常佩戴的腰饰是玉佩和香囊，唐孙光宪《遐方怨》词即称："红绶带，锦香囊，为表花前意，殷勤赠玉郎。"

鲜艳。反而到了今天,"红配绿,赛狗屁。"在很多人心目当中,红配绿就是丑、土、不懂审美的代表,历史的变迁,还真是让人感慨。

唐代的婚礼则非常具有仪式感。关于皇室以及公卿士族的婚礼,《大唐开元礼》《唐会要》都有很多详细的礼制记述,我们只讲一下唐代平民的婚礼。段成式《酉阳杂俎》前集卷一和续集卷四各有记述,我们把其综合一下,即可一窥唐代平民的婚礼现场。

在举行婚礼前,女方家里要派人到男方家布置新房,展示女方陪送的嫁妆,称之为"铺房"。《酉阳杂俎·续集卷四·贬误》记载:"至于奠雁曰鹅,税缨曰合髻,见烛举乐,铺母卺童,其礼太紊,杂求诸野。"铺母就是女方专门请的负责布置婚房的专业人员。卺(jǐn)就是做瓢的苦葫芦,古人喝交杯酒叫"合卺",就是把一个葫芦剖成两个瓢,用彩线把两个葫芦柄连起来,新郎新娘各拿一个饮酒。卺童就是结婚当天为新婚夫妇奉酒的一对男童。

新郎迎亲的队伍到了新娘家之后,和今天"堵门"的习俗一样,唐代的娘家人也要为难一下新郎,不过跟今天新郎塞红包讨好伴娘让开门不一样,唐人把堵门唤做"催妆",就是新郎或傧相(伴郎)高声朗读催妆诗,催促新娘出来乘车去新郎家完婚。催妆以诗,可见大唐诗歌之盛,生活之雅。

《全唐诗》里就收有很多催妆诗,皇家嫁女亦要赋催妆诗,《唐诗纪事》载,唐顺宗女儿云安公主出嫁的时候,因为顺宗已经去世,所以是宪宗皇帝为妹妹出嫁,中唐诗人陆畅就是伴郎,皇帝也要催妆诗的,于是陆畅就奉诏作了两首题名为《奉诏作催妆五言》的诗,其中第二首写道:"催铺百子帐,待障七香车;借问妆成未?东方欲晓霞。"虽然是公主,该催还要催。

第八章

读完催妆诗,新娘就要准备登车出嫁了,和今天一样,这时候,新郎和伴郎团就要高声喊了:"新娘子出来!"《酉阳杂俎·卷一·礼异》记载:"迎妇,夫家领百馀人或十数人,随其奢俭挟车,俱呼'新妇子,催出来',至新妇登车乃止。"

新娘子坐的车叫"障车",为马车,有帷幕,是女方所准备的。唐人有"反马"的风俗,今天我们称之为"过门",就是新郎新娘回娘家。唐朝经学家、孔子的第31世孙孔颖达在《春秋左传正义》中说:"礼,送女适于夫氏,留其所送之马,谦不敢自安于夫,若被出弃,则将乘之以归,故留之也。至三月庙见,夫妇之情既固,则夫家遣使反其所留之马,以示与之偕老,不复归也。"意思是结完婚后,婚车的马匹留在新郎家,如果出了状况,比如被休妻,新娘可以乘马车回娘家去;如果三个月后,夫妻双方过得很好,那么男方就要把马送回去,表示自己和妻子会白头偕老,妻子用不着乘马车回娘家了。

《酉阳杂俎》说:"女将上车,以蔽膝覆面。"新娘上婚车前,先以蔽膝蒙脸,蔽膝就是衣服下垂的一条装饰品,有点像围裙。而且"妇上车,婿骑而环车三匝"。新郎骑马绕车三圈。娶亲的障车在往男方家走的时候,唐人争相围观,还要问结婚的人要酒食财物,和我们今天结婚的时候要喜糖、要红包是一样的。

新娘子下车进夫家门之前,"当迎妇,以粟三升填臼,席一枚以覆井,枲三斤以塞窗,箭三只置户上。"夫家要在舂(chōng)米的石臼里填三升粟米,井口盖上席,窗子塞三斤麻线,门上放三支箭。由此我们可以看出,"三"这个数字对唐人非常重要,东汉许慎在《说文》里讲:"三,天地人之道也。从三数。"《易经》里,三者阳德,所以我们有个吉祥成语叫"三阳开泰"。

新娘进门的时候有一个"坐鞍"的仪式。《西阳杂俎》记载，今士大夫家婚礼，"新妇乘鞍，悉北朝余风也"。"鞍"取自谐音"安"，寓意平安。今天，我们一些地方结婚，新娘进门有跨火盆的习俗，意思是去晦气，和唐人的举措其实意义是一样的。新娘进门后，公婆辈分以下的亲友，都要从侧门出去，再从正门进来，这叫"重蹈新娘足迹"，其实就是我们常说的"沾沾喜气"。

新娘进门之后，不是先拜见公婆，而是"又妇入门，先拜猪樴（zhí）及灶。"先拜拴猪的木桩和厨灶，表示新娘将来会成为家务能手，这其实也有祝愿富足的意思。

唐人的婚礼布置延续了北周和隋代的一些传统，拜堂以及婚礼当天的时候要住进屋外用青布幔搭建的"青庐"帐篷里："青布幔为屋，在门内外，谓之青庐，於此交拜。"在"青庐"内，夫妇对拜，然后共结镜纽，就是夫妻共同执绳穿过镜钮，表示"永结同心"，还要各剪一缕头发，用丝线扎结，置于锦囊，这就是我们常说的"结发夫妻"的意思。上面提到的卺童，就是奉喜酒的两个儿童会手里各捧一个五彩丝线连好的小瓢，斟上酒，富贵人家则用小金银盏代替，两人各饮半杯再予以交换。

我们今天经常会在新闻里看到，有的地方闹洞房闹得非常严重和下作，这个恶习唐代就很严重。因为段成式在《西阳杂俎》里把婚闹单独拿出来讲了一下，而且还举的是一个法律案例，说是："律有甲娶，乙丙共戏甲。旁有柜，比之为狱，举置柜中，复之。甲因气绝，论当鬼薪。"在甲的婚礼上，乙、丙两个人捉弄甲，将其举起来塞进柜子，笑称是关押囚犯，柜子盖得严严实实，甲因此窒息而死，乙、丙二人被判了鬼薪之刑。"鬼薪"就是给地方寺庙砍三年柴，作祭祀鬼神之用。今天看来，这个刑罚太轻了。

第八章

唐人习俗里，拜会舅姑，也就是拜见公公婆婆是在婚后次日，"女嫁之明日，其家作黍臛（huò）。"新娘嫁过来第二天，夫家要做黄米肉羹。从此新妇就成为夫家的一员、公婆的儿媳了。所以这一仪式特别隆重，新妇见公婆后，还要依次见过婆家尊长和男女老幼一切亲属。新娘在此仪式中自然融入新家族，从而获得一种归属感和认同感。按照唐人风俗，多在春夏迎娶新妇，而腊月婚嫁，则有"腊月娶妇不见姑"的禁忌。

唐人婚礼的恶习不只闹洞房，新女婿带妻子回娘家的时候："婿拜阁日，妇家亲宾妇女毕集，各以杖打婿为戏乐，至有大委顿者。"唐人风俗里，新女婿去丈人家回访的时候，亲家的妇女们以拿棍子打新女婿为乐，"至有大委顿者"就是把人家打得起不来，我的天哪！

我们经常说，古代施行的是"一夫多妻制"，其实这个说法不准确，应该是"一夫一妻多妾制"，"妻"不仅仅是对妻子的称呼，还代表着法律地位。唐人亦不例外，男子有"正妻"，亦纳妾。

实际上，中国古代自西周时起就严格实行一夫一妻多妾制度，这种制度就在于法律只承认丈夫拥有一个合法妻子，而对于男子的娶妾，法律则没有限制，这就造成了我们印象中的"一夫多妻制"的感觉。实际上妻、妾在家庭中地位悬殊。唐律对妻、妾及婢女的地位做了明确的解释："妻者，齐也，秦晋为匹。妾通买卖，等数相悬。婢乃贱流，本非俦类。若以妻为妾，以婢为妻，违别议约，便亏夫妇之正道，黩人伦之彝则，颠倒冠履，紊乱礼经。"意思是，妻子是可以和你齐眉举案的，妾则是可以买卖的，至于婢女则是不入流的，这三者不可以紊乱，否则就是不符合"礼"。这就是唐人的妻妾观。今天，我们把两性婚姻里出现的第三者女性蔑称为"小三",除了婚姻伦理上的意义,其实还受了古代妻妾观的影响。

我们在前文及本章提及过数次唐律,和今天一样,唐代也会根据时间及社会的发展,进行法律的修订。唐代第一部法律是唐高祖时的《武德律》,由于唐初社会状况尚不完全明朗,《武德律》完全继承了隋代的《开皇律》。到了贞观年间,唐帝国的统治逐渐稳定,唐太宗命人用了10年时间在《武德律》基础上修订成了《贞观律》,为唐代的律法奠定了基础。此后高宗修《永徽律》,玄宗修《开元律》,这些法律都是在《贞观律》基础上因时制宜地对一些不适合当下的条款做调整。

然而,在中国法制历史上,最为重要的事情还不是修法,而是唐高宗李治时期对于法律的规范。

唐高宗永徽二年(公元651年),长孙无忌、李绩等在《贞观律》基础上修订成《永徽律》。鉴于当时帝国上下在审判中对法律条文理解不一,每年科举考试中明法科考试也无统一的标准,唐高宗在永徽三年下令召集律学大家和重要臣僚对《永徽律》逐条逐句进行解释,历时一年,撰《律疏》30卷,与《永徽律》合编在一起,于永徽四年十月(公元653年)经高宗批准,将疏议分附于律文之后颁行,称为《永徽律疏》。

《永徽律疏》因为附有对法律条文的解释而得以流传千古,自唐以降,五代、宋、元、明、清各朝修法都是以《永徽律疏》为蓝本,从而一举奠定了其作为中华法系代表的地位。《永徽律疏》也因此被称之为《唐律律疏》,今天我们说的唐律,其实就是指《永徽律疏》。

《唐律律疏》中,"户婚律"在其中的编号是175—195条,共计

21 条，是唐代的婚姻法，我们从中可以看出唐人对于婚姻的态度。

我们前面提到的秀才杨志坚，虽然颜真卿因为他妻子嫌贫爱富而打了她二十板，但仍然准许其离婚，是因为《唐律·户婚》对离婚有三种规定。第一种就是放妻，也就是协议离婚。指男女双方自愿离异的所谓"和离"："夫妻义合，义绝则离。"我们开始提及的"放妻书"就是这种情况下的离婚协议，杨志坚妻子其实也是符合这种情况。

第二种则是休妻。也就是由男方提出离婚，也叫"出妻"。这个并不是指男方可以为所欲为，而是只有当女方违反了《礼记》规定的七条理由才可以：不顾父母、无子、淫、妒、恶疾、哆言、窃盗。妻子若犯了其中一条，丈夫就可名正言顺地休妻，不必经官判断，只要作成文书，双方父母和证人署名，即可解除婚姻关系。但同时，《唐律》又承袭古代对女方保护的"三不去"原则，即如果女方曾为舅姑（唐人称公婆为"舅姑"）服丧三年；娶的时候男方贫贱后来富贵的；现在无家可归者；有"三不去"中任何一条，虽犯"七出"，丈夫也不能休妻。

第三种则是法律强制离婚。包括夫妻双方犯法的、虽有媒妁而恐吓勒索娶亲者的、没到商定好的吉日提前娶亲的、强娶妻子的、不符合结婚条件结婚、假冒结婚等，全部强制离婚。

唐律还规定"同宗共姓"、"同母异父姊妹"、"尊卑亲属"之间严禁为婚。有人据此判断"唐人不允许近亲结婚"，但实际上唐人却没有禁止同辈近亲之间的婚姻关系，比如表哥可以娶表妹，这种中国人所谓的"亲上加亲"就是非常明显的近亲结婚。这表明唐人没有认识到近亲结婚的危害，而是仅从伦理道德上来约束人们的婚姻。

离婚或丧偶后,唐人不禁止二婚或改嫁,据《新唐书·公主传》载,唐代公主再嫁的达二十三人:计有高祖女四,太宗女六,中宗女二,睿宗女二,玄宗女八,肃宗女一,其中三次嫁人的有四人。

唐代对于婚姻和女性持有的开放态度,在中国历史上昙花一现。唐以后"节妇烈女"的观念开始大行其道,"节妇",指坚守贞节绝不改嫁的女子;"烈女",指为了免受侮辱而自杀殉节的女子。尤其是明清时代,成千上万的妇女或自愿、或被迫地终生寡居,甚至以身殉夫。《古今图书集成》记载:古代女子列入"闺节"、"闺烈"的烈女节妇,唐朝女子最少,仅51人,宋朝为267人,明朝为36000人,而清代则数量更庞大——清史专家郭松义统计清代仅节妇一项,就有百万之众。我们今天看到的贞节牌坊,大多数为清代所立。❻

也正是由于唐律中对于婚姻所采取的开放态度,造就了唐代盛产爱情故事。中国的"四大古典戏剧":王实甫的《西厢记》,汤显祖《牡丹亭》,孔尚任的《桃花扇》,洪升的《长生殿》,其中两部都是唐代的爱情故事,《长生殿》讲的是唐明皇李隆基和杨贵妃的悲欢离合;《西厢记》则源自唐代诗人元稹的传奇小说《莺莺传》。

2010年,河北平山因朔黄铁路改造进行的文物抢救性考古发掘工作中,发现一座唐代墓葬,考古人员发掘时看到,墓室中夫妻二人的骨架还手牵着手。一千多年前夫妻二人牵手死去,这个姿态也在墓中一直保持了一千多年,其中蕴含多少事,令人浮想

---

❻ 数据出自中国社会科学网,郭松义《学术自传》。

第八章

联翩。

千年的时间过去了,再轰烈的爱情也消散在了历史的车轮里,成了泛黄的书卷。今天的饮食男女,还会不会在寂寞的唐诗里,在写满爱情的传奇、小说和变文里,泛起千古的愁绪呢?他们还会不会相信爱情呢?

第九章 神童

在"神童"辈出的背后
则是唐代科举制度的完善

明代嘉靖年间的胡侍在其著作《真珠船·卷六》❶中，列有"幼慧"一条，专门记载了唐代的神童：

> 唐世幼慧者最多，权德舆四岁能赋诗，萧颖士四岁能属文，七岁诵数经，十岁以文章知名。令狐楚五岁能词章。杜甫七岁属辞。李百药、徐彦伯、张九龄、裴敬彝，皆七岁能文。韦温七岁，日诵数千言，十一岁举两经及第。孔颖达八岁，记诵日千余言，暗记《三礼义宗》。刘晏八岁，献东封书，拜秘书省正字。王勃九岁作《汉书指瑕》，十三作《滕王阁序》。张童子九岁明二经，与韩愈同举礼部，拜卫兵曹。李泌九岁赋方圆动静。李白十岁观百家，十三能文史。郗士美十二通五经，《史记》《汉书》皆能成诵。柳公权十二工辞赋。元稹十五擢明经。常敬忠十五七，过诵万言。如意中七岁女子，赋《别兄诗》。

---

❶ 胡侍所著《真珠船》，其书收录于《四库全书》子部第102册。真珠就是珍珠，据说取义自"读书每得一义，如得一真珠船"。明清有很多书籍都叫"珍珠船"，最知名的是明代松江人陈继儒所撰《珍珠船》。

第九章 神童

这些神童中,有很多我们熟悉的唐代诗人:李白、杜甫、王勃、元稹、柳公权;也有唐代知名的宰相:权德舆、张九龄、刘晏、李泌。在中国的历史上,神童辈出的同时,人们亦有"伤仲永"这样的担忧,然而唐代不但神童成群而来,而且其中大多数成年后依然表现出了非凡的才华,大概胡侍自己也感到震惊,于是在文末说道:"今之豚犬,但解觅梨栗耳,述之以勉儿辈!"意思是说,现在的熊孩子只会上树摘梨、打板栗,我记下这些,希望可以勉励我的儿孙辈。

实际上,这是一份不完全的名单。比如"唐初四杰"之一的杨炯,唐高宗显庆四年(公元659年)十岁及第,待制弘文馆,也就是作为皇家顾问团成员之一。《唐摭言·卷十》载,诗人李贺年七岁的时候,名动京师,韩愈、皇甫湜好奇登门拜访,让李贺当面作诗,李贺当即写了《高轩过》一诗,有"庞眉书客感秋蓬,谁知死草生华风"这样令人感怀的句子。至于七岁的骆宾王写的《咏鹅》一诗,现在仍然为儿童们所学习。

唐代"神童"中流传千古但今天的人知道不多的是一代名相刘晏,《三字经》中就有"唐刘晏,方七岁。举神童,作正字"这样的句子。刘晏八岁的时候被授予秘书省正字,一生经历了玄宗、肃宗、代宗、德宗四朝,管理帝国财政达几十年,尤其是"安史之乱"后他在漕运、盐政、常平(物价)三个方面实施的改革稳定了唐帝国的国祚。经济史学家吴慧先生在《中国六大经济改革家》中将他和管仲、商鞅、桑弘羊、王安石、张居正并列为中国古代对历史进程产生过影响的经济学家。❷

---

❷ 参见吴慧:《中国六大经济改革家》,上海:上海人民出版社1984年版。2016年社会科学文献出版社出版修订本时,改名为《中国古代经济改革家:镜鉴兴衰三千年》。

唐代诸如此种"神童",不能一一枚举。我们仔细看胡侍所举的例子,会发现唐代很多神童七八岁就"及第"或者做官,这是因为唐代的科举制度中有一个专门面向神童特设的"童子科"。所谓童子科,要求应试的儿童在十岁以下,能够熟练背诵"九经"中的一种,以及《孝经》、《论语》,考试的时候,每部书选择10篇背诵,全背出的授官,背出七篇以上者,给予进士出身。❸

什么是"九经"?我们经常说"四书五经","四书"指的是《论语》、《孟子》、《大学》、《中庸》,"五经"就是指《诗》、《书》、《礼》、《易》、《春秋》五部经典。唐朝时,《春秋》分为"三传",即《左传》、《公羊传》、《谷梁传》;《礼经》分为"三礼",即《周礼》、《仪礼》、《礼记》。这六部书再加上《诗》、《书》、《易》,并称为"九经"。唐政府把"九经"划分为三等:《春秋左氏传》和《礼记》为大经,作为"九经"之首;《诗》、《周礼》、《仪礼》为中经;《易》、《尚书》、《公羊传》、《谷梁传》为小经。"九经"就是唐代官学的教科书,也是科考的书籍。

由于童子科以背诵为主,所以童子科的考试一直都有争论,肃宗宝应二年五月,礼部侍郎杨绾发现童子科有使幼儿凭其小聪明而获官的可能,"恐成侥幸之路"❹,便奏请罢废了童子科,但是到代宗大历三年又重新开设童子科。就这样一直到了南宋末,礼部侍郎李伯玉上书宋度宗:"人材贵乎善养,不贵速成",速成的"神童"并

---

❸ 《新唐书·选举志上》载:"凡童子科,十岁以下能通一经及《孝经》、《论语》,卷诵文十,通者予官;通七,予出身。"

❹ 《册府元龟·条制二》载:"肃宗宝应二年五月,罢岁贡孝悌力田,及童子科。从礼部侍郎杨绾奏也。馆以孝详之行,宜有实状,童子越众,不在常科,同之岁贡,恐成侥幸之路。"

幼慧

真珠船卷六

唐世幼慧者最多權德輿四歲能賦詩蕭穎士四歲能屬文七歲誦數經十歲以文章知名令狐楚五歲能詞章杜甫七歲能賦李賀七歲作高軒過韋徐彥伯九齡綴敘皆七歲能文李百藥徐彥伯九齡綴敘數千言十一舉兩經及第孔穎達八歲記誦日千餘言閻記三禮義宗劉晏八歲獻東封書拜秘書省正字王勃九歲作漢書指瑕十三作宸遊東嶽頌李泌九歲問禮部拜衛兵念九歲賦方圓動靜與韓愈同觀百家十三能文史郁十二遍五經史記漢書皆能成誦柳公權十二工詞賦元稹十五擢明經常被忠十五七過誦萬言如意中七歲女子賦別兄詩令之脈大但解覓梨栗耳述

明·胡侍所著《真珠船》卷六"幼慧"

此条专门记载了唐代的神童，其书收录于《四库全书》子部第102册。

不是什么优秀人才。因此,李伯玉建议,"罢童子科,息奔竞,以保幼稚良心。"至此,童子科才从中国历史上消失。但中国人望子成龙的心态却没有改变,对神童的崇拜在今天已转化为"赢在起跑线上",而在20世纪80年代到90年代,中国教育中兴起的大学"少年班"实际上就是童子科的返古。

在"神童"辈出的背后,则是唐代科举制度的完善。

在科举制施行之前,中国官员的选拔制度多是取决于血统和家族传承:春秋之前为世卿世禄的家族传承制;战国则是门客、养士制度,有些类似欧洲中世纪的骑士制度;秦到西汉前期为军功爵世袭制,就是以战功作为封爵的依据;西汉中期到东汉为察举征辟制,也就是地方通过推荐的形式向中央推荐官员,这往往造成了任人唯亲的局面。

魏晋南北朝采取的九品中正制试图打破这种局面,即采取中央政府在各州、郡设立中正官直接选拔有才干的人,然后按照品级的高低推荐他们到政府做官,然而由于推荐的依据是家世和行状(即社会评价),这直接导致了门阀士族垄断了政治,一度形成"上品无寒门,下品无士族"的中国政治史上最板结的时代。

直到隋开皇三年,隋文帝下诏举"贤良";开皇七年,又令京官五品以上,总管、刺史,以"志行修谨"、"清平干济"二科举人。以考试为核心的科举制,打破了血缘世袭和世族的垄断,使得底层也能够有上升到金字塔顶端的可能,而这样的流通也使得官员群体成为整个社会中最为精英的一批人。五代王定保《唐摭言·卷一》就记载唐太宗:"私幸端门,见新进士缀行而出,喜曰:'天下英雄入吾彀中矣!'"

正因为开科取士是平民百姓从底层向上的唯一途径,科举制才

第九章 神童

得以从隋朝开始萌芽，在唐朝确立和完备，直至清光绪三十一年（1905年）举行最后一科进士考试为止（世界上最后一届科举考试结束于1919年的越南阮朝），前后经历一千三百余年，成为世界上延续时间最长的选拔人才的办法。今天的高考和公务员考试，也有着科举考试的影响在。

和后世理解的科举就是"八股文"不一样，根据《新唐书·选举志》的记载，我们可以知道唐代科举考试的科目非常繁杂，它们分别是：秀才、明经、俊士、进士、明法、明字、明算、一史、三史、开元礼、道举、童子科、史科。而明经这一科，又有五经、三经、二经，有学究一经、三礼、三传之分。

其中的秀才、进士在后世是科考的不同等级获得的功名，但在唐代，这只是不同科目的名称，并没有等级差别。直到北宋王安石变法之后，废除明经和其他诸科，改为以进士一科取士，进士科才完全成为主要取士科目。

唐代名目繁多的考试考什么内容呢？秀才，考的是治国方略的策文；明经考的则是上面提到的"九经"，先笔试，然后口试；开元礼是在玄宗时期开始设立的，考《大唐开元礼》；三传科，就是考《春秋》，也就是《左氏传》、《公羊传》和《谷梁传》；史科则是考史书，所谓"三史"就是《史记》、《汉书》、《后汉书》；❺ 明法科考法律条文，也就是《唐律疏议》；明字就是书法，考试内容为《说文》和《字林》，考试方式为先口试后笔试；明算就是数学考试，要

---

❺ 清代学者钱大昕《十驾斋养新录》说："三史谓《史记》、《汉书》及《东观记》也。"南朝范晔《后汉书》因为在学术质量上超过《东观汉记》，唐代中期开始取代了《东观汉记》。

考的内容最多，包括《九章》《海岛》《孙子》《五曹》《张丘建》《夏侯阳》《周髀》《五经算》等十几种数学著作的内容，看来从唐代开始，理科生就不好过啊。把书法、法律、礼法和数学纳入到考试中，这是唐代独有的，和我们印象中明清时期的八股制举有很大的不同。

而进士科初唐的时候考杂文、帖经和策问三项，玄宗开始，改为第一场试诗赋，第二场试帖经，第三场试策问，这也直接影响了唐诗的繁荣。不过诗赋考试并不是写一首诗就完事了，而是有要求的。诗歌的格式必须是格律诗，后人称之为"试律诗"或"试帖诗"，其中"五言六韵"是最普遍的，所谓"五言"就是五言律诗，"六韵"就表示一共有十二句诗，两句押一韵，一共押六次韵。

唐人科举考试的同题诗今天我们仍然能够找得到，唐人考试的诗歌，题首多冠以"赋得"二字，尽管"赋得"还有以古人诗句为题写同题诗的意思，但我们检索《全唐诗》，如果发现题首有"赋得"且为五言六韵的多首同题诗，那么这些多半就是科考的题目了。

白居易在贞元十六年（公元800年）省试（尚书省的礼部考试，也就是唐代的进士试）的考试题目是"玉水记方流"，题目其实来自南北朝诗人颜延之《赠王太常诗》："玉水记方流，璇源载圆折。"要求以"流"字为韵六十字成，也就是五言六韵，白居易的答卷是这样的："良璞含章久，寒泉彻底幽。矩浮光滟滟，方折浪悠悠。凌乱波纹异，萦回水性柔。似风摇浅濑，疑月落清流。潜颖应傍达，藏真岂上浮。玉人如不见，沦弃即千秋。"白居易最终以第四名及第。郑俞、吴丹、王鉴、陈昌言、杜元颖等都有同题的《赋得

第九章 神童

玉水记方流》诗存世。❻

还有些试题的题目来自于经书，比如德宗贞元十二年的试题"赋得竹箭有筠"，就来自于《礼记·礼器》篇："其在人也，如竹筋之有筠也，如松柏之有心也。"也有来自于传说的题材，天宝十载考题是"湘灵鼓瑟"，来自于屈原《楚辞·远游》："使湘灵鼓瑟兮，令海若舞冯夷。"就是娥皇、女英的故事，唐诗中又用以表现悲思。诗人钱起在这场考试中写出了千古名句："流水传湘浦，悲风过洞庭。曲终人不见，江上数峰青。"

如果说这些诗歌的题目多少还有些出处的话，唐德宗贞元七年，刑部侍郎杜黄裳做主考官，诗题是"青云干吕"，"青云"就是平步青云，远大抱负之意；"干吕"古人按乐音的高低把乐音分为六律和六吕，合称十二律，"干吕"就是和谐的意思。这诗该怎么写呢？当时考试的就有唐朝宰相、诗人令狐楚，他前几句是这样写的："郁郁复纷纷，青霄干吕云。色令天下见，候向管中分。"即破题，又祥瑞，但是不知所云，和他一起应考的举子清一色写的也都是歌颂祥瑞的诗歌。

但是唐人有时候很任性，考官会现场出试题。唐代宗大历十二年（公元777年），考官出的题目是"小苑春望宫池柳色"，考官抬头看见远处宫城边的柳树，就拿这个做了试题。当时状元及第的黎逢前四句破题是这样写的："上林新柳变，小苑暮天晴。始望和烟密，遥怜拂水轻。"

---

❻《白香山诗集·卷三十八》载："玉水记方流，以'流'字为韵六十字成，按：各本别附省试《性习相远近赋》后，原注：中书侍郎高郢下试，贞元十六年二月十四日，及第四人。"

欽定四庫全書

白香山詩集 卷三十八

玉水記方流

以流字為韻六十字成　按各本別附省試性習相遠近賦後

原注中書侍郎高郢下試貞元十六年二月十四日及第四人

良璞含章久　寒泉徹底幽　矩浮光灩灩　光泛泛一作尹和方折
悠悠凌亂波　紋異縈迴水性柔似風搖淺瀨疑如
浪落清流潛穎應傍達藏真豈上浮玉人如不見淪棄
月

即干秋

立名按貞元十六年公年二十八誤也洪景盧容齋隨筆子考登科記樂天以貞元十六年庚辰中書舍人高郢下第四人與公自注正合且記事載鄭俞吳丹杜元穎玉水記方流詩云俞

四庫全書《白香山詩集》三十八

此卷《玉水記方流》一詩後記記載，德宗貞元十六年，中書舍人高郢主持科舉，白居易等四人及第。試題為《性習相近遠賦》和《玉水記方流詩》。

第九章 神童

这还不算夸张，唐宪宗元和二年（公元807年），白居易的弟弟白行简及第那年，考官出的试题是"贡院楼北新栽小松"，主考官看到考场的北边刚栽了一棵小松树，就对考生们说，你们就以这棵松树为题写一首诗吧。白行简在诗里写道："心坚终待鹤，枝嫩未成龙。"这棵松树虽然小，但心志坚定，等待着鹤的到来，鹤，是高洁不群的象征。白行简也是很厉害，把一颗小松树和自己联系起来，表明了自己的志气。

我们经常说，唐人有着一种昂扬的生命力，这种狂放，即便是在科考这样的大场合，也有表现。《唐诗纪事》记载，有一年考题是"终南望余雪"，以终南山上没有融化尽的积雪为题作诗，诗人祖咏只写了四句："终南阴岭秀，积雪浮云端。林表明霁色，城中增暮寒。"便交了卷，主考官问他为何不写了，他说"意尽"，意思是这四句已经把诗意写足了，再也写不下去了。几乎每个唐代诗人都有着如此的"狂"和"张扬"，祖咏最终在开元十二年（公元724年）进士及第，这首没写完的诗也成为了祖咏的代表作，流传千古。❼

唐代所有的考试中，最为重要的就是进士科，李肇在《唐国史补》中说："进士科，始於隋大业中，盛於贞观永徽之际，缙绅虽位极人臣，不由进士者，终不为美。"即便你位极人臣，但如果你没有进士出身，你人生仍然有遗憾。

唐代考上进士真的很牛么？真的很牛。

唐玄宗开元五年（公元717年），诗人王泠然登进士第，随后就

---

❼《唐诗纪事·卷二十》载："有司试《终南山望余雪诗》，咏赋云：'终南阴岭秀，积雪浮云端。林表明霁色，城中增暮寒。'四句即纳于有司。或诘之，咏曰：'意尽。'"

写了一封《与御史高昌宇书》的信给自己的故旧——御史大夫高昌宇,信的开头就说"仆之怪君甚久矣",意思是,我对你不爽已经很久了。为什么呢?王泠然和高昌宇认识的时候,高昌宇还是宋城县(河南商丘)县尉,当时王泠然因为文章写得好,屡次得到高昌宇奖掖。等到得知高昌宇升迁之后,王泠然觉得"当为风流可望,故旧不遗"。也就是高昌宇可能要提拔他。结果高昌宇数次因为公干经过宋城县时,问及故友时都没问到过王泠然。最令王泠然伤心的是,玄宗即位之初的先天二年(公元713年),他第一次参加科考,主考官就是高昌宇,结果高昌宇没有录取他。王泠然觉得自己受到了天大的委屈和屈辱,于是"一年在长安,一年在洛下,一年坐家园,去年冬十月得送,今年春三月及第"。经过三年发愤读书,终于考取了进士。

考中进士的感觉是什么样的呢?王泠然说:"天下进士有数,自河以北,唯仆而已,光华藉甚。"今年考中的进士里面,黄河以北就我一个,感觉自己是"夜空中最亮的星"了。

那么,王泠然写信的目的是什么呢?他要"君须稍垂後恩,雪仆前耻",他觉得是时候要高昌宇补偿一下自己所受的耻辱了。他希望高昌宇:"意者望御史今年为仆索一妇,明年为留心一官。"他考中的时候已经是冬天了,朝廷停止了选试,而他的家又穷,兄弟和老爹靠"卖浆"也就是卖茶水和酒为生,他想让高昌宇今年先给自己说个媳妇,明年帮他物色个官职。

为啥王泠然这么狂呢?就是因为唐代的进士非常清贵,不出意外,走向人生巅峰,拜阁入相那也只是时间问题,王泠然说了:"傥也贵人多忘,国士难期,使仆一朝出其不意,与君并肩台阁,侧眼相视,公始悔而谢仆,仆安能有色於君乎?"成语"贵人多忘事"

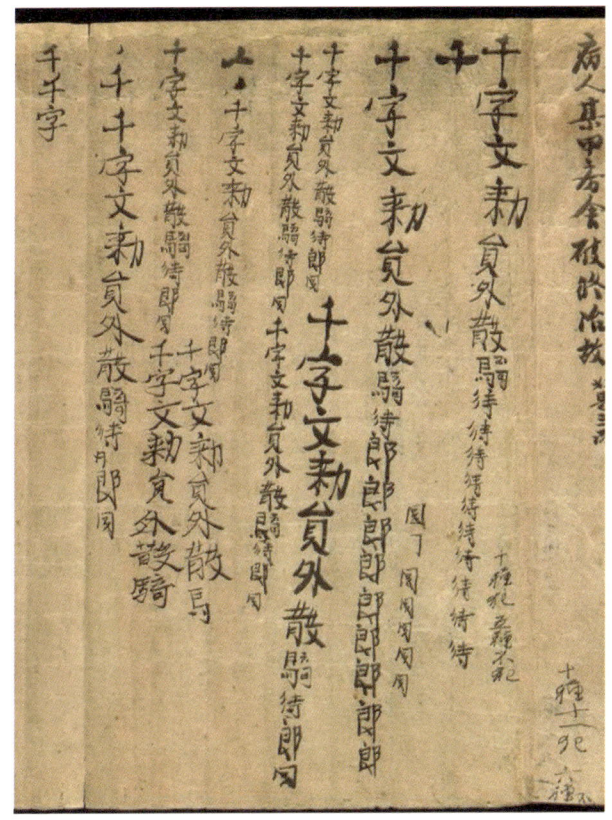

敦煌出土的无名氏《千字文》练字本草稿

《千字文》原名为《次韵王羲之书千字》,是用来教授儿童基本汉字的一首长韵文。它是一篇由一千个不重复的汉字组成的文章。据说是南朝梁（502—549年）的梁武帝萧衍为了教诸王书法,让殷铁石从王羲之的作品中拓出了一千个不同的字,每个字一张纸,然后把这些无次序的拓片交给周兴嗣,周将其编成了有内容的韵文,唐代开始,成为中国儿童的启蒙书。

就来自于此,王泠然说,你要是贵人多忘事,没给咱安排,等我和你同朝为官的时候,你可别指望我给你好脸色。

这就是唐人,狂得要命。"狂人"王泠然其实是一位优秀的诗人,《全唐诗》存其诗四首,《全唐文》存其文十一篇,他有"远道俱为客,他乡共在原"这样充满惆怅的思乡之诗。

王泠然虽然考中了进士,但还不能马上做官,这是因为唐代士人在通过考试后只是出身,也就是说只有做官的资格,但不能正式任命。除非经过吏部组织的铨选,否则不能做官。由于官员都是一个萝卜一个坑,铨选还得等空缺才行。

当时主管官员铨选的尚书省位于长安皇城的东边,皇城东门景风门外的崇仁坊就成为了这些"选人"的聚集地,崇仁坊南边紧邻着的则是著名的平康坊——唐代长安城妓女的聚居地。等待铨选的新进士们和平康坊多才多艺的妓女在唐代演绎出了非常多的故事。

晚唐僖宗时代的翰林学士孙棨(qǐ)撰有一卷《北里志》,记载了平康坊许多妓女的生活。唐时的妓女许多都有深厚的文化底蕴:"其中诸妓,多能谈吐,颇有知书言话者。"平康坊分为南曲、中曲、北曲三个部分,其中南曲和中曲多为名妓所居,环境十分优雅:"前后植花卉,或有怪石盆池,左右对设,小堂垂帘,茵榻帷幌之类称是。"其中有一位居住在南曲的妓女叫颜令宾,她是一位喜欢文学的才女:"有词句,见举人尽礼祗奉,多乞歌诗,以为留赠,五彩笺常满箱箧。"很多来赶考的士子她都送他们礼物,希望得到他们的作品。后来颜令宾病重,写了一首诗让童子拿给新进的进士和举人们,这首诗《全唐诗》有收录:"气余三五喘,花剩两三枝。话别一樽酒,相邀无后期。"她告诉前来的士子们:"我不久矣,幸各制哀挽以送我。"意思是我的生命不多了,请求诸位写一些挽诗送我

第九章

吧。这真是一位奇女子,唐人的不拘一格和潇洒,从一个女子身上即可见一斑。

《新唐书·选举志下》记载,唐代授官的依据有四条:"凡择人之法有四:一曰身,体貌丰伟;二曰言,言辞辩正;三曰书,楷法遒美;四曰判,文理优长。"第一个条件居然是看"颜值",要求身体相貌丰满伟岸;第二是言谈,言语辞令雄辩公正;第三是书写,楷书法式遒劲刚美;第四是判状,文辞条理优美通畅。

凡通过吏部考试录取的称为"入等",非常拙劣的称为"蓝缕",未通过吏部考选而通过三篇文章的称为"宏辞",通过判状三条的称为"拔萃",选中的授予官职。

唐代进士里还有一群特殊的人,那就是来唐求学的留学生,他们作为"宾贡进士"而成为唐朝的官员,"宾贡进士"是唐代进士科试中出现的一种类别名称,特指新罗、渤海、大食、波斯等外藩举子入唐求学并应试登第者。宾贡登第者,绝大多数都是新罗国留学生,元朝时期的高丽文人崔瀣在其《送奉使李中父还朝序》一文中称,到唐朝灭亡时为止,新罗宾贡进士人数达58人。"宾贡进士"里著名的有日本的阿倍仲麻吕、新罗的崔致远、大食的李彦昪等人。

和后来的科举三年一考不一样,唐代的科举和高考一样是每年一考,这种考试被称为常科。除了常科,还有一种皇帝临时举行的考试,叫制科,好比说是本来你一年可以参加一次科考,你没考上就得等来年六月,但这一年皇帝忽然下旨说,我今年比较高兴,十月咱再举行一次科考。

唐代科举考生有两个主要来源,《新唐书·选举志·上》说:"由学馆者曰生徒,由州县者曰乡贡,皆升于有司而进退之。"这段话说明考生的一部分来自唐代的"国立大学"国子监、弘文馆、崇文馆等,他们被称为"生徒";另一部分不在学馆学习,而由州县逐级进行考察,合格者随地方献给朝廷的贡品一起进京参加考试,这类考生被称为"乡贡",即所谓"怀牒自列于州县者",生徒和乡贡一起参加考试。

既然是考试,就一定有落选者。晚唐著名的诗人罗隐,27岁入贡部,到唐僖宗乾符五年(公元878年)46岁,18年里一共考过10次进士,全部落榜。他42岁时,在写给宣武节度使郑处诲的《投郑尚书启》的信中说自己:"十五年之勤苦,永有所归。发自门阛,百生知感。"罗隐是杭州富阳新登人,在唐代,从杭州到长安的路途是一条漫长的水上旅行,江南的才子们从杭州坐船出发,沿江南运河到京口渡长江,再顺山阳渎北上,进而转入通济渠,逆黄河、渭河向上,最后才可以抵达长安,差不多要3个多月。罗隐10次的科考中,若每次都要从江南随贡举入长安,那么一生有三四年都是在赶考的路上度过,实在令人感叹。

清代文学家袁枚在《随园诗话·卷一》中说:"落第诗,唐人极多。"检索《全唐诗》,其中诗题标明"落第"的37首,"下第"的174首,合计有211首。晚唐诗人许浑就写有10首"下第"诗,其中一首《下第别友人杨至之》这样写道:"花落水潺潺,十年离旧山。夜愁添白发,春泪减朱颜。孤剑北游塞,远书东出关。逢君话心曲,一醉灞陵间。"可谓惆怅寂寞至极。

唐朝的科举考试因为是初创期,在科举过程中还承袭了一部分东汉开始的荐举制度。当时,在政治上、文坛上有地位的人及与主试官关系特别密切者,皆可推荐人才,并参与决定名单名次,谓之"通榜"。因而应试的士子为增加及第的可能和争取名次,多将自己平日诗文加以编辑,写成卷轴,在考试前送呈有地位者,以求推荐,

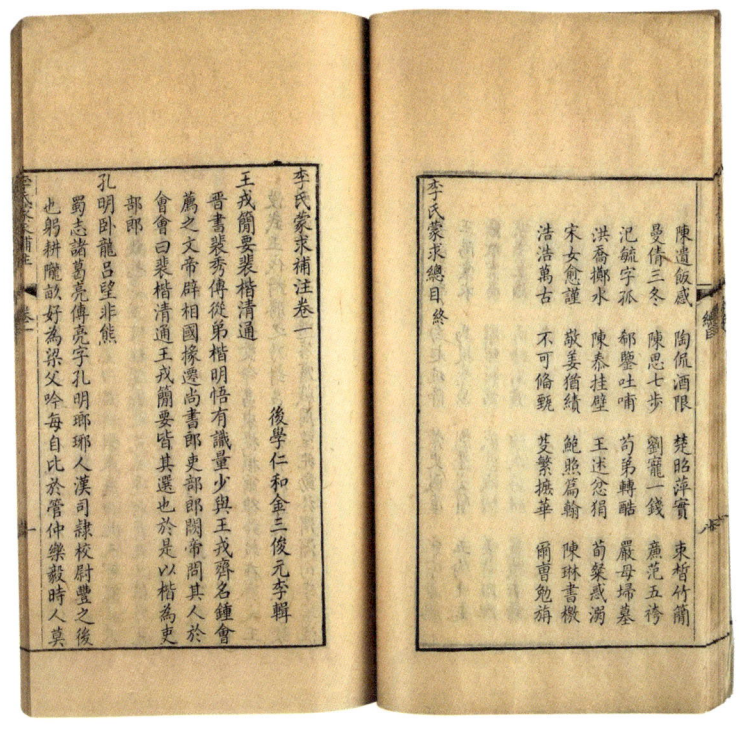

《蒙求》书影

清乾隆四十八年（1783），金三俊刻本

《蒙求》成书于唐玄宗天宝年间，是唐朝李翰编著的以介绍掌故和各科知识为主要内容的儿童识字课本，《三字经》中很多的典故取材就是来源于《蒙求》。日本平安时代劝学院所用的识字课本就是《蒙求》。

此后形成风尚，即称为"行卷"。

几乎参与科考的唐代诗人都有行卷的经历。白居易在登第后对此深有感触，在《见尹公亮新诗偶赠绝句》中写道："袖里新诗十余首，吟看句句是琼琚。如何持此将干谒，不及公卿一字书。"李白也曾经行卷过，当时左拾遗韩朝宗喜欢提拔后进，李白在他的自荐书《与韩荆州书》开头就拍马屁："生不用封万户侯，但愿一识韩荆州。"杜甫也曾行卷过，在困居长安求仕的十年时间里，他甚至三次直接向玄宗献赋，只是"时运不济、命途多舛"。他曾在《奉赠韦左丞丈二十二韵》中写道："朝扣富儿门，暮随肥马尘。残杯与冷炙，到处潜悲辛。"

行卷这样的风气助长了科举中任人唯亲的现象，到唐代中后期，甚至一度引发了科考舞弊。

天宝二年的春天，御史中丞张倚的儿子张奭（shì）参加选拔，担任主考官的侍御史苗晋卿和宋遥因为张倚是他们的上官，而且正被唐玄宗器重，打算取悦他，参加选拔被判定等级的共64人，分甲乙丙科，张奭被定为甲科。士子们都知道张奭不读书，所以议论纷纷。有个叫苏孝愠的人，曾经担任范阳蓟县令，是安禄山的下属，把这件事详细地告诉给安禄山。安禄山当时备受玄宗恩宠，朝见玄宗都不按照固定的时间，趁机向玄宗奏报了这件事。玄宗召集所有登科的人，到花萼相辉楼亲自测试，结果登第的人里面能及格的只有十分之一。张奭手拿着试卷，一整天没有写一个字，当时人称"曳白"。"曳"就是扯的意思，今天，很多地方的方言中有一个词"扯白"，指的是撒谎，就是来源于此。玄宗当时大怒，把主考官苗晋卿贬为安康郡太守，宋遥贬为武当郡太守，张倚贬为淮阳太守，并且在圣旨中说张倚："门庭之间，不能训子；选调之际，仍以

第九章 神童

托人。"所谓"养不教，父之过"在重礼法的古代可以说是非常严厉的批评了。❽

到了唐宣宗大中十四年（公元860年），《册府元龟·卷六五一·贡举部·谬滥》中就曾记载那一年考试的情况："时举子尤盛，进士过千人，然中第者皆衣冠士子。是岁有郑义则，故户部尚书瀚之孙；裴弘，故相休之子；魏当，故相扶之子；令狐滈，故相绚之子。余不能遍举。"参与考试的数千人，中第的全部是官宦子弟。

尽管科考如此的艰难，有人仍然尽其一生在参加科举。

唐昭宗光化四年（公元901年），唐帝国的落日只剩下6年的余晖，当时复位的唐昭宗李晔举行辛酉科进士科考试，据《登科记考》载：光化四年及第进士二十六人，试题是"天得一以清赋"和"武德殿朝退望九衢春色"，主考官（知贡举）是诗人杜牧的三儿子礼部侍郎杜德祥。昭宗特赐曹松、王希羽、刘象、柯崇、郑希颜5位考生及第。曹松、王希羽已经年过七十，刘象、柯崇、郑希颜已经"耳顺"，也就是六十了，当时的人把那届科举称为"五老榜"。

其中的曹松有一首非常著名的诗《己亥岁》："泽国江山入战图，生民何计乐樵苏。凭君莫话封侯事，一将功成万骨枯。"其中的"凭君莫话封侯事，一将功成万骨枯"既是在讲唐末的离乱，何尝又不是在讲自己一生的遭遇？读之可谓酸鼻。

清代的唐史大家徐松在其唐五代科举史著作《登科记考》中记载，唐亡的那一年，也就是唐哀帝天祐四年（公元907），唐帝国举

---

❽ 出自《旧唐书·列传第六十三·苗晋卿》。

行了最后一次科考,录取进士20人,状元为崔詹。❾王仲荦先生在《隋唐五代史》中统计了唐代科举自唐高祖武德五年(公元623年)开始到唐亡的进士录取人数和录取率,在有科举举行的279年里,录取进士6762人,平均每次科考录取24人。❿

---

❾ 《登科记考》是唐五代文史资料性学术专著,编撰者是清代学者徐松(1781—1848年),字星伯,大兴(今属北京)人。徐松精于历史、地理之学,著有《西域水道记》、《新注地理志集释》、《汉书西域传补注》、《唐两京城坊考》、《登科记考》等书,皆是史学名著。

❿ 参见王仲荦:《隋唐五代史》,上海:上海人民出版社2003年版,第四章"唐代的政治制度与军事制度"第四节"唐代的学校制度与科举制度"。

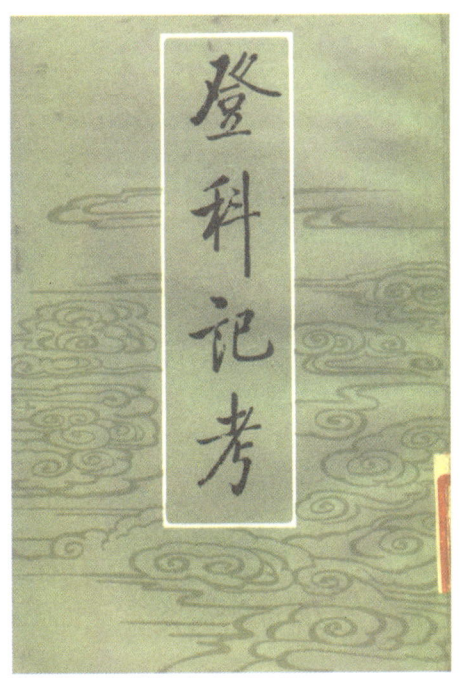

《登科记考》书影

作者：[清]徐松
出版：中华书局1984年版

《登科记考》编撰者是清代学者徐松（1781—1848年），他以《文献通考·选举二》所载《唐登科记总目》为据，把唐高祖武德元年（公元618年）至五代后周显德六年（公元959年）进士、明经、明法、明算、史科、道举、开元礼、童子诸科贡举资料，按年编次，详细列出了有唐一代有关科举的诏令文书、沿革大事、贡举人数、姓名、族系、年龄、官秩、轶闻琐事、试题答卷等。

第十章 金器、银器与巨像时代

金银器在生活中的大量使用使得唐朝成为中国历史上最奢华的朝代似乎整个帝国都被一种感性、华丽的氛围所笼罩而遍布帝国各处的庞大的巨像雕塑则让今天的人们对于唐代有更多的惊叹和向往

1970年10月5日,陕西西安南郊何家村的一个基建工地上,发现了两个陶瓮,共出土文物1000多件,这就是著名的何家村唐代窖藏,其中金银器物达265件。

1982年元旦,江苏镇江市南门外运河边丁卯桥发现一口银质酒瓮,瓮内装有银器共计950余件,其中银钗数量最多,有760支。

1987年4月3日,法门寺佛塔施工现场,人们发现了唐咸通十五年(公元847年)封闭的地宫。地宫内放满了唐王朝几代皇帝供奉的珍宝器用约400件,其中最大宗的就是金银器,共121件。

这三次发现被称为"三大唐代金银器窖藏",法门寺金银器为皇家供奉;何家村在唐代长安兴化坊,这是紧邻皇城的朱雀大街西第二街的坊,坊内是皇亲国戚和显贵的居住地,其金银器明显属于唐代贵族;丁卯桥如此多的银钗则表明其多为民用。一个从皇室到民间都迷恋金与银的唐帝国出现在我们眼前,如果说之前唐代的豪奢只能通过典籍感受,那么这三次考古发现则让我们通过实物看到了一个金与银交相辉映的大唐帝国。

在中国历史上,黄金大规模出现的朝代是汉代和唐代。其中汉代,黄金曾经作为货币流通,《汉书》记载了大量皇帝赏赐大臣黄金的事:文帝即位,诸大臣有迎立之功的,太尉周勃赐金五千斤,丞相陈平、将军窦婴各金二千斤,朱虚侯章、襄平侯通、典客揭各赐

唐·十二生肖纹金杯

馆藏：美国大都会艺术博物馆
（Metropolitan Museum of Art）

尺寸：高 8.9 厘米，杯口直径 7 厘米

唐代是中国黄金器用最昌盛的时代，这不只是唐代金器种类诸多，更多是唐代金器的艺术水准冠绝一时。唐人制作金器最高超的手法叫"金筐宝钿"，金筐是指细金丝盘成的外框，代表掐丝法；宝钿是用宝石雕成小片花饰，利用黏合剂镶嵌到器物表面，代表镶嵌法。除此之外还有焊接、透雕、平脱、刨光等多种复杂工序，令人叹为观止。

金千斤；梁孝王及死，藏府余黄金尚四十余万斤；王莽末年，国库中黄金万斤者为一匮，尚有六十匮。与汉代多金相验证的是2015年12月，南昌西汉海昏侯墓考古发掘中出土金器478件，其中金饼就有385枚。

东汉末年开始，社稷板荡，金属货币远不如粮食和布匹这样的实物更现实，于是帛与绢作为和铜钱同等重要的实物货币使用了五六百年，一直到唐中期玄宗之后，才又渐渐为钱币所代替。

到了唐代，中国人对于黄金的崇拜重新恢复起来，唐代是中国历史上黄金器用最昌盛的时代。从碗、杯、箸、勺的餐具到钗、笄、簪、臂钏的配饰，从佛教用具的锡杖、香炉，再到日用的香囊、盒等，黄金器具琳琅满目。

而且这些金器并不是收藏品，是在真实生活中使用的。唐文宗时的翰林承旨学士王源中一天和他的兄弟们在家里蹴鞠，结果球打中了他的额头，受了点小伤。恰好文宗急招王源中进宫，皇帝看到王源中受伤，就问怎么回事，王源中据实禀告，文宗说："卿大雍睦！"意思是你们家很和睦啊，于是赐王源中酒两盘，每盘放有十只金碗，每碗容一升许的酒，王源中饮完酒，皇帝把金碗也赐给了他。一升酒有1.8斤，可见金碗是非常大的。❶

唐人对于黄金的迷恋还体现在民间传说上，《太平广记》就记载了很多唐人捡到黄金的故事，还不是一块金子，而是捡到了金人。

---

❶ 《唐摭言·卷十五·杂记》载："（王源中）文宗时为翰林承旨学士。暇日与诸昆季蹴鞠于太平里第，球子击起，误中源中之额，薄有所损。俄有急召，比至，上讶之，源中具以上闻。上曰：'卿大雍睦！'遂赐酒两盘，每盘贮十金碗，每碗容一升许，宣令并碗赐之。源中饮之无余，略无醉态。"

唐·鎏金蔓草纹八棱银杯

馆藏：美国大都会艺术博物馆
（Metropolitan Museum of Art）

尺寸：高 6.2 厘米，杯口直径 8.8 厘米

八棱银杯是一种银质饮酒器，就目前发现的文物来看，是唐代一种常见的银器。银杯饰以缠枝蔓草，这是一种中国传统的植物纹样，取蔓草滋长延伸、缠绕不绝、延绵不断之意。《诗经·国风》就有："野有蔓草，零露漙兮。有美一人，清扬婉兮。邂逅相遇，适我愿兮。"

唐昭宗天复年间，豫章有户人家盖房子，挖地时挖出来一个小木匣。打开一看，里边有十二个金人，各都几寸长，全是古人的衣帽打扮，头戴十二生肖的属相，精妙异常。

重庆云阳的大盐商龚播，当初很穷，以贩卖蔬菜瓜果为业，在江边上盖了两间草房居住。一天晚上风雨骤起，天地阴黑，他望见江南岸有火炬，又听到有人喊叫，急切地要找船过江。当时夜已深，人都睡下了。龚播就独自摆着小船，冒着风浪去摆渡那人，一到南岸，那个执火炬的就倒在地上。上前一看，原来是个金人，长四尺有余（唐代1尺合今30.7厘米）。龚播就把金人用船载回来，于是他就富了。他经营买卖，动辄就获大利，十多年积累了巨大的财富，成了三蜀一带的大富商。❷

类似的传说不胜枚举，可见在唐人心中，黄金有着无与伦比的地位，是财富的象征。

比黄金地位低一些的是白银，中国历史上直到明清采用银本位制，白银才成为流通货币。白银在唐代也是货币，但只用于大额支付、国家贮藏等功能，并不做大规模流通。

在唐代，皇帝给大臣赏赐的时候很多都是银器，唐代散文家于邵的《谢赐银器及匹帛等表》就记载皇帝："赐臣银器壶瓶合各一、银碗一并盖。"唐代诗人李峤《谢端午赐衣表》说皇帝："赐臣端午衣一副，银碗百索等。"《太平广记》还记载了唐代尚食局的尚食令做包子的过程："袜肚（腰巾）中取出银盒一枚，银笊子银筭篱各一。候油煎熟，于盒中取包子馅（xiàn，豆馅儿）。"尚食令的炊具

---

❷ 以上两则故事来自于宋代类书《太平广记·卷第四百零一·宝二（金玉附）》。

唐·鎏金錾花叶形银盘

馆藏： 美国大都会艺术博物馆
（Metropolitan Museum of Art）
尺寸： 长 14.6 厘米

这件鎏金银盘是经锤压法而成，这是波斯银器惯用的技法。南北朝开始，波斯萨珊王朝的金银器开始进入中国，公元 7 世纪的唐初，波斯萨珊王朝被大食入侵，大量波斯人逃亡唐帝国，同时也带来了金银器的技术。来到唐朝的波斯人最多的就是商人，他们以经营宝石、珊瑚、玛瑙、香料、药品而驰名，所以唐人有"富波斯"的说法。

都是银质的。

通过上面的一些记载,我们会发现唐人特别喜欢用金银制作的饮食器具,这实际上是受了道教的影响:使用金银质的饮食器可以延年益寿、长生不死。这是因为道士们炼丹大多使用金银器,唐代医药学家、道士孙思邈的《千金翼方》就记载了很多炼丹药使用银器的方法,比如其中一方"炼钟乳法":"钟乳无问浓薄,但令颜色明净光泽者即堪入炼,惟黄赤二色不堪用。一斤置金银器中,可镇心益气,无者用瓷器亦得。"

道教和金银的结合,很容易让唐人对神仙产生出特别的幻想。唐肃宗年间的戴孚在其志怪小说集《广异记》中讲了这么一个故事:东都洛阳有一个寡妇高五娘,美于色,再嫁李仙人。李仙人即天上谪仙也,自与高氏结好,恒居洛阳,以炼制黄金白银为生。唐玄宗开元末年,高五娘和李仙人结为夫妻已经有五六年了。有一天晚上五鼓之后,听空中呼唤李仙人一声,李仙人就飞走了,走之前嘱托五娘炼制金银自给自足即可,万不可露财。高五娘最初还按照他的话做,但后来卖银过多,被坊司告发。当时河南的少尹李齐知道了她的事,对高五娘不予追究就释放了,过后,却秘密地派人把高五娘召唤去为他炼银器。高五娘前前后后共给李齐烧了十多窑银器,李齐把这事转告当朝的显要。不到一年,李齐和高五娘都死了,当时人们都认为这是上天惩罚他们。❸

唐人如此巨量地使用金银器具,就要有大量的金银来支撑。唐

---

❸ 故事出自唐代前期的传奇小说集《广异记》,原书二十卷,今存六卷。作者戴孚,谯郡(今安徽亳州)人,生平事略不见史传。《太平广记》引用了其中很多记载。

宪宗元和八年（公元813年）编撰的唐代地理总志《元和郡县图志》记载，唐代有17个州进贡"麸金"，也就是沙金，四川有7个州是产地，是大唐帝国第一产金地。其中绵州龙安县有一座金山："每夏雨奔注，崩颓之所则金粟散出，大者如棋子。"夏天暴雨来临的时候，洪水会把山里的金豆子冲出来，大的有围棋那么大。❹

银矿的产出则更为庞大，《新唐书·食货志》就记载："（唐宪宗）元和初，天下银冶废者四十，岁采银万二千两。"《元和郡县图志》记载的最大一处银矿，位于江西景德镇乐平县："银山在县东一百四十里，每岁出银十余万。"乐平县在隋代的时候，就叫银城县。

还有一部分金银来自于唐朝周边以纳贡形式臣服唐帝国的国家，比如贞观二十一年，后突厥的咄禄可汗献金卵鸡；开元二十二年，新罗进献了"金百两，银二千两"；天宝五载正月，狮子国来朝献钿金宝璎珞，天宝七载室韦并遣使献金银；元和九年正月，渤海国朝贡献金银佛像各一。❺

作为和唐并立的大国，吐蕃是输入唐帝国金银最多的国家，《旧唐书》记载，吐蕃"多金银铜锡"，松赞干布请婚的时候"遣其相禄东赞致礼，献金五千两，自余宝玩数百事"。太宗伐辽东回来，松

---

❹ 《元和郡县图志》记载唐代产金的17个州为：饶州（江西上饶）、衡州（湖南衡阳）、涪州（重庆涪陵）、资州（四川资阳）、嘉州（四川乐山）、雅州（四川雅安）、眉州（四川眉山市）、绵州（四川绵阳）、陵州（四川眉山仁寿县）、泸州（四川泸州）、龙州（广西崇左）、蒙州（广西梧州蒙山县）、钦州（广西钦州）、安南都护府、河州（甘肃临夏）、宕州（甘肃陇南宕昌）、廓州（山西原平）。

❺ 数据来自《册府元龟》卷九百六十八至九百七十二"外臣部·朝贡"。

赞干布遣禄东赞来贺，送了一只大金鹅，"其鹅黄金铸成，其高七尺，中可实酒三斛。"吐蕃赞普赤德祖赞求亲的时候，"遣使献马千匹、金二千两"，开元二十四年正月，"吐蕃遣使贡方物金银器玩数百事，皆形制奇异"。❻

电视剧《神断狄仁杰》中有一位反面人物沙尔汗，他是朝廷内侍省善金局中的四品将作大监，月氏国人，精通金银器制作中的各种工艺，被武则天称为"大师"。实际上唐代的内侍省是负责管理宫廷事务的，大概相当于皇室的生活管家团队，并不负责金银器铸造事宜，而且也没有"善金局"这个机构。《唐六典》记载，唐代掌管百工技巧的机构是少府监，有中尚、左尚、右尚、织染、掌冶五个从属的机构，有学者认为掌冶署是负责金银器制作的机构，但《唐六典》记载得很清楚，掌冶署"掌镕铸铜铁器物之事"，只是负责金属原材料冶炼的机构，掌握金银器制作的是中尚署，"郊祀之圭璧及岁时乘舆器玩，中宫服饰，雕文错彩，珍丽之制，皆供焉"。❼

唐人为什么如此喜欢金银器呢？通过出土的金银器我们可以发现，唐代的金银器深受外来文明的影响，比如缠枝忍冬、缠枝葡萄纹这些带有明显中亚、西域风格，不属于中国传统的图案大量出现在金银器上。又比如1983年西安市太乙路曾经出土一件唐代摩羯纹金杯，厦门市博物馆亦收藏有鎏金摩羯纹多曲银碗，法门寺唐代地宫曾经出土鎏金摩羯纹三足银盐台 ❽，"摩羯"是今天的人们十分

---

❻ 引文出自《旧唐书·卷一百九十六上·列传第一百四十六（上）·吐蕃（上）》。
❼ 引文出自《唐六典·卷二十二·少府军器监》。
❽ 唐人饮茶要在其中加入橘皮、盐、胡椒、姜等调味品，所以得有装贮调料的器具，这只鎏金银盐台就是供放盐和胡椒用的。

热衷的西方星相学十二星座中的一位,可见在唐代人们已经接受到西方传来的星相学。

外来文明中对唐代金银器影响最大的有两个地区,其一是粟特,其二是萨珊王朝。粟特人作为丝绸之路上最活跃的商业团体,使大量的外来金银物品输入中国。而萨珊王朝是最后一个前伊斯兰时期的波斯帝国,公元651年,萨珊王朝被阿拉伯人灭国后,其王子卑路斯和大量波斯人流亡到中国,萨珊王朝的流通货币就是金币和银币,对于金银器的制造有着极为高超的技术,流亡来的波斯工匠也带来了金银器的制作工艺,从而使得唐代的金银器深具波斯风格。

著名考古学家夏鼐(nài)先生统计过,萨珊银币在中国出土了34起,总数达到1178枚。❾ 值得提一下的是,中国目前馆藏萨珊王朝金银币最多的博物馆是上海博物馆,1991年,杜月笙最小的儿子、收藏家杜维善向上海博物馆捐献了367枚古波斯萨珊王朝与丝绸之路西域20多国金银币,目前这些金银币在上海博物馆钱币馆的中亚古币专室展览。

实际上中国古代也有金币,只不过是少量的纪念币,并不流通。战国时,楚国有一种叫"郢爰"的金币,陕西咸阳出土过西汉的金五铢,而西安何家村唐代窖藏里便有金质开元通宝30枚,银质开元通宝421枚。《旧唐书·玄宗纪》记载,唐玄宗先天二年九月,"宴王公百寮于承天门,令左右于楼下撒金钱,许中书门下五品以上官及诸司三品以上官争拾之"。可见这种纪念币是数量不多的,更多是皇帝给重要朝臣或亲近之人的一种赐赠。于此相对应的是《开元天宝遗事》中记载:

---

❾ 参见夏鼐:《近年中国出土的萨珊朝文物》,载《考古》1978年第2期。

"内廷嫔妃,每至春时,各于禁中结伴,三人至五人掷金钱为戏,盖孤闷无所遣也。"内宫中嫔妃们玩的金币,应该也是此种性质。

正是因为外来的商人和工匠带来了金币、银币和金银器工艺,唐人对于西域在建功立业之外又多了一重想象:黄金之地。《旧唐书》中提及的西域诸国便是如此,在唐人眼中泥婆罗国(尼泊尔)的国王"身著真珠、玻璃、车渠、珊瑚、琥珀、璎珞,耳垂金钩玉槛(kē)"。而且尼泊尔王宫中有一座七层楼,"覆以铜瓦,栏槛楹栿皆饰珠宝。楼之四角,各悬铜槽,下有金龙,激水上楼,注于槽中,从龙口而出,状若飞泉"。吐谷浑人"妇人以金花为首饰,辫发萦后,缀以珠贝"。龟兹国的国王"以锦蒙项,著锦袍金宝带,坐金狮子床"。康国的国王"其王冠毡帽,饰以金宝。妇人盘髻,蠓以皂巾,饰以金花"。波斯国的国王戴着金花冠,坐着金狮子宝座,"妇人亦巾帔裙衫,辫发垂后,饰以金银"。❿

在唐人眼中,黄金最多的则是拂菻国(东罗马帝国,也叫拜占庭帝国),东罗马的皇帝"王冠形如鸟举翼,冠及璎珞,皆缀以珠宝,著锦绣衣,前不开襟,坐金花床"。而且唐人眼中的东罗马帝国首都君士坦丁堡城东面的大门,高二十余丈,自上及下都装饰着黄金,"光辉灿烂,连曜数里"。东罗马皇宫有三重门,全部都用异宝雕饰,其中在第二道门的门楼上,悬挂了一个计时用的大金钟,"以金丸十二枚属于衡端,以候日之十二时焉;为一金人,其大如人,立于侧,每至一时,其金丸辄落,铿然发声,引唱以纪日时,毫厘无失"。而且东罗马人的宫殿以碧色宝石"瑟瑟"为柱,以黄

---

❿ 此两段引文出自《旧唐书·卷一百九十八·列传第一百四十八·西戎》。

金为地，以象牙为门扇，以香木为栋梁。

《旧唐书》中对于东罗马的记述和中世纪欧洲人对于中国的想象几乎一模一样：满地的黄金和香料。唐人对于东罗马的印象或许来自于丝绸之路上的商人们——他们肯定见过东罗马人交易使用的大量金银币，以及公元 532 年东罗马帝国皇帝查士丁尼一世（Justinianus）在君士坦丁堡下令建造的圣索非亚大教堂："其中的墙壁最初是由金、银、玻璃和陶土制成的复杂的彩色马赛克。"⓫ 至于唐人记述的这个大金钟已经无法验证存在与否，但罗马确实是以 12 进制计时。

唐代金银器之所以在后世被人们推崇，除了数量庞大，还在于其艺术水准之高，为历代之最。实际上宋代的金银器也不少，比如 1993 年发现的四川彭州市西大街窖藏是迄今所见最大规模的宋代金银器窖藏，共出土各式器物 350 件。但是如果对比唐代和宋代的金银器就会发现，唐代金银器无论是在艺术表现力还是在制作细节上，都是高于宋代金银器的。唐代金银器之所以能够给我们极其雍容华贵的感受，就在于其艺术表现完美契合了金银的材质，把金银闪光、华丽的一面表现得淋漓尽致。相对而言，宋代的金银器则更加平实，许多器物素面无纹，金银成色也略逊一筹。所以宋代的瓷器更胜一筹，就在于其冲淡平雅的艺术形式更契合瓷器内敛的品质。

和雍容华贵的金银器相对应的，则是唐代的巨型雕塑。唐代是中国古代历史上的巨像时代，今天中国留存的巨型佛像雕塑、大型壁画、帝陵大型石雕群几乎全部来自于唐代，如果说金银的光泽代表了唐帝国的物产丰富，那么，巨型的艺术品则代表了唐人希望这

⓫ 索非亚大教堂官网（ayasofyamuzesi.gov）的介绍。

个帝国永存于世间。

佛教自东汉从西域传入中土，经过东晋、南北朝大发展，到了隋唐，迎来其最辉煌的时代。《唐会要》记载，唐武宗对佛教干预之前曾经让主管祠部（礼部的习惯称谓）检括天下寺庙及僧尼人数："凡寺四千六百，兰若四万，僧尼二十六万五百人。"唐代官立道观的数量，据《唐六典》和《新唐书》所载有1687所，如果加上不在籍的私人和民间所立道观，应该和寺庙数量差不多。唐帝国尽管道教是国教，但佛教到了唐代，已经是和道教并立的大教了。唐太宗李世民为玄奘翻译的佛经所作的《大唐三藏圣教序》就说："大教之兴，基乎西土，腾汉庭而皎梦，照东域而流慈。"

在玄奘西行回国（公元645年）以后，唐代另外一位伟大的取经僧人义净从广州出发，沿着海路到达印度，义净所著的《大唐西域求法高僧传》中，记载了到他为止的四十六年间，西行求法的中国僧人多达四十四人，其中泛海而行的僧人最多。

西行求法归来的僧人除了带回佛教典籍，还带来了佛教艺术。唐代的巨型佛像就深受中亚犍陀罗艺术的影响，西去取经的玄奘翻越兴都库什山的时候，在梵衍那国巴米扬山谷就曾经见过两座举世闻名的巴米扬大佛："王城东北山阿有立佛石像，高百四五十尺，金色晃曜，宝饰焕烂。东有伽蓝，此国先王之所建也，伽蓝东有鍮（tōu）石释迦佛立像高百余尺。"

今天我们在中国各地仍然可以看到唐代遗留下的这些伟大的雕塑——分布在全国的雄浑、丰满、温和的大佛。

四川，是很容易被忽略的佛教艺术昌盛的地区。乐山大佛，也就是嘉州大佛，位于四川乐山市凌云山栖鸾峰，是在临江峭壁上雕塑的一尊弥勒佛坐像，坐佛通高71米。大佛工程自唐玄宗开元元年

（公元 713 年）由海通禅师着手建造，直到剑南西川节度使韦皋于德宗贞元十九年（公元 803 年）完成，历时 90 年，它是目前世界上最大的石刻坐佛像。❷ 齐山双佛，位于四川省眉山市彭山区，建于开元年间，双佛一立一坐分别高 28 米和 24 米，立佛为释迦牟尼，坐佛为多宝如来。唐代的佛教造像几乎遍布四川各地，直到近几年，四川仍然有唐代摩崖石刻造像陆续被发现。

唐代佛像雕塑最负盛名者，莫过于洛阳龙门石窟奉先寺作于唐高宗咸亨四年（公元 673 年）的"卢舍那佛"，尽管这尊佛像只有 17.14 米，在庞大的唐代佛像群中并不是最大的，但是这尊卢舍那大佛所体现的唐代雕塑的艺术性和技艺被很多人认为是唐代佛像的代表作。龙门石窟位于东都洛阳南郊南北约 1 公里的崖壁上，密布着大大小小的窟龛 2300 多个，佛像 10 万余尊。当你站在这些佛像面前对望时，会由衷地感受到一种宏伟的巨力和内心的宁静，瑞典汉学家喜龙仁（Osvald Siren）就说："那些佛像有时表现坚定自信；有时表现安详幸福；有时流露愉悦；有时在眸间唇角带着微笑；有时好像浸在不可测度的沉思中，无论外部的表情如何，人们都可以看出静穆与内在的和谐。"❸

---

❷ 乐山大佛建造了 90 年，此前是不知道的，直到 1989—1991 年进行乐山大佛治理时才发现旁边的悬崖上有唐代剑南节度使韦皋《嘉州凌云寺大弥勒石像记》摩崖碑，据此得知。

❸ 引自熊秉明：《佛像和我们·展览会的观念》，上海: 文汇出版社 1999 年版，第 169 — 170 页。熊秉明（1922 — 2002 年），法籍华人艺术家、著名数学家熊庆来之子。喜龙仁（Osvald Siren，1879 — 1966 年），瑞典学者，1925 年出版蜚声国际的专著《五世纪到十四世纪的中国雕塑》（Chinese Sculpture from the Fifth to the Fourteenth Century），可惜此书近百年来一直没有中文版面世，直到 2019 年 5 月赵省伟主编的《西洋镜》丛书出版了此书，署名喜仁龙。

龙门石窟卢舍那大佛

尺寸：通高 17.14 米

唐人在制作佛像的时候，有一种古老的手工技艺——干漆夹纻工艺，它采用干漆、苎麻、五彩石粉等为原料，经过烘干、打磨、夹纻等 48 道工序完成。先用泥塑成胎，然后用漆做黏合剂把麻布贴在泥胎上；待漆干后，进行装饰；最后把泥胎取出。用这种方法塑像不但柔和逼真，而且重量很轻。纻是一种麻属科植物，即苎麻。唐释慧琳注《释迦方志·卷上》"夹纻"条注云："按《方志》本义，夹纻者，脱空像漆布为之。"后世称干漆夹纻为"脱胎"或"脱沙"，即脱胎漆器。经过干漆夹纻工艺的处理，佛像色彩鲜艳，呈现出一种光润亮泽的质感，并且不宜开裂、变形，能更好地保存佛像原本的神韵、细腻的纹路和流畅的衣纹。

这种技艺繁复耗时，因此历史上并未大规模使用，但其精美的技艺使得这种工艺造型下的佛像，具有了一种恒远的艺术价值。

唐朝时期的干漆夹纻造像实物，目前有三尊。一尊是现藏于日本奈良东大寺正仓院的"唐代八部神像"；一尊是现藏于美国大都会博物馆及西雅图博物馆的"唐代夹纻佛坐像"；还有一尊是由中国人在日本制作的"鉴真干漆夹纻造像"，现藏日本奈良唐招提寺，由鉴真弟子思托等人设计、塑造，像高 80.1 厘米，刻纹简练，造型生动，至今被尊为日本"国宝"。

干漆夹纻工艺制作的唐代佛像有一种让人屏息的美感，日本画家东山魁夷在其散文集《唐招提寺之路》（唐招提寺への道）的第一篇《鉴真和尚》开头写道："新叶娇美的 6 月初，我去唐招提寺瞻

（接上页）关于喜龙仁的译名，叶公平《喜龙仁在华交游考》一文曾经考证过喜龙仁的名字（《美术学报》2016 年第 03 期），其中最关键的一点是民国十八年（1929 年）8 月 10 日内政部部令中也明确称其为喜龙仁。

仰鉴真和尚像。静静闭合的双目，膝头相交的双手，端然正坐的身姿，一千二百载星移斗转，而其风采依然，甚至可以感受到其微微的呼吸。一种不妨称之为战栗的冲击力直贯全身，但很快融入安谧的情思，化为深深的景仰。"

和龙门石窟齐名的是莫高窟，人们总习惯把位于河西走廊最西端的敦煌称为"艺术宝库"，在我看来，对于地标建筑荡然无存的唐代文明而言，敦煌几乎是唐代文化的避难地。王子云先生在92岁高龄时完成付梓的《中国雕塑艺术史》一书中说："唐代的石窟雕塑，就规模的宏大说，应以敦煌居于首位。在敦煌莫高窟现有的四百九十二个窟龛中，唐代开凿的窟龛就占有二百八十多个，大小彩塑造像六七百躯。"其中敦煌南大佛，位于莫高窟第130窟，又称"南大像"。建于开元年间，高26米。敦煌北大佛，位于鸣沙山东麓断崖上，建于武周延载二年（公元695年），为弥勒佛坐像，高35.6米。

佛像之外，敦煌唐代壁画亦是数量最多的，在这些巨型的壁画里，唐朝从典籍中的文字变成了视觉影像，尽管壁画的主题多是礼佛场景，但从中我们可以看到唐人的衣饰、仪仗、器具、舞乐甚至饮食。可以说，敦煌壁画就是一部唐代的相册。

莫高窟第156窟《宋国河内郡夫人宋氏出行图》长卷式壁画是其中最具代表的唐代生活画卷，在长8.20米的壁画中绘有240多个人物，这幅壁画展示的宋氏是张议潮的夫人春游的情景，宋国河内郡夫人是她的封号。

整幅壁画分为三个部分，最前方的是舞乐表演。有杂技"顶竿技"艺人，有乐工、舞伎献艺。紧接舞乐之后有三辆马车，一辆行李车马，二辆为坐车，车后有两乘六角亭式、八人肩抬的"肩舆"，

唐·干漆夹苎坐佛像

馆藏： 美国大都会艺术博物馆
（Metropolitan Museum of Art）

尺寸： 高 96.5cm

唐代干漆夹苎造像实物有三件，一尊是藏于日本奈良东大寺正仓院的"唐代八部神像"，一尊是藏于美国西雅图博物馆的"唐代夹苎造佛坐像"，还有一尊就是图示的大都会博物馆唐代"干漆夹苎坐佛像"。这种"干漆夹苎"佛像技艺繁复耗时，因此历史上并未大规模使用，但其精美的技艺使得这种工艺造型下的佛像，具有了一种恒远的艺术价值。

是宋氏夫人女儿的乘舆。宋氏夫人束高髻，髻上插花钗九树，着青罗大袖襦、长裙，披纱巾，登高头履，骑着白马。夫人马后又有九人捧琴、壶、镜、扇、奁盒和香炉，其中一人着女装，八人女扮男装。最后一部分则是出游的后勤团队，有射猎打野味的卫士、驱驼运酒食的仆人，甚至还有驿夫背着文书袋奔忙的形象。

在这幅壁画里，唐代贵族春游踏青时声势浩大的气派一览无余，不禁让人想起《虢国夫人游春图》，那是天宝十一载（公元 752 年），杨玉环和她的三姊姐虢国夫人及其眷盛装出游，彼时正值长安三月三，无数丽人、官宦在长安东南边的曲江池、乐游原踏青、游乐、宴饮。

敦煌由于特殊的自然环境和地理条件，不仅保存了大量的壁画、彩塑艺术，也保存了大量的文卷、墨迹。自从 1900 年敦煌藏经洞被发现以来，数万卷古代文书公诸于世，这些被称之为"敦煌遗书"的文书，大多数属于唐代。和中央文件、官方史书不同的是，敦煌遗书大多数来自于民间和地方政府，这使得我们对于正史之外的唐人生活方式的了解更加完整。仅就文学作品而言，就有敦煌歌辞（民间歌词）、敦煌诗歌、敦煌变文（民间说唱）、敦煌话本小说和敦煌赋五类，在《全唐诗》、《全唐文》和传奇小说之外，构成了唐代文学的"第四极"。

在这些意义上，今天的敦煌比西安更能令我们怀想唐朝：月夜，孤城，壁画斑驳，荒草萋萋；菩萨在繁复璎珞里低眉；飞天舞姿翩跹，衣袂飘飘；万卷文书墨迹斑驳……

唐代巨像艺术里引人注目的还有唐代帝陵大型石雕群。唐代从公元 618 年建国，至公元 907 年灭亡，历时 289 年。共 21 帝 20 陵（高宗李治与女皇武则天合葬乾陵），除昭宗李晔的和陵和哀帝李柷

唐·镀金文殊菩萨像

馆藏： 美国大都会艺术博物馆
（Metropolitan Museum of Art）

尺寸： 高 19.7 厘米

唐代是佛造像的黄金时代，这个黄金其实也是指黄金这种金属本身。佛陀被称做"金人"，在佛经记载中，文殊菩萨天是"身紫金色"，因此，大量黄金被用做泥金写经、造像涂金。这种铜做材质，外镀金的佛像被称为"金铜佛像"——以铜为人，黄金涂身，衣以绵采。

（chù）的陵墓分别在河南偃师和山东菏泽外，其余18座陵墓集中分布在陕西关中的咸阳和渭南，被称之为"唐十八陵"。

唐代帝陵延续了秦汉的传统，以大型的石刻造像来表现皇帝的威严，唐十八陵原有石刻（不包括陪葬墓）共一千余件，如今包括残件在内仅存不足五百件。其中最具代表性的是位于陕西咸阳乾县城北梁山之巅的乾陵，作为高宗李治和女皇武则天的合葬墓，乾陵是唐代帝陵最庞大和华美的，陵园里有石刻总计124件，由华表、翼马、鸵鸟、拄剑石人像、无字碑、述圣纪碑、石狮和现存的60尊蕃臣石像构成，组成了中国帝陵内最庞大的石像生雕刻群。

在这些石雕群里，乾陵八棱柱形的华表通高约7.80米，重约40吨；翼马高3.45米，重约40吨；仗马、牵马驭手，总重约16吨；述圣纪碑高6.78米，总重约89.6吨；无字碑高8.03米，碑身用一块完整的巨石雕成，总重98.84吨。[14]

1910年，在西安教书的日本人足立喜六遍寻长安的历代遗迹，拍摄了170多张照片，并在回国后出版了《长安史迹研究》[15]一书，其中第十二章"唐代的陵墓"专记唐代的帝王陵，在照片中我们可以看到唐高祖献陵外仅剩的一只华表孤独地矗立在荒野里，可以看到当时还在的唐太宗昭陵六骏大型浮雕和残存的墓园玄武门残壁，至于乾陵，足立喜六记载："梁山（乾陵）比乾州城高九百九十丈，春夏之交，从西安城西门附近西北六十一度张望，可以看见它。"

---

[14] 参见刘向阳：《唐代帝王陵墓》，西安：三秦出版社2003年版，第三章"唐高宗与武则天乾陵"。

[15] ［日］足立喜六：《长安史迹研究》，淡懿诚、贾云、王双怀译，西安：三秦出版社2003年版。该书收于1933年日本"东洋文库论丛"，1935年上海商务印书馆首次出版中文版。

而唐十八陵的保护现状一直不容乐观,"因山为陵"的14座唐帝王陵因为关中地处平原而少山,一度沦为了采石场,几乎无一幸免,定陵、昭陵、章陵、元陵最为严重:定陵的"凤凰山"失去了双翼,凤凰的头部(定陵主峰)更是被深深地炸掉了一半,直接威胁到定陵地宫的安全;章陵和元陵的主峰几乎被夷为平地,章陵墓道口部分石条被炸开,散落于地表。❶另外4座"堆土成陵"的唐陵虽然没有采石的威胁,但却深受文物偷盗的破坏:1997年5月30日,唐敬宗庄陵神道两侧6尊石人,其中5尊被盗走头部;2010年4月1日,唐肃宗建陵陵寝内城东门青龙门遗址前两尊石刻蹲狮被盗;2013年春节期间,唐懿宗简陵石狮被盗……

在唐代所在的7—9世纪,金银器在生活中的大量使用,使得唐朝成为中国历史上最奢华的朝代,似乎整个帝国都被一种感性、华丽的氛围所笼罩,而遍布帝国各处的庞大的巨像雕塑则让今天的人们对于唐代有更多的惊叹和向往。在唐帝国之后,中国的朝代尽管也有一些大型的艺术品问世,然而无论艺术造诣还是规模都比不上唐代,从一个长线来看,唐朝是中国历史上巨像时代的高峰,也是其终结。

❶ 唐十八陵现状可参考2007年《南风窗》杂志"调研中国"公益计划中西安石油大学调研团队的《艰难的存在——唐十八陵现状调查报告》,全文可在《南风窗》官网(www.nfcmag.com)"调研中国"栏目查阅。

第十一章

最后的士族

纠结着流品、科名、门第、婚姻、血统的门阀士族
在唐末绵延的杀戮中和唐帝国一起消失
大唐王朝因此成了门阀士族最后的时代

今天，当我们重新审视唐代社会生活的时候会发现：出入唐代宫廷的达官贵人只是帝国表面的势力，在他们的身后，则是曾经影响中国从东汉至唐末七百余年历史进程的"门阀士族"。

所谓"门阀"就是指"门第阀阅"，门第就是出身，阀阅指功绩和阅历，东汉大儒王充《论衡·程材》说："儒生无阀阅，所能不能任剧，故陋于选举，佚于朝庭。""门阀士族"合称便是指拥有政治话语权的衣冠世家。

在科举制完全推行之前，中古时代的中国实行的是"皇权—贵族"的统治模式，这和宋代后出现的"与士大夫共天下"的"皇权—官僚"统治模式最大的不同，在于世家大族对于政治资源的垄断，唐代则是两种模式的变革时代。

门阀士族从东汉开始萌芽，三国的历史就是门阀士族争霸的历史：曹魏代表的豪强门阀、汝南袁氏代表的公卿门阀、刘备刘璋刘表代表的皇族门阀、孙权代表的江东门阀。到了魏晋南北朝，九品中正制选官法则直接让世家大族垄断了社会上升的全部资源：在南朝，东晋时期琅琊王氏家族与当时皇室司马氏势均力敌，时人称之为"王与马，共天下"；在北朝，鲜卑族建立的北魏："魏主雅重门族，以范阳卢敏、清河崔宗伯、荥阳郑羲、太原王琼四姓，衣冠所推。"

唐初士族延续南北朝士族门阀的辉煌，主要有四个地域集团，

唐代皇后出身一览表

皇帝	皇后	皇后出身	所属门阀士族
高祖李渊	窦皇后	北周定州总管、神武公窦毅与北周襄阳长公主之女	代北士族窦氏
太宗李世民	长孙皇后	隋右骁卫将军长孙晟与渤海高氏之女	代北士族长孙氏
高宗李治	王皇后	罗山令、太原王氏王仁祐与河东柳氏之女	"五姓七宗"太原王氏
	武则天	唐朝开国功臣武士彟与隋宗室杨氏之女	关陇贵族
唐中宗李显	韦皇后	京兆韦氏、普州参军韦玄贞与博陵崔氏之女	关中郡姓京兆韦氏
唐睿宗李旦	刘皇后	陕州刺史刘延景之女	彭城刘氏
唐玄宗李隆基	王皇后	左卫中郎将王仁皎之女	"五姓七宗"太原王氏
唐肃宗李亨	张皇后	父张去逸,祖母窦氏为玄宗生母妹妹,她本人即唐肃宗的表妹	关陇贵族
唐德宗李适	王皇后	琅琊王氏秘书监王遇之女	侨姓士族
唐昭宗李晔	何皇后	蜀人,家世未知	

制表:师永涛。
参考资料:《旧唐书·后妃列传》。

1. 有唐一代289年,生前被册封的皇后,仅10位。
2. 唐朝历代21君主,但大多数都没有在生前册封皇后,比如唐顺宗李诵在位仅186天、唐宪宗李纯在位15年,没有封后。
3. 唐德宗李适王皇后出身没有记载,根据其父《大唐故秘书监赠扬州大都督王府君墓志铭并序》可知为临沂王氏(琅琊)。
4. 昭宗何皇后是唐德宗贞元二年(公元786年)之后100年多内第一次册立皇后,也是大唐帝国最后一位册封的皇后。

并各有所"尚",也就是说为了保证某种血统的纯净,或者某种利益的一致,婚娶是有固定的对象:山东士族尚婚娅,江左士族尚人物,关中士族尚冠冕,代北士族尚贵戚。唐肃宗时的历史学家柳芳《氏族论》对于当时的门阀士族讲得比较清楚:过江为"侨姓",王、谢、袁、萧为大;东南则为"吴姓",朱、张、顾、陆为大;山东则为"郡姓",王、崔、卢、李、郑为大;关中亦号"郡姓",韦、裴、柳、薛、杨、杜首之;代北则为"虏姓",元、长孙、宇文、于、陆、源、窦首之。其中山东士族又被称为关东士族,其中的高门主要由博陵崔氏、清河崔氏、范阳卢氏、陇西李氏、赵郡李氏、荥阳郑氏、太原王氏组成,即所谓"五姓七宗",是大唐帝国中最为显赫的门阀士族。❶

唐高祖李渊在武德九年所选定的43名功臣中,关东籍23人,占半数以上。而在唐太宗李世民钦定的凌烟阁24名功臣中,关东籍15人,占2/3,其中就有名臣房玄龄、尉迟恭、程知节、秦叔宝、高士廉、程志玄等人。

出身自北周武川镇关陇集团的李唐王朝深知世家大族对于政治的干预性,从唐太宗李世民开始,希望能够通过阶层间的流动,打破士族门阀势力对皇权的威胁,首要举措就是希望能够把传承没那么久的关陇士族抬举起来巩固皇权。

贞观十二年正月十五,李世民命人修撰的唐朝版的"百家姓"——《氏族志》修成,参与修订《氏族志》的主要官员吏部尚

---

❶ 柳芳是生活在唐玄宗、唐肃宗时代的杰出史学家,生卒年不详,元代马瑞的《文献通考·经籍考》记载,欧阳修、宋祁编撰的《新唐书》、司马光编撰的《资治通鉴》采用了不少柳芳私人写的编年体史书《唐历》的记述。

第十一章

书高士廉出身山东士族,但和关陇集团联姻;御史大夫韦挺出自关中郡姓;中书侍郎岑文本是江左士人;礼部侍郎令狐德棻(fēn)出自敦煌令狐氏。从人选上就可以看出唐太宗的心思:削弱关东门阀士族在帝国的政治影响力。

然而高士廉等人修出的《士族志》却以关东崔氏、卢氏为第一等,皇族李氏与之并列,可见当时的关东门阀士族的影响力是如何之大,即便几位奉皇帝命令修志书的大臣也不敢轻易动挪他们的地位。唐太宗则几乎是勃然大怒,《唐会要》生动记载了太宗当时出离愤怒的样子:"书成,太宗谓曰:'我与山东崔、卢家,岂有旧嫌也?为其世代衰微,全无官宦人物,贩鬻婚姻,是无礼也;依托富贵,是无耻也;我不解人间何为重之?我今定氏族者,欲崇我唐朝人物冠冕,垂之不朽,何因崔干为一等?列为第三等!'"用"无礼"、"无耻"这样露骨又严重的词,可见太宗当时的愤懑。❷

在太宗的怒火之下,高士廉等人重新修撰了《士族志》,最终收入天下门阀士族 293 姓,1651 家,分为九等,以李氏皇族为首,外戚次之,山东士族被降为第三等。

李世民之后,高宗和武则天继续沿用太宗的策略,唐高宗显庆四年九月五日,高宗下诏把太宗修订的《氏族志》改为《姓氏录》,这次的修订在唐帝国引起了轩然大波,在第一等的士族中,不但加入了元贞皇后独孤氏、太穆皇后窦氏、文德皇后长孙氏、则天皇后武氏四大皇后家族,而且把朝廷的官职系统全部列入到了品级中:太子三师、开府仪同三司、仆射为第一等,文武二品及三品的参知

---

❷ 引文出自《唐会要·卷三十六·氏族》。

政事为第二等。并且只要是"皇朝得五品者",管你是文官武官,只要五品以上都能入《姓氏录》。这引起了当时的士族门阀的强烈反弹,"咸以为耻",以收录进去自己的家族为耻辱。

尽管如此,门阀士族在唐初仍然扮演了重要的角色,"唐初四杰"里王勃是太原王氏、卢照邻是范阳卢氏,这两家都是"五姓七宗";杨炯是弘农杨氏,隋皇室就是号称出自这个家族;只有骆宾王出身自一个小家族。贞观名臣里,魏徵的妻子出自河东裴氏;房玄龄的妻子出自山东卢氏,他的长子房遗直娶的是关中杜氏;李勣的长子李震娶的是太原王氏。唐高宗仪凤元年(公元676年)拜相的薛元超就曾说,他这一辈子富贵过人,但是遗憾的事情有三件,排第二的就是没有娶到"五姓"的女子,官至宰相都觉得没有娶到"五姓七宗"的女子为平生遗憾,门阀士族之影响力可见一斑。❸

对于李唐王朝而言,并非是要消灭士族门阀,而是希望通过对门阀士族的打压削弱门阀,这样的举措在唐玄宗时期使得李氏终于成为了唐帝国第一大门阀士族,据唐代经济史学家薛平拴研究,到了开元、天宝中,长安皇室宗室人口在3万—5万人,宦官约5000—10000人,宫女约5万人,官奴婢约3万人,工匠乐户约3万—4万人,皇室及其服务人口大约20万。❹

到了盛唐,科举制度尽管给了寒门士子上升的途径,然而,底蕴深厚的门阀士族很快便适应了科举制度。有学者根据《新唐书》

---

❸ 唐人刘悚《隋唐佳话》记载,薛中书元超谓所亲曰:"吾不才,富贵过人,然平生有三恨:始不以进士擢第,不得娶五姓女,不得修国史。"
❹ 参见薛平拴:《陕西历史人口地理》,北京:人民出版社2001年版,第五节"唐代陕西人口规模"。

和《旧唐书》中科考出身的人物及清代徐松的《登科记考》中的人物进行汇总，并按其出身和门第进行分类，发现有唐一代进士科共登第830人，其中士族就有589人，占到71%。

《新唐书·宰相世系表》则记载了唐代宰相98姓，369人。其中山东"郡姓"士族，五姓出宰相67位；关中"郡姓"士族，六姓出宰相61位；过江的"侨姓"士族，四姓出宰相16位；代北"虏姓"士族，七姓出宰相15位；东南"吴姓"士族，四姓出宰相8位。门阀士族合在一起一共出了167位宰相，占唐代宰相数量的45%。

其中"五姓七宗"所出宰相就有78位，分别是：博陵崔氏15位、清河崔氏12位、范阳卢氏8位、陇西李氏10位、赵郡李氏17位、荥阳郑氏9位、太原王氏7位。"五姓七宗"之外，还有5个门阀士族所出的宰相超过了10位，分别是：兰陵萧氏10位，长安韦氏16位，长安杜氏11位，弘农杨氏11位，河东裴氏17位。

其中的兰陵萧氏是"侨姓"士族也就是东晋南渡的中原士族代表，南北朝时期兰陵萧氏创建了齐、梁两朝，隋炀帝的皇后萧氏便是出自这个家族；长安韦氏则因为一直和皇家进行联姻而闻名，李世民的韦贵妃出自韦氏，寿王李瑁在杨玉环被父亲李隆基夺走后重新娶的王妃韦妃亦来自韦氏，韦氏所出最著名的还是唐中宗李显的韦皇后，她曾经效仿武则天一度接近大唐帝国的皇位；长安杜氏就是贞观名臣杜如晦的家族，这个家族以文采著称，盛唐诗人杜甫、《通典》的作者杜佑、晚唐诗人杜牧皆出自这个家族；弘农杨氏就是隋文帝杨坚所在的家族，尽管唐代隋而立，但是作为和唐皇室同出一脉的杨氏并没有消亡，唐太宗的杨妃是隋炀帝的女儿，武则天的母亲亦出自杨氏，杨玉环家族亦是杨氏分支，白居易的妻子也出自弘农杨氏；河东裴氏从隋代开始就是宰相世家，欧阳修也说："表唐宰相世系,以裴为首,宰相至十有七人,岂不盛哉!"裴氏最为人熟知的是曾任隋炀帝晋阳宫副监的裴寂,他曾经和李渊、李世民一起于太原起兵,贞观二年,唐太宗在南郊祭天时,特别邀请了两个人和他一起乘坐天子才有资格坐的金辂(lù)车,其一为长孙无忌,另一个就是裴寂,太宗说:"以公有佐命之勋,无忌亦宣力于朕,同载参乘,非公而谁?"❺

到了唐代后期,门阀士族不但没有削弱,而且变得更加强大,河北崔、卢、郑、王等大族仍然坚持传统的家门风教,在婚姻上自矜高贵,只和与自己有着同样显赫家世、历史的望族通婚,甚至连皇族都不屑一顾。唐宪宗曾经为长女岐阳公主选驸马,让宰相李吉甫在卿士家族选一些有文采的青年,结果士族子弟都以有病为借口推辞,只有史学家、度支使杜佑的孙子杜悰愿意娶公主。❻

到了唐文宗开成初年,文宗想给宪宗的女儿真源、临真二位公主各找一个士族下嫁,但是士族也是推三阻四,文宗悲愤地给宰相说:"民间修婚姻,不计官品而上阀阅。我家二百年天子,顾不及崔、卢耶?"再想想前文中唐太宗李世民的愤懑之问:"我不解人间何为重之?"可见门阀士族在唐代是何其强大。

唐宣宗最爱的女儿万寿公主,在白居易的弟弟、宰相白敏中的推荐下,下嫁给了出身荥阳郑氏的状元郑颢(hào)。唐宣宗大中五年(公元851年),党项入寇,皇上派白敏中前去镇抚,白敏中不敢去,他给宣宗说:"陛下爱女下嫁贵臣,郎婿郑颢赴婚楚州,会有日。行次郑州,臣堂帖追回,上副圣念。颢不乐国婚,衔臣入骨髓。臣

---

❺ 引文出自《旧唐书·卷五十七·列传第七·裴寂》。
❻ 此事记载于《旧唐书·卷一四七·列传第九十七·杜佑》所附"杜悰"条。

且在中书,颢无如臣何;一去玉阶,必媒孽臣短,死无种矣!"原来郑颢当时和河北大族卢氏已经有婚约,并且赴婚楚州(今江苏淮安),走到郑州的时候,白敏中发了宰相堂帖把郑颢追了回来。宣宗马上为郑颢和万寿公主完了婚,拜郑颢为驸马都尉,后来又提为中书舍人、礼部侍郎。但郑颢"不乐国婚",就是根本不想当皇帝女婿,只想娶"五姓七宗"的女子,于是一辈子记恨白敏中。白敏中说自己在朝中的时候有皇帝罩着,这次要离开朝堂,万一郑颢搞事情,我就死定了。宣宗跟白敏中说,我早就知道郑颢对这件事不满意了。他让人拿来一个小盒子,里面装的全是郑颢上奏告白敏中的状,并且告诉他:"此尽郑郎说卿文字,便以赐卿。若听颢言,不任卿如此矣!"意思是,你放心去办事,我要是听信郑颢,你早死八次了。皇帝嫁女给门阀士族不容易,当媒人更不容易,宣宗在位的时候已经是唐代晚期了,门阀士族仍然如此矜持,其势力之强大可见一斑。❼

我们通过诗人杜甫的一生,则可以一窥唐代门阀士族之间的交往。杜甫出自长安杜氏,他的生母出自"五姓七宗"的博陵崔氏,继母出自范阳卢氏,杜甫的妻子是司农少卿杨怡之女,为弘农杨氏,皆为门阀士族。唐玄宗天宝七载(公元748年),三十七岁的杜甫在长安屡上诗尚书左丞韦济求他推荐,其中的《奉赠韦左丞丈二十二韵》就有"甫昔少年日,早充观国宾。读书破万卷,下笔如有神"这样的名句。杜甫为何会找韦济推荐呢?韦济出自长安韦氏的襄阳分支,和杜甫的家族长安杜氏世代交好,两个家族居住的地方又很近,今天西安长安区的韦曲街道、杜曲街道便是两个家族的世居地,

---

❼ 此事记载于唐人裴庭裕撰《东观奏记》,这本笔记专记唐宣宗一朝政事和宫廷秘闻共89件。

互相提携是应有之意。

韦氏和杜氏之间的生死交情从另一件事亦可看出,唐肃宗至德二年(公元757年),四十六岁的杜甫担任了一生中最大的官左拾遗(从八品上,属门下省,掌供奉讽谏),他少年时认识的好友房琯因为兵败被罢相,杜甫冒死上书皇帝给房琯求情。肃宗大怒,诏三司推问杜甫的罪责,这个时候出自长安韦氏的御史大夫韦陟(zhì)救了杜甫,他对肃宗说:"杜甫所论房琯事,虽被贬黜,不失谏臣大体。"❽ 虽然救下了杜甫,但韦陟本来是要当宰相的,因此举有忤肃宗之意,肃宗于是疏远了他,以至于他生前都未能入相。从中可以看出韦、杜两个门阀士族之间同气连枝,互相进退之意。

而杜甫的母族崔氏对杜甫帮助甚多,唐肃宗至德元年(公元756年),安史之乱起,四十五岁的杜甫逃难之时,携眷去白水县,寄居在他的舅舅崔少府家。唐代宗大历五年(公元770年),五十九岁的杜甫在他去世前想去投靠的还是在郴州当官的另一个舅舅崔伟,结果没到地方就卒于耒(lěi)阳。

在山东、江左、关中、代北这些大型门阀士族之外,还有一些实力非常强劲的隐性士族,比如渤海高氏、岭南冯氏、长安郭氏。

渤海高氏东汉起发轫于渤海郡蓨(tiáo)地,南北朝时建立东魏、北齐政权,上文讲到的主持编撰《氏族志》并名列凌烟阁二十四功臣的高士廉便出自这个家族,高士廉的妹妹则在嫁给隋右骁卫将军长孙晟后,生了长孙无忌和唐太宗的长孙皇后。曾经被封为渤海县侯的唐代诗人高适也出自这个家族,渤海高氏有唐一代一

---

❽ 引文来自《旧唐书》卷九十二,列传第四十二"韦安石"所附"子韦陟"条。

第十一章

共出了四位宰相。

岭南冯氏是北燕国王冯跋的皇族后裔,在北燕即将灭亡之际,皇族冯业率三百族人浮海南下,定居于岭南。自后代冯宝娶俚人大族冼氏为妻后,冯家世代镇守岭南,到了唐初,已拥有岭南二十几州,家主冯盎说:"吾居南越,于兹五代,本州牧伯,唯我一门。"❾冯氏在武德四年降唐后冯盎仍然以上柱国、高罗总管、越国公的身份镇守岭南,有"奴婢万余人,所居地方二千里"。在中国历史上,冯氏家族最知名的人物叫冯元一。武则天长寿二年(公元693年),冯氏家族因岭南流人谋反案被牵连抄家,家族中有位叫冯元一的幼童被阉割后送到了长安的宫廷,被宦官高延福收为养子,改名叫高力士,在唐玄宗统治时期一度成为中国历史上最具影响力的宦官之一。

相对于累世王侯的世家大族而言,以郭子仪的军功而起家的长安郭氏家族显得非常另类。郭子仪虽然也出自关中士族,但是是非常普通的士族,他的父亲最高只当过州刺史。郭子仪因为参与平定安史之乱以及主持收复被吐蕃占领的长安而进封汾阳郡王,德宗朝的时候,甚至被赐号"尚父"。尚父最早指的是姜子牙,周武王曾经尊他为"尚父",意思是和父亲一样尊敬。齐桓公尊管仲为仲父,始皇帝尊吕不韦为亚父都是一样的意思,可见郭子仪地位之高。而郭氏也借此成为了唐帝国一等一的门阀士族,郭子仪的八个儿子七个女婿"皆朝廷重官。诸孙数十人,每群孙问安,不尽辨,颔之而已。参佐官吏六十余人,后位至将相,升朝秩贵位,勒其姓名于石,今在河中府,人士荣之"。❿郭子仪的儿孙尽享显官贵爵,他的部属也都封将拜相,由此

---

❾ 引文出自《旧唐书·卷一百九·列传第五十九·冯盎》。
❿ 引文出自《旧唐书·卷一百二十·列传第七十·郭子仪》。

组成了一个非常庞大的势力。郭氏一门先后迎娶了升平公主、汉阳公主、西河公主、金堂公主、饶阳公主等五位公主;郭子仪的六子郭暧和升平公主所生长女是唐宪宗贵妃,唐穆宗生母,被五位皇帝尊奉为太后、太皇太后;唐穆宗、唐敬宗、唐文宗、唐武宗等四位皇帝均与郭氏有着血缘之亲,郭氏可以说是中唐第一门阀士族。

有意思的是,唐代门阀士族虽然有着极高的社会地位,但唐代士庶之间并没有特别尖锐的矛盾,比如说唐代的《舆服志》中,仅仅是规定了官服的穿着规则,并没有区分士庶,唐代男子日常的服装以襕衫为主,皇帝的日常服也是这种服装。如果说唐代士族最让人诟病的问题,大概就是他们之间保持的姻亲关系。

对于唐帝国的皇帝来说,则一直致力于缩小士庶之间的阶层差异,唐太宗在《劳邓州刺史陈君宾诏》说:"知礼让兴行,轻财重义,四海士庶,皆为兄弟,变浇薄之风,敦仁慈之俗,政化如此,朕复何忧。"唐高宗的《令州县举明习礼乐诏》让州县举荐通晓礼乐的人才时也说:"其四方士庶,及邱园栖隐,有能明习礼乐,祥究音律,於行无遗,在艺可录者,宜令州县搜扬博访具以名闻。"唐德宗的"禁枪令"《禁私家藏枪甲诏》也说:"如闻京城士庶之家,所藏器械,宜令京兆府宣示,俾纳官司。他如律令。"皇帝的诏书也是法律的一种,从中看出,至少在唐代法律对象面前,士庶是没有区别的。⓫

但我们也不必因此而对唐王朝怀有美好的想象,因为在唐代,士庶之外,还有一个阶层存在,那就是"贱民"。唐代贱民种类包括了杂户、官户、工乐户、部曲、客女、随身和奴婢等不同等第的人群。

⓫ 三封诏书分别引自《全唐文·卷九·太宗(六)》、《全唐文·卷十三·高宗(三)》、《全唐文·卷五十二·德宗(三)》。

第十一章

杂户、官户、工乐户和官奴婢隶属于官府,故被称为"官贱",其中杂户和官户的来源比较复杂,唐代的杂户一部分为前代所遗留,另一部分则是以俘虏、犯人、流放或被罚服官方劳役的人家,这些人是比庶民低一级的阶层,但如果他们受到赦免,则可以恢复平民身份,"进丁受田,依百姓例"。工乐户,指的是隶属于少府的工匠和隶属于太常寺的乐工,他们没有户籍。

部曲、客女、随身和私奴婢隶属于私人,故被称为"私贱"。依附于士族豪门的贱户,男的称为"部曲",女的称为"客女",他们相当于士族管理的杂户。随身和私奴婢则是唐帝国的最底层,他们是终身服务的仆人。奴婢是唐帝国命运最悲惨的人群,《唐律疏议》有明确规定:"奴婢同于资财","奴婢贱人,律比畜产",也就是说他们只是财产,在人格上并不被看成是人。

因为这个原因,唐代的奴婢经常会被拿来抵债、买卖,其中最著名也是最残忍的贸易,就是贩卖唐帝国的附属国新罗的"新罗婢"——在唐朝的富豪之家,大多都非常希望能够得到新罗国的少女作为贴身女婢、姬妾和演艺者。

新罗的奴婢贸易养活了一大批黄海水域的海盗,唐穆宗长庆元年(公元 821 年),平卢军节度使薛苹专门向朝廷报告海盗掠卖新罗"良口"到平卢管界登、莱等州事,称此前朝廷已有制敕禁断买卖新罗人口,但是收效不显著,请求"自今已后,缘海诸道应有上件贼炫卖新罗良人等,一切禁断。请所在观察使严加捉搦,如有违犯,便准法断"。两年之后,新罗使金柱弼又进状,称禁卖令生效之后,新罗奴婢老弱者"栖栖无家,多寄傍海村乡,愿归无路",请求沿海州县,利用便船送归新罗。唐政府命令所在州县仔细辨别"是本国(新罗)百姓,

情愿归者"送其回去。⓬

敦煌研究院藏有《唐代奴婢买卖市券副本》，是奴婢买卖官文书，记载了唐玄宗天宝年间敦煌郡唐人买卖奴婢的过程：卖主王修智要将自己13岁的胡人奴婢多宝卖给一个叫惠温的人，多宝的身价是"生绢贰拾壹匹"，多宝值21匹生绢，可以看出，唐代的奴婢价格也不是随便一个人就能买得起的。奴婢买卖过程中有五个人联名俱保，也就是做证人，分别是敦煌郡百姓左怀节、安神庆；"行客"也就是行商张思禄；"健儿"也就是戍卒王奉祥、高千丈。这么多不同身份的保人除了证明交易的有效性，还为了证明多宝"是贱不虚"，也就是说防止把良民当成奴婢贩卖，按《唐律》规定，凡掠卖良人为奴婢的，处以绞刑。这份文书上，卖主、买主、被卖奴婢、保人的身份和年龄，一一俱全，最后官府对契约真实性进行核实，加盖敦煌郡的"郡印"后，成为具有法律效力的文件。⓭

唐宪宗末年，以牛僧孺和李德裕为首的大臣之间的朋党之争越演越烈，牛、李两党轮番执政，史称"牛李党争"，党争从唐宪宗时期开始，历经宪宗、穆宗、敬宗、文宗、武宗，到唐宣宗时期才结束，持续时间将近40年。有一种观点认为"牛李党争"是唐代的士庶之争，因为牛僧孺出自平民，而李德裕出自赵郡李氏。

但查一下牛李两党的主要人员履历会发现，在"李党"主要的十一个成员中，高层官僚两个、下层官僚五个，布衣出身四个，中下层官僚占一多半；而"牛党"十一个成员中，高层官僚五个、下

⓬ 出自《唐会要・卷八十六・奴婢》。
⓭ 敦煌研究院藏《唐代奴婢买卖市券副本》，原为1件，后断裂为两部分，馆藏号为D0639、D0640，发表号为敦研298号、299号。

第十一章

层官僚六个，也一半以上。与此相验证的是，英国汉学家崔瑞德主编的《剑桥中国隋唐史》述及"牛李党争"时统计说，牛党共41人，其中郡望出身者20人，非郡望出身者5人；李党共22人，其中郡望子孙12人，非郡望出身者7人。可见"牛李党争"更多是官僚集团之间的政治斗争，而非士庶之争。

这是由于文官体制的形成和科举的施行，让南北朝时期门阀士族与皇权之间的矛盾到了唐代完全成为了朝堂内部的政治斗争，唐代的门阀士族逐渐由地方势力变成了官僚阶层。

如果我们翻阅史书会发现，唐代是中国门阀士族存在的最后时代，这些可以追述至汉代的辉煌家族，在唐史中写满了自己家族的名字，然而唐以后的历史中却鲜有其名。门阀士族是如何消失的呢？

有一种观点认为唐代的士族之所以逐渐式微，是因为科举的缘故，科举让士庶之间逐渐融合，士族最终消失了，但我们上文做过论述，唐代科举仍然是士族子弟占大多数。如果我们拿唐朝之前的南北朝和之后的五代十国做一个对比，或许会看出唐代门阀士族消亡的原因。

南北朝时期，南朝依次是刘宋、萧齐、萧梁、南陈。刘宋的开创者刘裕虽然少时家贫，但是他是东汉刘氏皇族出身；萧齐、萧梁则是兰陵萧氏建立的政权；只有南陈开国皇帝陈霸先是普通人家出身。北朝依次是北魏、东魏、西魏、北齐、北周。北魏、西魏的拓跋氏后来改姓元，是代北"虏姓"中的门阀士族；东魏、北齐则是渤海高氏建立的王国；北周宇文氏也是代北"虏姓"中的门阀士族。南北朝一共九个王朝，八个都是门阀士族建立的，如果加上杨氏的隋，那么几乎唐之前150年的历史都是由门阀士族统治的。到了五代十国，除了南平政权开创者高季兴自称是源自渤海高氏外，其余诸国国主比如朱温是唐末黄巢起义时的军事将领，后唐、后汉、后晋是沙陀人政权，其余大多数起自微末或出身贫寒。

不难看出，唐代门阀士族由于放弃了地方势力，完全进入唐王朝的官僚体系中而丧失了保存家族的实力，以至于在唐末群雄逐鹿的时候没有一个门阀士族能够有军事实力保存门阀士族的社会地位。这一点其实唐末的藩镇割据时就已经有了征兆——以"牙兵"这种职业军人作为主体的藩镇，没有一个门阀士族掌握过某一个藩镇的权利。这是门阀士族退出历史舞台的真正原因。

上述的大势变迁的分析只是门阀士族消失的轨迹，真正的历史过程则要血腥得多。

唐僖宗李儇（xuān）广明元年（公元880年）十二月十三日，黄巢兵进长安，《资治通鉴》记载："（黄巢的军队）各出大掠，焚市肆，杀人满街，巢不能禁。尤憎官吏，得者皆杀之。……杀唐宗室在长安者无遗类。"韦庄《秦妇吟》一诗记载："天街踏尽公卿骨，甲第朱门无一半。"屡次科举均以落第告终的私盐贩子黄巢，以极其惨烈的手段报复了那些没有接受他的士族。

唐哀帝李柷（chù）天祐二年（公元905年），唐王朝的终结者朱温对李唐宗室诸王大开杀戒，他命心腹蒋玄晖邀请昭宗之子濮王李裕、棣王李羽、虔王李契、祁王李祺、琼王李祥等九人，在洛苑的九曲池旁摆下酒宴，将九王一一灌醉，然后用绳子勒死，尸体则扔进九曲池里。朱温的谋士、安国人李振❹，同时也是一位连续不第的士

---

❹ 李振是武德年间的粟特族功臣安兴贵的后代，他的曾祖父是唐朝中兴的功臣李抱真，李抱真原名安抱真，因耻与安禄山同姓而赐姓李。《旧唐书·卷一百三十二·列传第八十二》记载安抱真改姓的原因："臣贯属凉州，本姓安氏，以禄山构祸，耻与同姓，去至德二年五月，蒙恩赐姓李氏，今请割贯属京兆府长安县。"

第十一章

子,对朱温说:"(士族门阀)此辈自谓清流,宜投于黄河,永为浊流。"朱温笑而从之,于滑州白马驿(今河南滑县境),一夕尽杀左仆射裴枢、右仆射裴贽、右仆射崔远、静海军节度使独孤损、吏部尚书陆扆、工部尚书王溥六位宰辅及衣冠清流三十余人,投尸于黄河,史称"白马之祸",这也是唐代门阀士族正式退出历史舞台的标志。

李振因为此事被唐人视为"鸱枭"(古书上指猫头鹰,传说闻到人快死了就开始叫,被人认为是不祥之鸟)。他作为后梁的大臣而荣耀一时,直到后唐庄宗李存勖灭梁,李振变节投降,但不被接纳而身死。

纠结着流品、科名、门第、婚姻、血统的门阀士族在唐末绵延的杀戮中和唐帝国一起消失,大唐王朝因此成了门阀士族最后的时代。

第十二章

长安城的生与死

从某种意义上来说，唐帝国的都城长安是一座没有名字的城市。长安城毁灭之后后代无数人对这座伟大的城市进行缅怀长安进而成为了一个符号成为了大唐盛世的代名词

从某种意义上来说，唐帝国的都城长安，是一座没有名字的城市。

《旧唐书·地理志》记载："京师，秦之咸阳，汉之长安也。"在有唐的289年里，这座城市在官方诏书、文件里被称为京师、京城、京兆、西京、西都，或许因为汉代长安城的影响太过巨大，人们的日常生活中，还是依照惯性称它为"长安"，尽管汉代的长安城旧址在其西北二十里外。唐代史学家韦述在其《西京新记》里说："西京，俗曰长安城，亦曰京城。"正是因为人们的俗称和口口相传，长安成了这座城市的名字。

在唐帝国继承隋王朝的遗产里，长安城是其中重要的一个。

隋文帝杨坚取代北周建立隋朝后，最初定都在西汉的长安城，当时的汉长安历经数百年战乱已经几成废墟，今天我们看到的渭河已经远离西安从咸阳穿城而过，但当时渭河离汉长安城很近，水污染严重，于是杨坚便决定以宰相高颎（jiǒng）为营新都大监，建筑大师宇文恺为副监另立新都。隋高祖开皇二年（公元582年）开始，在宇文恺的实际主持下❶，仅用9个月左右的时间就建成了宫城和皇城。开皇三年（公元583年），迫不及待的隋文帝杨坚迁至新都，因为杨坚早年曾被封为大兴

---

❶ 《隋书·宇文恺列传》载："高颎虽总大纲，凡所规划，皆出于恺。"

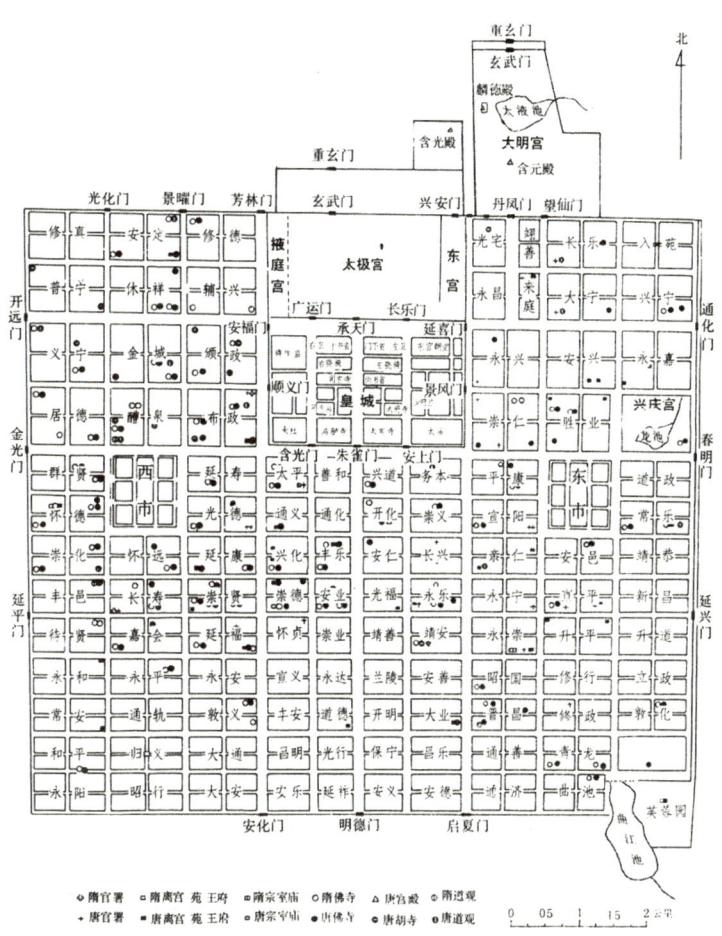

唐·长安城平面图

来源：陕西省地方志编纂委员会编：《陕西省志·行政建置志》，三秦出版社1992年1版。

公，因此便以"大兴"命名此城。到了隋炀帝大业九年（公元 613 年），"丁丑，发丁男十万城大兴"，才把大兴城的外郭城部分城垣建立起来。❷

至此，中国古代坊市形制城市史上最辉煌的一座城市出现在了陕西关中的龙首原上。

龙首原的"原"实际上应该是"塬"，这是陕西关中存在的一种独特的地理现象，流经关中的黄河第一大支流渭河自西往东流经关中平原，与南边的秦岭山脉、北边的北山之间冲击造成了渭河谷地。渭河携带的泥沙冲淤形成了众多地势高出关中平原，但上边比较平坦的黄土台塬，我们俗称为原。我们熟知的著名作家陈忠实笔下的"白鹿原"便是黄土台塬，在关中，以原命名的地名多不胜数，我们熟悉的还有唐代诗人李商隐的《登乐游原》："向晚意不适，驱车登古原。夕阳无限好，只是近黄昏。"乐游原就位于长安东南。

今天，当我们坐着动车从西安往西前往西府宝鸡的时候，从车窗望出去，远处巍峨的是秦岭，秦岭山下高出地面数十米的顶部异常平整的是黄土台塬，近处则是种满小麦的关中平原，"秦岭—台塬—平原"构成了关中独特的地理景观。

龙首原这个地名现在是西安城北地铁 2 号线的一个站名，实际上，整个大兴城或唐长安城就建在龙首原南麓，可以这样说，长安城是一座建立在黄土台塬上的城市，只是今天的城市天际线和建筑群改变了地形地貌，已经让我们感受不到黄土台塬的边际了。

我们熟悉的唐长安城棋盘样的格局，在大兴城营造的时候就已经有了，包括东市和西市，隋人称东市为都会市、西市为利人市。不过大兴城

---

❷《隋书·炀帝本纪》载："丁丑，发丁男十万城大兴。"

第十二章

营造好之后,隋炀帝就把帝国政治中心迁移至东都洛阳,此后更是东去江都扬州,大兴城真正起到国家政治中心的地位在于唐帝国继承大兴城后。

唐人对于大兴城的营造主要在于修缮与扩建。唐帝国前期的宫殿太极宫是隋皇宫大兴宫改名而成,唐立国后,高祖李渊以秦王李世民有夺定天下之功,在太极宫的西苑内建了一座弘义宫供其居住。玄武门之变后,李渊虽然退位,但他和李世民居住的宫殿并没有改变。直到贞观三年(公元629年)四月,时为太上皇的李渊和李世民换了一下住处,李渊迁至弘义宫,改名为大安宫,李世民则迁入太极宫,著名的凌烟阁便位于太极宫内。

唐太宗贞观八年(公元634年),因为太极宫地势低,夏季闷热,为了让太上皇李渊避暑,李世民下令在长安城外龙首原高处修建大明宫,然而未修成,李渊便去世了,这项工程于是停止。高宗李治登基后,龙朔年间(公元661—663年)重新启动大明宫修建,规模与太极宫不相上下而气魄之宏伟则超过之。今天我们看唐代长安地图,会发现长安不是一个方方正正的城市,东北角突出去的一部分就是新修建的大明宫。

唐玄宗开元二年(公元714年),玄宗李隆基把自己做藩王时期的隆庆坊府邸扩建成为了兴庆宫,在唐代历史上非常有名的兴庆殿、南熏殿、大同殿、勤政务本之楼、花萼相辉之楼和沉香亭都是其中的建筑物❸,玄宗还在长安东城墙内增筑了一道夹城,使得皇

---

❸ 《唐会要·卷三十·兴庆宫》载:"西面题曰花萼相辉之楼,南面题曰勤政务本之楼。"可见花萼相辉楼和勤政务本楼的原题里面是有"之"字的,电影《妖猫传》准确还原了这一点,而今天西安兴庆宫旧址所在的兴庆公园有座楼题的还是"花萼相辉楼"。

家可以从兴庆宫直接与大明宫、曲江池相通。唐玄宗开元、天宝时代，这里是大唐帝国的政治中心所在，也是玄宗与杨玉环长期居住的地方。

在长安城内，以太极宫（大内）、大明宫（东内）、兴庆宫（南内）形成的宫殿群，是中国历史上最庞大的宫殿建筑群落，尤其是大明宫依龙首原而建，雄伟壮丽，为后世留下了难以磨灭的思念，这座"银烛朝天紫陌长，禁城春色晓苍苍"❹的宫殿似乎总是有一种春天的慵懒气氛在整个朝堂上弥漫。

大明宫的正殿含元殿，坐落在三米高的台基上，整个殿高于平地四丈。远远望去，含元殿背倚蓝天，高大雄浑，摄人心魄。皇帝在含元殿听政，可俯视脚下的长安城。殿前有三条"龙尾道"，是地面升入大殿的阶梯。龙尾道分为三层，两旁有青石扶栏，上层扶栏镂刻螭头图案，中下层扶栏镂刻莲花图案，这两个水的象征物是用来祛火的。或许在某个春天的傍晚，高宗李治和武则天曾经站在含元殿的殿脚，神情倦怠地看着殿外的光影与飞絮，殿外城南的大慈恩寺浮屠和曲江的楼亭若隐若现。

至此，我们后世熟悉的长安城才算是真正营造完成，外来的胡人称这座城市为"胡姆丹"（Khumdan）❺，根据唐代前来贸易的阿拉伯商人见闻所撰的《中国印度见闻录》记载了一位叫伊本·瓦哈卜的阿拉伯商人在"中国皇帝居住的京城胡姆丹"的见闻：

---

❹ 出自唐代诗人贾至的《早朝大明宫呈两省僚友》，记录自己早朝时所见，全诗为："银烛朝天紫陌长，禁城春色晓苍苍。千条弱柳垂青琐，百啭流莺满建章。剑佩声随玉墀步，衣冠身惹御炉香。共沐恩波凤池上，朝朝染翰侍君王。"

❺ 葛承雍：《Khumdan为唐长安外来译名的新证》，载《中国历史地

第十二章 长安城的生与死

"这座城市很大,人口众多,一条宽阔的长街把全城分成了两半,皇帝、宰相、禁军、最高判官、宫廷宦官,以及皇家总管、奴婢都住在这条大街右边的东区。在这里,既没有任何百姓同他们杂居,也没有任何市场。在这个区域,沿街开凿了小河,淌着潺潺流水,路旁葱茏的树木整然有序,一幢幢邸宅鳞次栉比。"

"在大街左边的西区,住着庶民和商人,这里有货栈和商店。每当清晨,人们可以看见皇帝的总管和奴婢、宫廷的仆役、将军的仆役,以及其他当差的人,或骑马、或步行,鱼贯似的来到这个既有市场又有商店的街区,采购主人需要的东西,(事情办完后),他们立即返回,不到翌日清早,他们就不再来这个街区了。"❻

阿拉伯商人的记载其实相当准确,因为东市以商品交易为主,西市则以手工作坊为主,而且长安的勋贵的确住在朱雀街以东的多。

阿拉伯商人眼中秩序井然的长安由外郭城、宫城和皇城三座相连的城池组成,所有城墙均为夯土筑成,十分高大雄伟。外郭城为一大长方形,面积约84平方公里,每面各有三个城门。皇城和宫城在外郭城北部中央,宫城在北,皇城在南,是唐长安城的核心。皇城又名子城,是政府机关所在地,宫城是皇帝居住与处理朝政的地

理论丛》2005年第20卷第3辑。此文以2003年西安新发现的北周史君墓中有明确纪年的粟特文与汉文双语对应题刻为依据,证明"Khumdan"确为长安城外来译名"胡姆丹"。

❻《中国印度见闻录》第二卷,穆根来、汶江、黄倬汉译,北京:中华书局1983年版,第107页。原著为阿拉伯文抄本,系根据唐代来华的阿拉伯商人苏莱曼等人的见闻所撰,851年汇集,880年续成。该书是先于《马可·波罗游记》约4个半世纪问世的关于远东的一部最重要的著作。

方。如此大的城市，每天却按部就班沿着自己的秩序运转，每天凌晨，承天门击鼓，一刻后开启皇城门、京城门，第一馨馨鼓声之后开启宫城门、左右延明门及乾化门；第二馨馨鼓声后，开启宫殿门。夜幕降临，第一馨馨鼓声后，关闭宫殿门；第二馨馨鼓声后，关闭宫城门、左右延明门、皇城门及京城门。京城门与皇城门在同一时间内开关，宫城门在其前关，其后开。这个庞大的城市有着诸多的城门、宫门、阙门、殿门及阁门，每天开启和关闭这些门，就要花费数个小时，但唐人却遵循着这样的缓慢，以一种流逝的时间观来进行着自己的生活。

每天长安的晨曦中，排队在这座城市南边的明德门外的人是最多的，这座长安的南大门是外郭城中唯一有五个门道的城门，五门道同宽同高，各由十五对直立的排柱和十五道木梁架构成梯形城门道顶，门楼数为东西十一间，南北三间，城门外并有门外廊。绘有红彩的砖块和粉面彩皮的瓦当，远远看上去，异常鲜艳壮美。

每逢皇帝登基，或冬至、正月上辛与孟夏之时，所有的人都要沐浴斋戒，皇帝亲率百官从远在长安城北的宫殿，乘坐玉辇一路浩浩荡荡往南。到了明德门，常年封闭的当中一门缓缓打开，这是专供皇帝通行的御道，这个门道内的石门槛极其精致，上面刻有流畅的卷草花纹，线雕鸳鸯，顶面还有浮雕的卧狮。皇帝礼节性地走过这道门，前往明德门外的圆丘坛进行祭天活动。礼毕归来，复入明德门，鼓乐高奏，导引回宫。这是皇帝难得的出宫机会，也是百姓难得一见的皇家威仪的时刻，长安城笼罩在一片端庄和祥和之中，令那些远来的人感受到一种深深的震撼和灵魂的肃穆。

进了明德门，便是长安的天街——朱雀大街，这条街宽约150米，连接着皇城之朱雀门，宫城之承天门，是长安的中轴。朱雀大

第十二章

街的路面构造取中部略高,两侧较低,略呈弧形,以便于及时排除积水。长安城中的街道,全是黄土路面,作为主干道的朱雀大街也不例外,因此,遇风则尘土飞扬,逢雨则泥泞不堪。为了避免尘土飞扬和道路泥泞,唐政府就在一些通衢大街路面之上,铺撒细沙甬道,称为沙堤。但由于路面很宽,所铺沙堤,仅是路面中间或是两旁够一轨行车的甬道,所需的细沙是由官牛、官车从东郊浐河中载运而来。白居易《官牛》一诗就记载了此事:"官牛官牛驾官车,浐水岸边船载沙。一石沙,几斤重,朝载暮载将何用?载向五门官道西,绿槐阴下铺沙堤。"

朱雀大街两旁,排列着高大的国槐,每年夏天,这些槐树便会茂盛生长以挡南日,当唐人从它下面走的时候感受到一种透心的阴凉,有光阴不可一风吹的感慨,所以朱雀大街又有"槐街"的民间称呼。朱雀大道的尽头便是连绵的宫城和皇城,皇家的宫殿雄壮、华丽、肃穆、门禁森严,有着不可替代的压迫感。

除了皇城和宫城,长安这座城市也按照郡县制的模式管理,以朱雀大街为界,长安分为东西两部分,街东归万年县辖,街西归长安县辖——这或许也是唐长安城被继续称为长安的原因之一。长安、万年两个县是京畿地区的两个重要县域,县治均设于长安城内,《旧唐书》记载:"都内,南北十四街,东西十一街,街分一百八坊。坊之广长,皆三百余步。皇城之南大街曰朱雀之街,东五十四坊,万年县领之;街西五十四坊,长安县领之。京兆尹总其事。"

长安的这一百零八坊便将城市分割为无数的街道,这些街道排布整齐,"百千家似围棋局,十二街如种菜畦。"即便如是,也给人一种纵横交错的迷宫般的感觉,这些网格般的坊,都有着坊墙和四个坊门，如同今天城市里的大型楼盘社区，呈现出一种围和式的布局，但是坊的面积更大，在规模上已经相当于一个古代县城。

坊内每户人家的院子后面还有一口"渗井"，这种井直径大约为50厘米，深度大约为4米，日常的生活污水就随时流入其中，由于长安的土壤疏松，吸水力很大，经过一段时间，污水在井中就会慢慢被井壁的土壤吸收，而水中的不溶物质就会沉淀下来，待到污物堆满井中的时候，就可以直接把这口井封死，另外重新挖一口井。

唐代的长安城是中国历史上以实行宵禁制度闻名的城市，为了治安，唐人在夜晚只能在坊内活动，不能跨坊游走。唐代专门设立了左右金吾卫，掌皇城、宫城中及京城昼夜巡警，宵禁以鼓声为准："日暮，鼓八百声而门闭。"太阳落山的时候，敲800声鼓给人们提醒，之后便关闭坊门；"五更二点，鼓自内发，诸街鼓承振，坊市门皆启，鼓三千挝，辨色而止。"五更二点，伴随着宫城承天门的击鼓声，随后街鼓敲3000下，城门及坊市门陆续开启，宵禁结束。

遍布于长安坊市最多的建筑则是寺庙、浮屠，清代史学家徐松的《唐两京城坊考》列出唐代长安有名的寺院103所，几乎是每坊一座。历史上汉传佛教形成了八大宗派，即三论宗、禅宗、天台宗、华严宗、唯识宗、律宗、净土宗和密宗。汉传佛教宗派各宗祖布教传法之处，成为日后人们所说的宗派祖庭。八大宗派的祖庭，除禅宗在河南登封少林寺、天台宗在浙江天台山国清寺外，其余六个均在长安，分别为三论宗祖庭草堂寺，唯识宗祖庭大慈恩寺，律宗祖庭净业寺，净土宗祖庭香积寺，华严宗祖庭华严寺，密宗祖庭大兴善寺。

第十二章 长安城的生与死

尽管长安城内有着多达百万的唐人，但这座城还是庞大得可怕，并非全部都是住宅相连，坊内居住起来阔绰有余，于是城中便遍布着果园、菜园和小块的田地。很多的官家园子，便在各坊内，《唐两京城坊考·卷三》记载："昌乐坊坊西官园，供进梨花蜜"，昌乐坊有官方所属的进贡梨花蜜的梨园；"光宅坊横街之北光宅寺本官蒲萄园"，光宅坊有官方的葡萄园；甚至"升平坊西北隅有东宫药园"，靠近乐游原的升平坊还有药园；"修德坊西北隅兴福寺寺北有果园，复有藕花池二所"，修德坊的兴福寺不但有果园，还有藕花池，夏日的长安，这里是唐人游玩赏荷的好去处；曲江之西南的杏园，则是新进士宴游之所。

在长安城内，隋唐两代充分利用东南高、西北低的地势，开凿了五条渠道，把城外八条河流中的水引入城中来。这五条渠道分别是龙首渠、清明渠、永安渠、漕渠、黄渠，水渠流经长安的各个坊，每日清晨，坊内的居民或者在水井中打水，或者在水渠中取水，满足日常的饮用和洗濯。今天，西安仍然有唐代长安城唯一留存至今的含光门遗址下水道"过水涵洞"以及十数口唐代水井遗址。

由于绕城水流众多，长安城内有众多的人工湖泊，见于史书记载的便有53处。[7] 唐人把这些人工湖称为"池"，在长安北边，太极宫中有东、南、北三个"海池"，《资治通鉴·唐高祖武德九年》记载，玄武门之变的时候："上方泛舟海池，世民使尉迟敬德入宿

---

[7] 关于唐代长安城中池沼数量，耿占军《唐都长安池潭考述》中记有57个（《中国历史地理论丛》，1994年第2辑）；历史地理学家史念海先生《唐代长安城的池沼与园林》中列有53个（《中国历史地理论丛》，1999年增刊），因为史念海先生文章发表于后，我们以此为准。

卫。"也就是说，玄武门之变的时候，李渊正在海池内泛舟游玩，可见这三个人工湖泊规模不小。大明宫中的太液池则有约1.6万平方米，也就是24亩的面积，兴庆宫内的兴庆池在唐中宗的时代就已经非常闻名，《唐语林·补遗》记载，中宗时于兴庆池设食，"敕卫尉陈设，尚书省诸司各具彩舟游胜。飞楼结舰，光夺霞日"。能够有彩舟竞渡，可见面积也是非常大，当时在场的诗人李适（不是唐德宗李适）写的《帝幸兴庆池戏竞渡应制》记录了现场的情形："急桨争标排荇度，轻帆截浦触荷来。横汾宴镐欢无极，歌舞年年圣寿杯。"

长安城中最著名的人工湖则是全民旅游胜地曲江池，曲江虽然是皇家苑囿，但同时也定期向平民开放。每年进士放榜后，新科进士可以去曲江杏园宴集；玄宗开始，在正月晦日（每月最后一天为晦日）、三月上巳与九月重阳三大节日，皇帝、百官和士民同游曲江，宴饮欢聚。正是由于这种开放态度，使得常人也可以一睹皇家园林，从而使得曲江成为了唐代最负盛名的园林。

长安最大的人工湖则是位于城外的定昆池。唐中宗神龙年间，安乐公主恃宠请中宗李显把汉武帝练水军的昆明池赐给她，昆明池位于长安西边，《三辅旧事》记载，汉代昆明池有三百三十二顷，也就是22平方公里，要知道今天的西湖也才6.4平方公里。这么大的湖，中宗无法把它变成安乐公主的私产，于是安乐公主发怒，自己出钱在昆明池东南造了一个人工湖"定昆池"，从名字中亦可看出安乐公主在赌气。唐人张鷟（zhuó）撰的《朝野佥载》记载了定昆池的华丽："定昆池四十九里，直抵南山，拟昆明池。累石为山，以象华岳，引水为涧，以象天津。飞阁步檐，斜桥磴道，衣以锦绣，画以丹青，饰以金银，莹以珠玉。又为九曲流杯池，作石莲花台，泉于台中流出,穷天下之壮丽。"今天西安高新区西边的河池寨就是定昆池的所在,已经不见有任何池沼了。

中宗之所以不把昆明池给安乐公主,大概还因为昆明池是长安人的鱼塘,《唐会要》记载:"昆明池俯近都城,蒲鱼所产。"蒲鱼就是吃蒲草的湖鱼。从汉代开始,昆明池就是长安重要的鱼产地,唐初类书《艺文类聚·鱼》一则就记载说:"武帝作昆明池,学水战法,帝崩,昭帝小,不能征讨,于池中养鱼,以给诸陵祠,馀给长安市,市鱼乃贱。"今天的昆明池仍然在,位于西安西边的斗门水库便是,剩下了不到10平方公里。

唐帝国中前期的时候,中国处于温暖潮湿的气候中。著名气象学家竺可桢在他1972年发表的著名的《中国近五千年来气候变迁的初步研究》一文中说:"中国气候在第七世纪的中期变得和暖,公元650年、669年和678年的冬季,国都长安无雪无冰。"❽ 当时的长安有很多梅树,唐玄宗李隆基时,妃子江采苹因其所居种满梅花,所以称为梅妃。诗人元稹《和乐天秋题曲江》诗,就提到曲江的梅花:"长安最多处,正是曲江池。"梅花虽然是冬季开放,但并不表示它耐寒,今天中国赏梅的地点多在江南便是这个原因。与此同时,柑橘也种植于长安,杜甫在《病橘》一诗中提到李隆基种桔于蓬莱殿,但是"惜哉结实小,酸涩如棠梨"。段成式《酉阳杂俎·卷十八》说,天宝十载(公元751年)秋,宫内有几株柑树结实一百五十颗,味与江南蜀道进贡柑桔一样。今天的西安梅花和柑橘已经没有踪迹了。

---

❽ 竺可桢:《中国近五千年来气候变迁的初步研究》,载《中国科学》1973年第2期。

台湾的气象史学家刘昭民在《中国历史上之气候变迁》一书中说:"在唐代的三百年中,大雪奇寒和夏霜夏雪的年数都比较少,而冬无雪的年份竟达十九次之多,居中国历史上各朝代之冠。"这种湿润使得长安城外的终南山郁郁葱葱,暖温带半湿润大陆性季风气候让树木、灌木、藤类、青草、蕨类、地衣茂盛生长,从秦岭一直蔓延到长安城南。

然而到了唐代中后期,长安周边的环境却逐渐开始恶化,尤其是长安城需要大量木材做建筑材料,需要大量木炭做燃料,长安周边的树木砍伐得非常严重。唐德宗年间(公元742—805年),德宗在太极宫造神龙寺,需要长五十尺(16米)的松木,度支使裴延龄说:"我在同州(今陕西渭南大荔县)发现了一个山谷,可有数千树木长八十尺。"德宗非常惊讶地说:"人言开元、天宝中,侧近求觅长五六十尺木尚未易,须于岚、胜州采市,如何为近处便有此木?"意思是说,玄宗开元、天宝时代,在长安周边五六十尺的树木就没有了,要到岚州(今山西吕梁岚县)和胜州(今内蒙古准格尔旗)去采购。❾

德宗之后,白居易写于唐宪宗元和年间(公元806—820年)的《卖炭翁》说:"卖炭翁,伐薪烧炭南山中",可以看出,唐人已经开始普遍在秦岭中伐薪烧炭了。木炭是长安城使用最普遍的燃料,《开元天宝遗事》记述着唐代皇宫中取暖的场面:"西凉国进炭百条,各长尺余。其炭青色,坚硬如铁,名之曰瑞炭。烧于炉中,无焰而有光。每条可烧十日,其热气逼人而不可近也。"

---

❾ 此事出自《旧唐书·卷一百三十五·列传第八十五·裴延龄》。

历史地理学者龚胜生估算唐长安城中每年消耗的薪炭在 40 万吨上下，唐代负责京城炭薪供销的机构是司农寺下属的钩盾署，他们每年从市场上购买木材 16 万根，又在京兆府、岐州、陇州雇佣壮丁 7000 人，每年运输木材 80 万根，如果这些还不满足长安城百官贵族的使用，那么就只能"以苑内蒿根柴兼之"。❿

关于长安城的人口，学界则有争论。一则是唐代杂籍人口、流动人口无法精细统计；二则是唐代是时间跨度漫长的朝代，长安人口在初唐、盛唐、中晚唐规模都不一样。目前流行的说法是长安有百万人口，这个说法是指盛唐时期长安的人口。在这里我们引用唐史学者王双怀的弟子徐宏件所做的统计，具体来说开元、天宝时期长安城的人口由以下构成：在籍人口 48 万，宿卫军 11 万，宦官 0.5 万，宫女 3 万，官、私奴婢 11 万，官户、工户、乐户等 8 万，僧尼 4 万，再加上流动人口 3 万—4 万，总计约 90 万人。徐宏件还统计了这些庞大人口每年需要消耗的粮食数量：如果加上南北衙兵共有 7.8 万匹马，盛唐时期长安城每年需要消耗的粮食 737 万石。⓫

这几乎相当于唐帝国的农民全年缴纳的粮食：唐玄宗李隆基在位的天宝八载（公元 749 年），唐帝国的农民全年缴纳的粮食是 740 余万石粟。当然，长安中央政府并不是要给全部人民提供粮食，需要政府承担的是京师宿卫人马、在京官员、宫女、奴婢的用

---

❿ 参见龚胜生：《唐长安城薪炭供销的初步研究》，载《中国历史地理论丛》1991 年第 3 辑，该文是少见的对唐代长安燃料进行研究的文章。

⓫ 参见徐宏件：《论唐都长安的粮食供应》，陕西师范大学 2007 年硕士论文，指导老师王双怀。

粮，数量在 400 万石左右。唐玄宗天宝八载（公元 749 年），隶属中央政府的主要大型粮仓储粮总数为 1266 万石，也就够政府用 3 年的。❿

在上面提及的这些数字背后，我们或许看到的才是真正的长安——不仅仅有风花雪月，还有城市生活的复杂性。人们生活在这个庞大的城市里，每一天的吃穿住用行和最普通的家务，都必须靠覆盖广泛、结构复杂，而且常常被人忽略的基础供给网络来支撑。这一点和《纽约：一座超级城市是如何运转的》一书中的纽约何其相似：28 条地铁线要运送乘客 450 万人次，足以绕地球三圈的地下电缆要满足市区堪比欧洲小国的用电量，供水系统要输送数百万吨净水，垃圾处理系统要将 2.5 万吨垃圾运出城外。⓭

庞大的长安城就像一个古老的时钟，在复杂的齿轮推动下，缓缓向前。不断有人来，也不断有人走，就这样伴随着宫城承天门和坊市的街鼓声，过了近百年。

公元 755 年，安史之乱爆发，久居长安数代之久的皇帝第一次因为战争抛弃了这座伟大的城市，自此以后直至唐亡，有 4 位皇帝 9 次抛弃了这座城市。这座一再被抛弃的城市，开始分崩离析，开始惶惶度日，开始满目疮痍，直至化为尘埃落地。

唐玄宗天宝十五载（公元 756 年）六月十七，长安留守官员崔光远，宦官、高仙芝监军边令诚等人，开城纳降，契丹人、安禄山

---

❿ 《通典·卷六·食货六·赋税下》载："（天宝中）租粟则七百四十馀万石"；《通典·卷十二·食货十二》载："诸色仓粮总千二百六十五万六千六百二十石"。

⓭ 参见[美]凯特·阿歇尔：《纽约：一座超级城市是如何运转的》，潘文捷译，海口：南海出版公司 2018 年版。

大将孙孝哲率叛军轻而易举地进入长安。定都洛阳的安禄山命令他的官属,尽数掳掠了长安府库中的兵器甲仗、文物、图籍,宜春云韶乐队、犀牛大象、舞马,掖庭后宫也都被劫掠一空。❶

唐代宗广德元年(公元763年)九月,安史之乱平定不久,河北副元帅仆固怀恩叛唐,引吐蕃军东进,吐蕃大军攻陷长安,劫掠15天后撤离。《旧唐书》记载:"吐蕃大掠京畿男妇数万计,焚庐舍而去。"

唐德宗建中四年(公元783年),割据淮西(今河南汝南)的节度使李希烈叛,德宗派泾原兵去解围,泾原兵路过长安时,因赏赐不周哗变,德宗逃往奉天(今陕西乾县),史称"泾原之变"。《旧唐书》记载:"是日,德宗仓卒出幸,贼纵入府库辇运,极力而止。"叛军劫掠了长安的府库。在这场持续了一年的战争中,唐王朝和叛军以长安为中心,展开了占领和反攻的拉锯战,使得长安反复处于兵火中。

德宗之后近一百年,得益于唐宪宗十五年的削藩战争,重新把唐帝国纳入到统一的轨道中,成就了唐朝的中兴气象,被史书称为"元和中兴"。唐王朝恢复到了一种表面的平静中来,日本留学僧圆仁曾经在唐文宗开成到唐宣宗大中元年在唐朝生活过十年,他的日记《入唐求法巡礼行记》里,记载了晚唐武宗时期长安的情形。

圆仁进入长安是在唐文宗开成五年的八月(公元840年),当年的二月唐文宗逝世,由东进入长安的时候,正好碰上了安葬文宗的

---

❶ 唐时宫中设教坊,有宜春院、云韶院。宜春院歌舞艺伎主要是为皇帝表演的,凡演习大型歌舞人数不足时,则由云韶院的歌舞艺伎补充。

山陵使回京城的队伍,"营幕军兵,陈列五里。军兵在大路两边对立,不妨百姓人马车从中路过"。路过灞河、浐河的时候,"灞、浐两水向北流去,水色清"。圆仁进入长安走的是长安城东三门之一的春明门。

开成六年辛酉正月六日是立春节,圆仁记载,"时行胡饼,俗家皆然。"当时的长安仍然流行吃胡饼,圆仁还看见唐武宗的舅舅、左羽林统军韦恭甫的随从:"步军并皆锦来帽子、锦袍。其大将军衣冠靴,皆绣鸟卫瑞草之文。"⓯让圆仁感到震撼的还有两天后的正月初八,唐武宗到京城南郊明德门外天坛祭天的情形:"诸卫及左右军廿万众相随,诸奇异事,不可胜计。"20万人的军队和随从,浩浩荡荡沿着朱雀大街往南行进,异常壮观。正月初九,唐武宗回城后,在大明宫的正南门丹凤门城楼上宣布改年号为会昌。

当时离会昌五年武宗打击佛教还有四年,正是长安佛教信仰狂热之时。圆仁记录了当时长安士人的疯狂:"从三月八日至十五日,荐福寺开佛牙供养。"小雁塔所在的荐福寺当时展示了"佛牙"也就是佛舍利,当时的信众"有人施百石粳米、廿石粟米;有人施无碍供杯念头足;有人施无碍供杂用钱足;有人供无碍薄饼足;有人施诸寺大德老宿供足。如是各各发愿布施庄严佛牙会,向佛牙楼散钱

⓯ 圆仁记载的是:"左金吾卫大将军,是国亲,今帝之阿舅。"在陕西师范大学出版社2013年出版的吕建中、胡戟主编的《大唐西市博物馆藏墓志研究》一书中,《从太后改姓看晚唐后妃的结构变迁与帝位继承》一文收录的《唐雅王府参军李公夫人韦氏墓志》记载了宣懿皇后的家族,宣懿皇后唯一的哥哥韦恭甫,曾经担任河中节度使,检校刑部尚书,左羽林军知军事。可见圆仁记错了韦恭甫的官职。

如雨"。

而晚唐长安的天气逐渐从中前期的温暖湿润开始变得异常了，会昌元年的九月二十三日，大雪下了一天一夜，树木都被摧折无数。

圆仁还记录了正史没有详细记载的会昌三年（公元843年）长安的大火灾。会昌三年六月二十七日："夜三更，东市失火。烧东市曹门以西二十四行，四千四百余家。官私财物、金银绢药，总烧尽。"东市被大火烧毁后，二十八日夜里三更："内里失火，烧神农（龙）寺。"我们前文提到的太极宫内德宗用五十尺（16米）松木做梁柱造的神龙寺被大火烧毁。二十九日的白天太极宫东门长乐门外又失火，门外的草场被大火点燃，把太极宫收藏的佛经、佛菩萨像烧毁，当天晚上"东市二夜数处失火"。这样连续的失火，对于长安东市来说是毁灭性的打击，4400余家店铺在大火中焚毁，即便火后重建，东市的规模应该也不会那么大了。[16]

圆仁的弟子惟晓在会昌二年十二月生病，到了会昌三年七月病死，当时没有钱买墓地，他暂住的资圣寺提供了墓地，惟晓被葬在了春明门外，这里正是圆仁一行刚来长安时进入的城门。圆仁在大唐求法期间，一共有两位弟子长眠在大唐的土地上，再也没有回到日本。

到了唐懿宗咸通四年（公元863年），大唐帝国已经入不敷出了，自宣宗大中八年（公元854年）开始，户部已经积欠了价值150

---

[16] 关于此次长安大火，《旧唐书·卷十八上·本纪第十八上·武宗本纪》只有两条简单记录："六月，西内神龙寺灾。""八月壬戌，火星自七月苍赤色，动摇井中，至是月十六日犯舆鬼。万年县东市火。"

万贯匹的钱帛。⑰

公元 873 年，大唐的天下毫无一丝平静。七月，懿宗死，僖宗继位。是岁，关东大旱，赤地千里，饿殍盈野，百姓流离失所。濮州（今河南范县）私盐贩子王仙芝起兵造反。随后，屡试不第的士子黄巢在冤句（今山东菏泽市西南）与子侄黄揆和黄恩邺等八人起兵，响应王仙芝。

公元 880 年的冬天，唐僖宗和大宦官田令孜南逃成都，长安不战而降，此前东都洛阳亦是不战而降。黄巢和他的大齐对长安的唐宗室、公卿士族实行严厉的镇压政策，杀唐宗室在长安者无遗。诗人韦庄《秦妇吟》记载，彼时长安"华轩绣毂皆销散，甲第朱门无一半"，"内库烧为锦绣灰，天街踏尽公卿骨"。黄巢完全没有能力控制他手下的人，连续几天他们洗劫了这个世界上最富裕的城市。各市场付之一炬，无数人民被杀死在街道上。因为迷恋权势和内心对于早年不登第的耿耿于怀，黄巢唯独没有焚毁长安瑰丽的宫殿群，他穿梭在这些庞大华丽的建筑之间，为唾手可得的帝国和偌大的长安兴奋不已。

在黄巢占领长安期间，唐军曾反击成功短暂收复长安，但进城的唐军却因为彼时长安已经是贼都，而大肆劫掠，随后黄巢又很快回到长安，他以长安"坊市百姓迎王师，乃下令洗城，丈夫丁壮，杀戮殆尽，流血成渠"。《旧唐书》记载："时京畿百姓皆寨于山谷，累年费耕耘，贼坐空城，赋输无如，谷食腾踊，米斗三十钱，官军

---

⑰ 《旧唐书·卷十九上·本纪第十九上·懿宗本纪》载："户部每年合送当使三月、九月两限绢二十一万四千一百匹，钱万贯，自大中八年已后，至咸通四年，积欠一百五十万五千七百余贯匹。"

皆执山寨百姓,鬻于贼为食,人获数十万。"一座世界上最富贵的城市,在连绵的战火之后,已经开始吃人了,何其恐怖!至此,长安从华丽的帝国之都化为一座死城。

光启元年(公元885年)正月,唐僖宗自川中启程,三月重返长安。惊魂还没来得及稳定,便又遭遇了新的动荡:河中节度使王重荣、太原节度使李克用以关中为战场大战邠宁节度使朱玫、凤翔节度使李昌符,于是这一年十二月,宦官劫持着屁股还没焐热的唐僖宗再次出逃长安。乱兵焚掠坊市、宫城,累年修葺悉付之一炬。黄巢占领长安时,宫城建筑保存完好,而这次诸道兵马进入长安,烧杀抢掠,宫室坊里被纵火烧焚者十有六七。此番,宫室阛阓,尽为灰烬,十不存一,令人大恸。[18]

唐僖宗光启二年(公元886年)十二月,邠宁节度使朱玫的部将王行瑜将朱玫及其党羽数百人斩杀,又纵兵大掠长安。这年的冬天,异常寒冷,长安城里九衢积雪,一直没有融化,王行瑜率兵入城当夜,寒冽尤剧,长安城遭受抢掠剽剥之后,僵冻而死的百姓横尸蔽地,惨不忍睹。[19]

公元904年,欧洲的法兰克人正疲于应付诺曼人的进攻和斯拉夫人的蚕食。这一年,东方的唐帝国走到了最后关头。朱温劫唐昭

---

[18] 《旧唐书·卷十九下·本纪第十九下·僖宗本纪》载:"初,黄巢据京师,九衢三内,宫室宛然。及诸道兵破贼,争货相攻,纵火焚剽,宫室居市闾里,十焚六七。贼平之后,令京兆尹王徽经年补葺,仅复安堵。至是,乱兵复焚,宫阙萧条,鞠为茂草矣。"

[19] 《旧唐书·卷十九下·本纪第十九下·僖宗本纪》载:"辛酉,行瑜斩朱玫及其党与数百人,纵兵大掠。是冬苦寒,九衢积雪,兵入之夜,寒冽尤剧,民吏剽剥之后,僵冻而死蔽地。"

宗迁都洛阳，强迫驱赶唐皇室及长安士民，拆毁长安皇家宫殿、百司衙署"按籍迁居"，拆房放木"自渭浮河而下"[20]，过程持续了一个月有余，使中国历史上规模最宏伟的都城土崩瓦解，沦为废墟。从公元755年安史之乱爆发至公元904年的149年中，尽管长安尽遭罹难，尽管坊市和宫城被焚毁，尽管长安被无数乱兵劫掠，长安这座城还存在，以大明宫为主体的皇城还在。但是此番之后，长安彻底消失了，一座沦为废墟的都城标志着这个帝国轰然倒塌。

长安城毁灭之后，后代无数人对这座伟大的城市进行缅怀，长安进而成为了一个符号，成为了大唐盛世的代名词。

在所有缅怀者中，小说家王小波是最固执的一个，他把长安折叠起来，构成了一个平行的宇宙。

在《红拂夜奔》里，王小波让李靖李卫公设计了三个长安，在第一个长安里没有城墙，因为城墙挡风。为了防御，每一座高塔都修得十分坚固，可以住上千的人。在第二个长安里也没有城墙，因为要让水流通过，所以用巨木为栅栏，整个城市淹没在一片绿荫中——到处都是参天巨树或者是连片的绿竹。第三个长安就是人们真实居住的长安，充满了秩序感，方方正正，缺少生气。

在《万寿寺》里，长安城是一座大得不得了的城市，周围围着灰色的砖墙。墙上有一些圆顶的城门洞，经常有一群群灰色的驴驮着粮食和柴草走进城里来。远离长安的薛嵩："给自己造了一座后园，在园里挖了一个池塘，就这样住下去；遇到了旱季里的好天气，

---

[20] 《旧唐书·卷二十上·本纪第二十上·昭宗本纪》里的28个字是对于长安最终结局的记载："（朱）全忠令长安居人按籍迁居，彻屋木，自渭浮河而下，连甍号哭，月余不息。"

第十二章

就把长了绿霉的衣甲拿出来晒。过了一些年,薛嵩和他的兵都老了。薛嵩开始怀念那座灰色的长安城,但他总也不会忘记建功立业的雄心。"这是我读过的怀念长安的文字里,最动人的一段。

如何来理解这样的感情呢?王小波在《万寿寺》中说:"一个人只拥有此生此世是不够的,他还应该拥有诗意的世界。对我来说,这个世界在长安城里。"这或许也是很多人对于长安的初恋般的感受:长相思,在长安。

世间已无长安。

附录

公元7—9世纪的唐代和世界

著者按：本篇附录在唐代大事方面参照沈起炜《中国历史大事年表》（古代卷）（上海辞书出版社1983年版），世界史大事则参照《新时代英汉大词典》附录十一《世界历史大事年表》（商务印书馆2004年版）。著者按照公元纪年及唐代帝王年号并行的时间顺序，多选对历史进程有作用的大事或为普通读者所知道的名人生卒年，以便于诸位能在以唐朝为主体的背景下，一窥唐代与世界的历史进程。

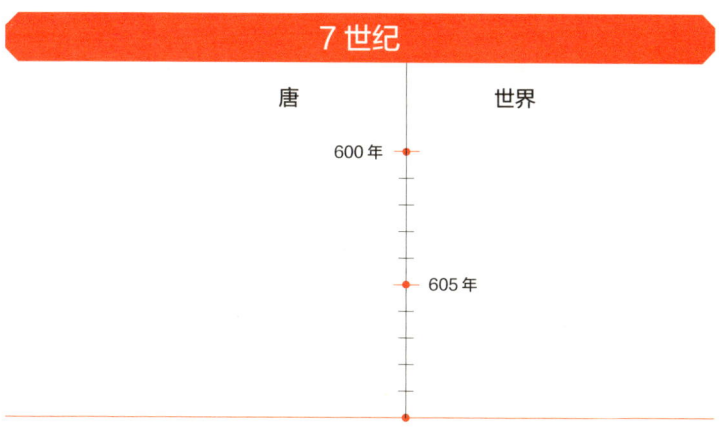

唐人时代

- 610 年

- 615 年

618 年，隋亡，李渊迫隋恭帝禅位，建立唐朝，改元武德。

- 620 年

621 年，武德四年，唐行"开元通宝"钱，每十钱重一两，"钱"从此成为重量单位。

622 年，穆罕默德自麦加迁往麦地那，伊斯兰历纪元开始。

626 年，武德九年，六月发生"玄武门之变"，八月传位于太子，是为太宗，高祖称太上皇。

- 625 年

627 年，太宗贞观元年，玄奘法师西行求经。

629 年，法国墨洛温王朝国王达戈伯特重新统一法兰克人。

630 年，贞观四年，李靖大破突厥颉利可汗于阴山。三月，各族君长推太宗为"天可汗"。

- 630 年

631 年，贞观五年，日本第一次遣唐使犬上御田锹到唐。

633 年，贞观七年，天文学家李淳风改造浑天黄道仪成。

- 635 年

635 年，贞观九年，太上皇高祖李渊去世。

638 年，贞观十二年，高士廉等修《士族志》成。

- 640 年

641 年，贞观十五年，江夏王李道宗送文成公主赴吐蕃，与弃宗弄赞（松赞干布）完婚。

约 641 年，埃及亚历山大图书馆在阿拉伯人的征服中被毁。

约 645 年，佛教传入西藏。
645 年，贞观十九年，玄奘法师回到长安。

- 645 年

646 年，日本大化改新。

649 年，贞观二十三年，太宗李世民去世。太子李治即位，是为高宗。

- 650 年

653 年，高宗永徽四年，浙江杭州淳安县女子陈硕真起义，自称文佳皇帝。

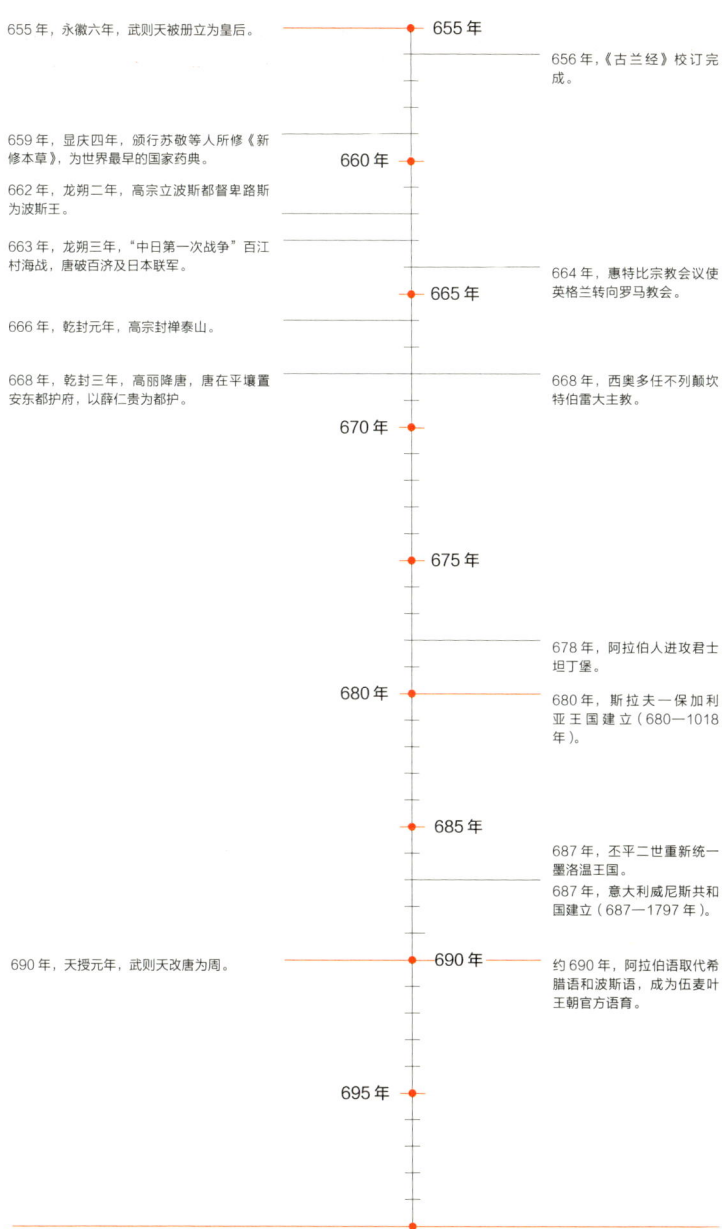

655年,永徽六年,武则天被册立为皇后。

656年,《古兰经》校订完成。

659年,显庆四年,颁行苏敬等人所修《新修本草》,为世界最早的国家药典。

662年,龙朔二年,高宗立波斯都督卑路斯为波斯王。

663年,龙朔三年,"中日第一次战争"百江村海战,唐破百济及日本联军。

664年,惠特比宗教会议使英格兰转向罗马教会。

666年,乾封元年,高宗封禅泰山。

668年,乾封三年,高丽降唐,唐在平壤置安东都护府,以薛仁贵为都护。

668年,西奥多任不列颠坎特伯雷大主教。

678年,阿拉伯人进攻君士坦丁堡。

680年,斯拉夫—保加利亚王国建立(680—1018年)。

687年,丕平二世重新统一墨洛温王国。

687年,意大利威尼斯共和国建立(687—1797年)。

690年,天授元年,武则天改唐为周。

约690年,阿拉伯语取代希腊语和波斯语,成为伍麦叶王朝官方语育。

8 世纪

唐		世界
	700 年	约 700 年，加纳帝国在非洲兴起（约 700—1240 年）。
705 年，中宗神龙元年，武则天还位太子李显，复国号唐，是为中宗。	705 年	
	710 年	710 年，日本奈良时代开始。
		711 年，穆斯林阿拉伯人侵入西班牙，征服塞维利亚。
712 年，玄宗先天元年，李隆基即位，是为玄宗。同年，诗人杜甫出生。		
713 年，开元元年，唐朝开元盛世开始（713—741）。		
	715 年	
717 年，开元五年，日本留学生吉备真备、阿倍仲麻吕从遣唐使到长安。		
720 年，开元八年，写过《春江花月夜》的诗人张若虚去世。	720 年	
724 年，开元十二年，太史监完成了世界上第一次子午线长度的测试。		
	725 年	
		726 年，拜占庭圣像破坏运动开始（726—843 年）。
730 年，开元十八年，写过《凉州词》的诗人张说去世。	730 年	
	735 年	

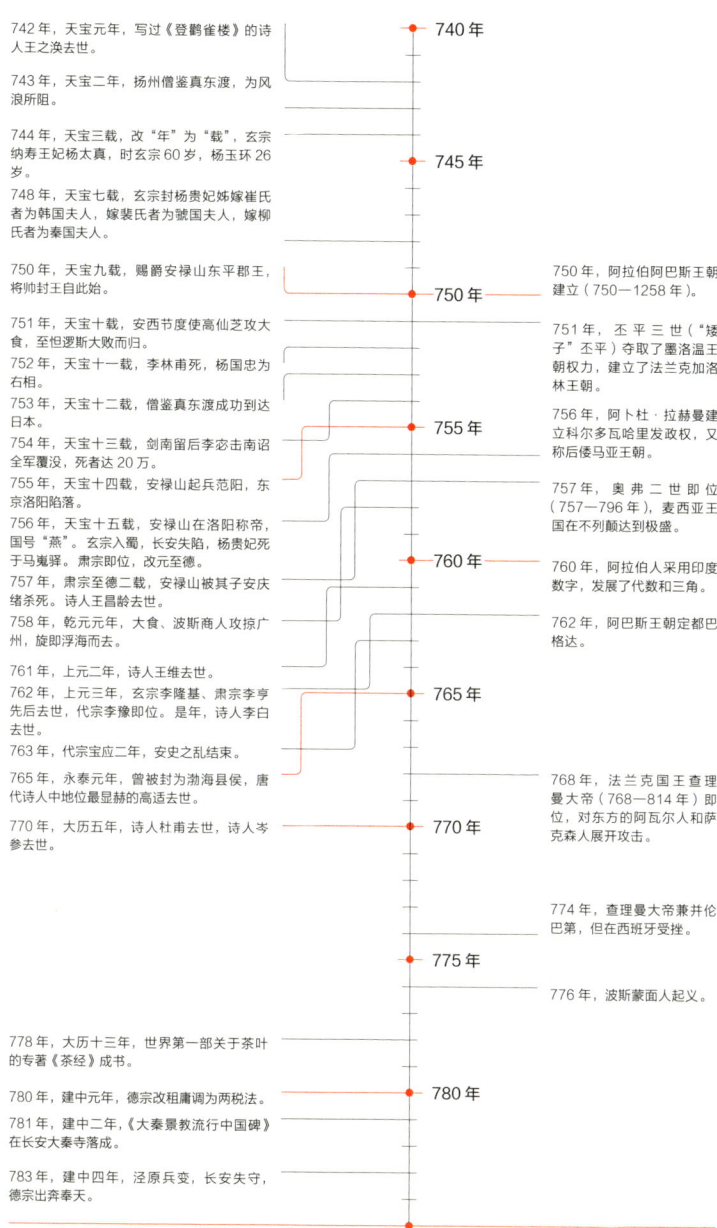

唐人时代

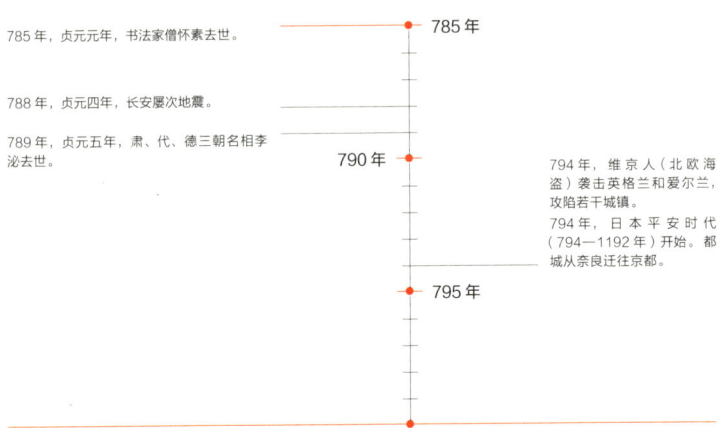

785年，贞元元年，书法家僧怀素去世。 — 785年

788年，贞元四年，长安屡次地震。
789年，贞元五年，肃、代、德三朝名相李泌去世。 — 790年

794年，维京人（北欧海盗）袭击英格兰和爱尔兰，攻陷若干城镇。
794年，日本平安时代（794—1192年）开始。都城从奈良迁往京都。

795年

9世纪

唐　　　世界

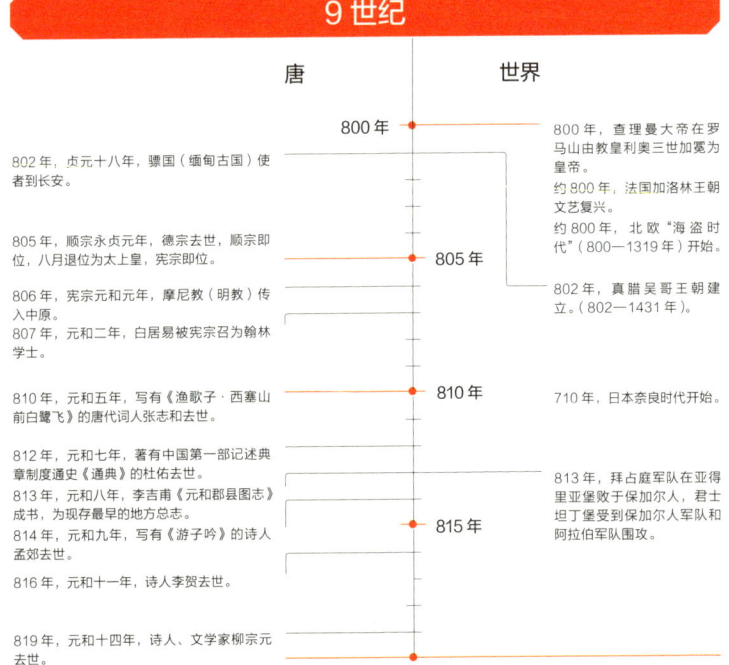

800年

802年，贞元十八年，骠国（缅甸古国）使者到长安。

800年，查理曼大帝在罗马山由教皇利奥三世加冕为皇帝。
约800年，法国加洛林王朝文艺复兴。
约800年，北欧"海盗时代"（800—1319年）开始。

805年，顺宗永贞元年，德宗去世，顺宗即位，八月退位为太上皇，宪宗即位。 — 805年

802年，真腊吴哥王朝建立。（802—1431年）。

806年，宪宗元和元年，摩尼教（明教）传入中原。
807年，元和二年，白居易被宪宗召为翰林学士。

810年，元和五年，写有《渔歌子·西塞山前白鹭飞》的唐代词人张志和去世。 — 810年

710年，日本奈良时代开始。

812年，元和七年，著有中国第一部记述典章制度通史《通典》的杜佑去世。
813年，元和八年，李吉甫《元和郡县图志》成书，为现存最早的地方总志。
814年，元和九年，写有《游子吟》的诗人孟郊去世。 — 815年

813年，拜占庭军队在亚得里亚堡败于保加尔人，君士坦丁堡受到保加尔人军队和阿拉伯军队围攻。

816年，元和十一年，诗人李贺去世。

819年，元和十四年，诗人、文学家柳宗元去世。

附录

- 820年
  - 820年,波斯王朝呼罗珊塔希尔王朝建立(820—872年)。
- 824年,穆宗长庆四年,诗人、文学家韩愈去世。
- 825年
  - 827年,拜占庭的西西里和克里特岛被阿拉伯人夺取。
  - 827年,埃格伯特统一英格兰,结束七国时代。
- 826年,宝历二年,著有《李娃传》的文学家、白居易的弟弟白行简去世。
- 830年
  - 约830年,罗马式建筑在西方流行,以圆拱为特色。
- 831年,文宗大和五年,诗人元稹去世。
  - 832年,缅甸古国骠国被南诏攻灭。
  - 833年,巴格达建立天文台,阿拉伯天文学、数学、光学、医学发展。
- 835年,大和九年,李训、郑注策划诛杀宦官失败,史称"甘露之变"。
- 835年
- 840年
- 845年,会昌五年,武宗禁止佛教,史称"武宗灭佛"。
  - 843年,《凡尔登条约》签订,查理帝国一分为三。
- 845年
- 846年,会昌六年,诗人白居易去世。
- 848年,宣宗大中二年,张义潮驱逐吐蕃守将,收复沙州。
- 850年
- 852年,大中六年,诗人杜牧去世。
- 855年
- 857年,大中十一年,中国现存最古老的木建筑——山西五台佛光寺落成。
- 858年,大中十二年,诗人李商隐去世。
- 860年
  - 862年,俄罗斯诺夫哥罗德公国建成为贸易中心。
- 863年,懿宗咸通四年,《酉阳杂俎》作者段成式去世。
  - 863年,东欧斯拉夫西里尔字母发明。
  - 863年,保加利亚王国保加尔人皈依基督教。

865年，咸通六年，书法家柳公权去世。

866年，丹麦"大军"在不列颠东岸登陆，征服盎格鲁—撒克逊王国诺森伯里亚，建立丹麦区。

867年，拜占庭帝国马其顿王朝的莫基人巴齐尔一世即位（867—886年），开创了拜占庭历史上最光辉的时期。

870年

873年，咸通十四年，懿宗迎法门寺佛骨。

869年，阿拉伯巴士拉"辛吉"（黑奴）起义。

874年，中亚萨曼王朝建立（874—900年）。

875年，僖宗乾符二年，高仙芝、黄巢起兵。

875年

880年，广明元年，黄巢进入长安称帝，国号大齐。僖宗逃亡成都。

880年

882年，基辅罗斯建立。

884年，中和四年，黄巢自杀。

885年

885年，维京人围攻巴黎。

889年，中美洲古典玛雅文明结束。

890年

890年，马扎尔人在匈牙利立足。

892年，昭宗景福元年，重庆大足北山摩崖石刻开始营造。

890年，日本文化复兴，小说、风景画、诗歌繁荣。

895年

900年

904年，天祐元年，朱温拆毁长安宫室，长安自此成为废墟。

905年

907年，天祐四年，朱温即位，国号梁，唐亡。

后记

一种生活史写作的尝试

我们以两本具有代表性的与唐代生活有关的著作来看当下唐代生活史的写作。

其一为美国著名汉学家薛爱华（Edward Hetzel Schafer，1913—1991，旧译爱德华·谢弗）的《撒马尔罕的金桃：唐代舶来品研究》。全书除第一章叙述唐朝盛世的历史外，每一章都是一类事物。作者以唐代为研究对象，详细研究了当时世界文化交流，内容涉及了唐朝生活的各个方面：家畜、野兽、飞禽、植物、木材、食物、香料、药品、纺织品、颜料、矿石、金属制品、世俗器物、宗教器物、书籍等，共18类170余种，举凡生活所需、日常所用，几乎无所不包。这本学术书的最大特色，是从博物学角度对中古史重新进行研究，至今被视为西方学者研究中国古代社会、古代文化、唐代中外关系史等领域的必读著作。

其二为《长安时代：唐人生活史》，是2008年香港大学美术博物馆出版的著作，作者是已逝的曾经执教于香港大学的庄申先生，他以美术史学家的身份写的此书，是不常见的大家所著唐代生活史。在庄申先生看来，唐人的诗书乐弈、绘画陶瓷、雕刻工艺、舞蹈服饰，凡此种种，无不令人耳目一新。当中的巧思慧心，全在唐人的生活中表露无遗。全书分为语言文字篇、化妆服饰篇、保健医疗篇、都市人口篇及杂篇。全书胜在考据、图像、图表及考古结合的形式。

国内有关唐代生活史的著作基本也和以上所提两种一样,都是通过分门别类的章节来讨论唐代的衣食住行、城市、建筑、生活方式、日常生活等,只不过在叙述方式和视野上不及薛爱华先生,在考据的精细和呈现上不及庄申先生。学者们分别从政治、经济、民族、宗教、文化、风俗、文物、科技、历史地理等各种角度来研究它们,却恰恰很少将它们作为"日常生活"来研究。总之来说,是学术气过重,文本写作不足,并没有能够和"生活史"这样一个充满了烟火气的历史学科进行很好的结合。

我在上一本书《唐代的乡愁:一部万花筒式的唐代生活史》中,尝试抛弃分门别类的方式,试图通过夜宴、城市、胡人、庄园、女子、少年、寺庙等话题来展开对唐代生活的还原,在中间穿插对于涉及话题的门类的博物式的解读。在我看来,这种尝试使得文本极具可读性,而且全书通过对比式的写作,更加能够让读者在一个更纵深的视野中了解唐代的社会。

这一本唐代日常生活史的书,我希望能够延续上一本的写作方式,继续通过话题来讲述和还原唐代的生活方式,分门别类式的写作固然可以让书看起来更加广博,然而碎片化还是让人无法一窥唐代生活的全貌,因此,从话题出发而非分门别类去讨论唐代衣食住行仍然是本书的基本写作框架。

生活史作为唐代历史研究的一部分,如果置身到断代史研究中,我们会发现唐史研究素以史料发掘之彻底、史料解读之精辟著称,再加上敦煌、吐鲁番文书以及近年来不断的考古发现,使得唐人的生活能够多方面呈现于我们眼前。诸多的前辈历史学者以及当下的唐史学者亦有关于唐人生活的衣食住行等各方面的精细化研究,这

后记

本书也不过是从《旧唐书》、《新唐书》、《唐会要》、《通典》、《唐六典》、《唐律疏议》、《全唐诗》、《册府元龟》等基础史料以及唐人笔记爬梳出的浅显之作,属于沧海一粟,并无特别新奇之处。倘使读者能够从中发现一两处平日未曾注意到的唐人生活细节,对作者来说不啻为平生快事。

最后要感谢中央编译出版社,并特别感谢我的编辑李媛媛女士,她细致入微地校对出了书稿一些令我汗颜的错漏,让这本书能够更加严谨。

是为后记。

二零一九年九月
于杭州和美弄

本书出版后,得到微博、豆瓣诸多读者网友的指正,或为错漏,或为讹误,著者本次已经一一修订。希望诸位读者能继续不吝赐教,在此向诸位致敬。

师永涛
二零二零年十一月
于杭州崇庆里

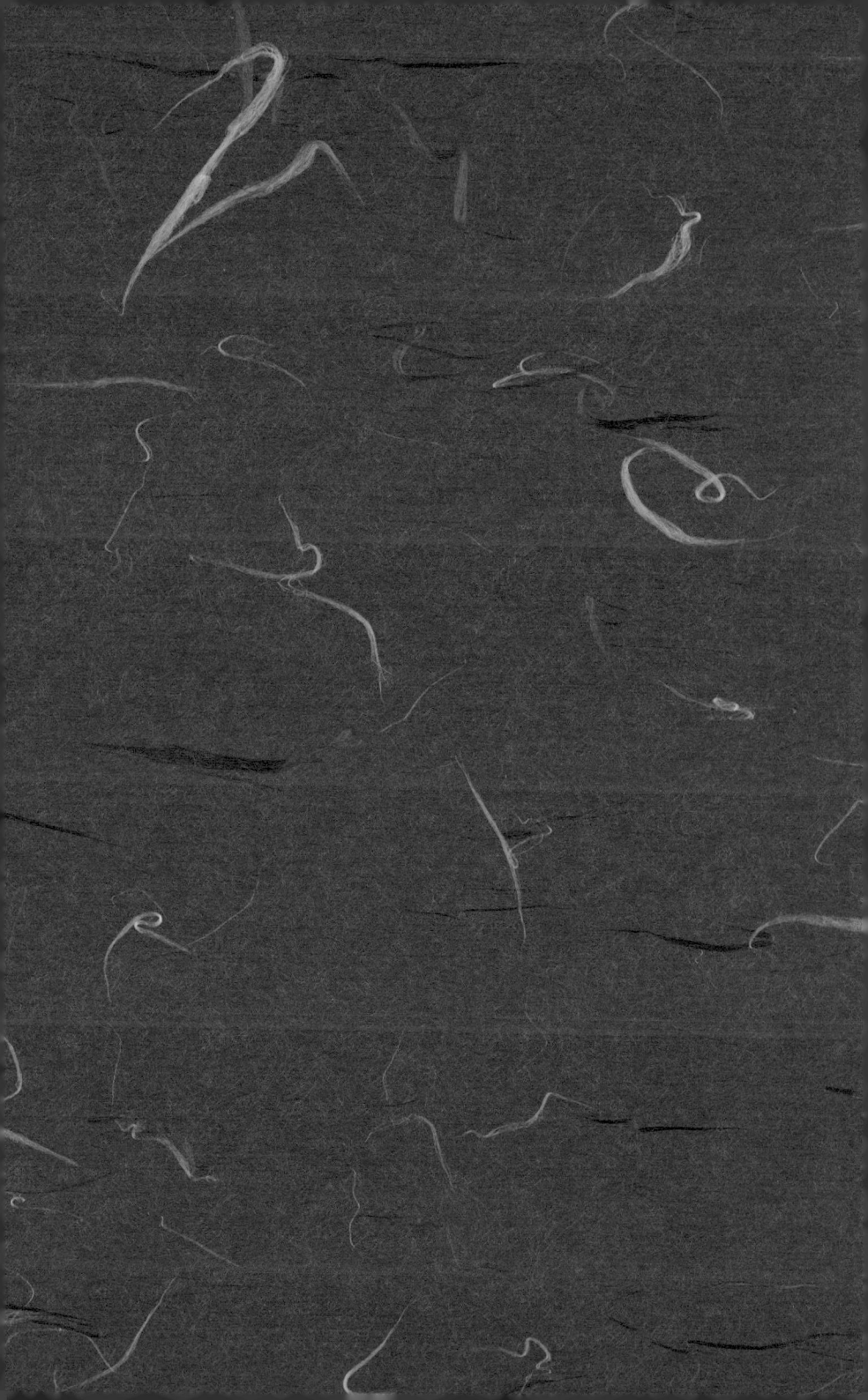